Annie Duke

THINKING IN BETS

WIE MAN IMMER DIE RICHTIGE KARTE SPIELT

A ♠

Annie Duke

THINKING IN BETS

WIE MAN IMMER DIE RICHTIGE KARTE SPIELT

Kluge Entscheidungen treffen, selbst wenn man nicht alle Fakten kennt

♠ A

REDLINE VERLAG

Bibliografische Information der Deutschen Nationalbibliothek
Die Deutsche Nationalbibliothek verzeichnet diese Publikation in der Deutschen Nationalbibliografie. Detaillierte bibliografische Daten sind im Internet über https://dnb.de abrufbar.

Für Fragen und Anregungen
info@m-vg.de

Wichtiger Hinweis
Ausschließlich zum Zweck der besseren Lesbarkeit wurde auf eine genderspezifische Schreibweise sowie eine Mehrfachbezeichnung verzichtet. Alle personenbezogenen Bezeichnungen sind somit geschlechtsneutral zu verstehen.

2. Auflage 2026

Türkenstraße 89
80799 München
Tel.: 089 651285-0

Die englische Originalausgabe erschien 2018 bei Portfolio, einem Imprint der Penguin Publishing Group, einer Abteilung von Penguin Random House LLC unter dem Titel *Thinking in bets.*

Übersetzung: Bärbel Knill
Redaktion: Marijke Leege-Topp
Umschlaggestaltung: Münchner Verlagsgruppe GmbH
Umschlagabbildung: Zaharius/Shutterstock
Satz: abavo GmbH, Buchloe
Druck: CPI
Printed in the EU

ISBN 978-3-86881-916-8

Für Lila und Henry Gleitman,
großzügig in Herz und Geist

INHALT

EINFÜHRUNG

Warum dies kein Buch über Poker ist

Im Alter von 26 Jahren dachte ich, meine Zukunft würde sich bereits abzeichnen. Ich war auf dem Campus einer berühmten Privatschule in New Hampshire aufgewachsen, wo mein Vater den Lehrstuhl für Englisch innehatte. Gerade hatte ich an der Columbia University meinen Abschluss in Englisch und Psychologie gemacht. Mein Grundstudium hatte ich an der University of Pennsylvania absolviert, wo ich ein Forschungsstipendium von der National Science Foundation bekommen hatte, in dessen Rahmen ich den Master machen und meine Doktorarbeit in kognitiver Psychologie fertigstellen würde.

Doch kurz vor der Fertigstellung meiner Dissertation wurde ich krank. Ich nahm mir eine Auszeit, verließ die Penn, heiratete und zog in eine Kleinstadt in Montana. Natürlich wurde mein Experiment des Erwachsenseins am anderen Ende des Landes nicht durch das Stipendium von der NSF finanziert und so brauchte ich Geld. Mein Bruder Howard, zu jener Zeit Profi-Pokerspieler, der es damals schon ins Finale der World Series of Poker geschafft hatte, schlug vor, dass ich mich einmal in den Pokerturnieren in Billings probieren sollte. Dieser Vorschlag war nicht so aus der Luft gegriffen, wie er sich vielleicht anhört. Ich komme aus einer Familie, in der Wettkampf und Spiele gepflegt wurden, und Howard hatte mich schon einige Male zu Ferienaufenthalten mit nach Las Vegas genommen, die ich mir mit meinem Stipendium nicht leisten konnte. Ich hatte zugesehen, wie er spielte, und auch selbst ein paar Spiele mit geringem Einsatz mitgemacht.

Ich hatte mich sofort ins Pokern verliebt. Aber mich lockten nicht die bunten Lichter von Las Vegas, sondern die Spannung beim Spielen und das Herausfordern meiner Fähigkeiten im Keller einer Bar in Billings namens Crystal Lounge. Ich hatte viel zu lernen, aber das wollte ich auch unbedingt. Mein Plan war es, während dieser Unterbrechung des Studiums etwas Geld zu verdienen, auf dem akademischen Weg zu bleiben und Poker als Hobby weiter zu betreiben.

Aus meiner vorübergehenden Unterbrechung wurde eine 22-jährige Karriere als Profi-Pokerspielerin. Als ich mich 2012 vom Spielen zurückzog, hatte ich ein Goldarmband der World Series of Poker gewonnen, das WSOP Tournament of Champions sowie die NBC National Heads-Up Championship und mehr als vier Millionen Dollar mit Pokerturnieren verdient. Howard gewann in der Zwischenzeit zwei Armbänder der World Series, einige Titel in der Hall of Fame Poker Classic, zwei World-Poker-Tour-Wettkämpfe und über 6,4 Millionen Dollar Preisgeld aus Turnieren.

Wenn ich jetzt sage, dass ich vom akademischen Weg abgekommen bin, mag das wie Understatement klingen. Aber mir wurde ziemlich schnell klar, dass ich die akademische Welt nicht so wirklich verlassen hatte, sondern nur in eine andere Art Labor gewechselt war, um zu untersuchen, wie Menschen lernen und Entscheidungen treffen. Eine Pokerhand dauert etwa zwei Minuten. Im Verlauf dieser Hand musste ich bis zu 20 Entscheidungen treffen. Und jede Hand endet mit einem konkreten Ergebnis: Ich gewinne oder verliere Geld. Das Ergebnis jeder Hand liefert sofortiges Feedback darüber, wie sich Ihre Entscheidung auszahlt. Aber es ist ein kniffliges Feedback, denn gewinnen oder verlieren sind nur vage Anhaltspunkte für die Qualität der Entscheidungen. Man kann auch Glück haben und gewinnen oder Pech haben und verlieren. Also ist es schwierig, dieses Feedback zu verwenden, um daraus etwas zu lernen.

Die Aussicht, dass mir an einem Pokertisch ein paar grauhaarige Rancher in Montana systematisch das Geld aus der Tasche ziehen würden, zwang mich dazu, entweder praktische Lösungen für dieses Problem zu finden oder pleitezugehen. Ich hatte schon früh in meiner Laufbahn das Glück gehabt, einige Ausnahme-Pokerspieler kennenzulernen und von ihnen zu lernen, wie sie nicht nur mit Glück oder Nichtwissen umgingen, sondern auch, wie lernen und Entscheidungen zu treffen zusammenhängen.

Im Lauf der Zeit brachten mir diese Weltklasse-Pokerspieler bei, was ein Einsatz in Wahrheit ist: eine Entscheidung über eine unsichere Zukunft. Die Tatsache, dass ich Entscheidungen wie Einsätze betrachten konnte, machte es mir möglich, in unsicheren Situationen die Gelegenheit zu erkennen, etwas zu lernen. Wenn ich Entscheidungen wie Einsätze behandelte, so entdeckte ich, half mir das, die üblichen Entscheidungsfehler zu vermeiden, von den Ergebnissen auf rationalere Weise zu lernen und die Emotionen so weit wie möglich aus dem Prozess herauszuhalten.

Weil mein Freund und super erfolgreicher Pokerspieler Erik Seidel im Jahr 2002 die Einladung, einen Vortrag zu halten, abgesagt hatte, bat mich ein Hedgefonds-Manager, vor einer Gruppe von Tradern zu sprechen und ihnen ein paar Pokertipps zu geben, die sich auch im Wertpapierhandel anwenden ließen. Seitdem halte ich Vorträge vor Berufsgruppen vieler Branchen und spreche dabei über meine eigene Herangehensweise, die ich durchs Pokern gelernt und kontinuierlich verbessert habe, und helfe anderen dabei, sie auf Entscheidungen in den Finanzmärkten, in der Strategieplanung, im Bereich Human Resources, im Rechtswesen und als Unternehmer anzuwenden.

Die gute Nachricht ist, dass es praktische Wege und Strategien gibt, mit denen wir die Fallen umgehen können, die zwischen der Entscheidung liegen, die wir gerne treffen würden, und der Umsetzung dieser Entscheidungen. Das Versprechen dieses Buches ist, dass das Denken in Einsätzen uns dazu bringt, in allen Lebensbereichen bessere Entscheidungen zu treffen. Wir können besser werden im Unterscheiden von Ergebnisqualität und Entscheidungsqualität, wir entdecken, wie wirkungsvoll es ist, zu sagen: »Ich bin mir nicht sicher«, wir lernen Strategien, um die Zukunft zu entwerfen und bei Entscheidungen weniger reaktiv zu sein. Wir lernen, Gruppen aus weiteren Wahrheitssuchenden zu bilden und aufrechtzuerhalten, um unsere Entscheidungsprozesse zu verbessern, und wir lernen, unser vergangenes und zukünftiges Ich zu nutzen, um weniger emotionale Entscheidungen zu treffen.

Ich bin heute durch das Denken in Einsätzen keine stets rationale, emotionsfreie Entscheiderin geworden. Ich habe viele Fehler gemacht (und mache sie immer noch). Fehler, Emotionen, verlieren – all das ist unvermeidlich, weil wir Menschen sind. Der Ansatz des Denkens in Einsätzen hat mich *in Richtung* Objektivität, Genauigkeit und Offenheit des Geistes vorangebracht. Dieses Vorankommen verstärkt sich mit der Zeit und sorgt dann für bedeutende Veränderungen in unserem Leben.

Dies ist also kein Buch über Pokerstrategie oder Glücksspiel. Es geht darin aber um Dinge, die ich aus dem Poker über das Lernen und das Treffen von Entscheidungen mitgenommen habe. Die praktischen Lösungen, die ich in jenen verrauchten Pokerzimmern gelernt habe, stellten sich als ziemlich gute Strategien für jeden heraus, der in Zukunft bessere Entscheidungen treffen möchte.

Das Denken in Einsätzen beginnt mit der Erkenntnis, dass es genau zwei Dinge gibt, die bestimmen, wie sich unser Leben gestaltet: die Qualität unserer Entscheidungen und Glück. Beim Denken in Einsätzen geht es darum zu lernen, den Unterschied zwischen beiden zu erkennen.

KAPITEL 1

Das Leben ist ein Pokerspiel, kein Schachspiel

Pete Carroll und die Montag-Morgen-Quarterbacks

Eine der umstrittensten Entscheidungen in der Geschichte des Super Bowl fand in den letzten Sekunden des Super Bowl XLIX 2015 statt. Es waren noch 20 Sekunden Spielzeit. Die Seattle Seahawks lagen vier Punkte im Rückstand und hatten den Ball im Second Down einen Yard vor der Endzone der New England Patriots. Jeder erwartete, dass der Coach der Seahawks, Pete Carroll, mit seinem Playcall die Übergabe des Balls an Seattles Runningback Marshawn Lynch ansagen würde. Warum sollte man einen solchen Playcall auch nicht erwarten? Es war eine Short-yardage-Situation und Lynch war einer der besten Runningbacks der NFL.

Stattdessen lautete Carrolls Playcall für Quarterback Russell Wilson, einen Pass zu spielen. New England fing den Ball ab und gewann den Super Bowl Sekunden später. Die Schlagzeilen am nächsten Tag waren brutal:

- *USA Today*: »Was um alles in der Welt dachte sich Seattle beim miesesten Playcall in der Geschichte der NFL?«

- *Washington Post*: »›Schlechtester Playcall in der Geschichte des Super Bowl‹ wird das Ansehen der Seahawks und der Patriots für immer verändern«
- *FoxSports.com*: »Blödester Call in der Geschichte des Super Bowl könnte der Anfang vom Ende der Seattle Seahawks sein«
- *Seattle Times*: »Seahawks unterliegen wegen des schlechtesten Calls in der Geschichte des Super Bowl«
- Der *New Yorker*: »Der furchtbare Fehler eines Coaches im Super Bowl«

Auch wenn die Sache von fast jedem Experten als jenseits jeder Debatte betrachtet wurde, argumentierten einige wenige Außenseiter-Stimmen, dass die Spielentscheidung vernünftig gewesen sei, wenn nicht sogar brillant. Benjamin Morris' Analyse auf *FiveThirtyEight.com* und die von Brian Burke auf *Slate.com* argumentierten überzeugend, dass die Entscheidung für einen Pass vollkommen vertretbar war, wenn man das Zeitmanagement und die Situation des Spielendes berücksichtigte. Sie wiesen auch darauf hin, dass ein Abfangen des Balls ein extrem unwahrscheinliches Ergebnis war. (Von 66 Pässen eines Gegners an der Ein-Yard-Linie während der Saison waren null abgefangen worden. In den vorhergehenden 15 Saisonen lag die Abfangrate in einer solchen Situation bei etwa zwei Prozent.)

Jene Stimmen, die dagegenhielten, konnten gegen die Lawine der Kritik, die über Pete Carroll hinwegrollte, nicht das Geringste ausrichten. Aber ob man sich nun der umstrittenen Analyse anschließt oder nicht, die meisten wollten Carroll nicht zugestehen, dass er das Ganze durchdacht oder für seinen Call zumindest *irgendeine* Begründung gehabt hatte. Hier stellt sich nun die Frage: Warum waren *so* viele Menschen *so* fest davon überzeugt, dass Pete Carroll es *so* falsch gemacht hatte?

Wir können es mit fünf Wörtern zusammenfassen: Das Spiel hat nicht funktioniert.

Stellen Sie sich für einen Moment vor, dass Wilson durch den Pass einen spielentscheidenden Touchdown gelandet hätte. Die Schlagzeilen hätten sich gewandelt in: »Brillanter Call« oder »Seahawks gewinnen Super Bowl mit Überraschungsspiel« oder »Carroll trickst Belichick aus«. Oder stellen Sie sich vor, der Pass wäre danebengegangen und die Seahawks hätten in einem dritten oder vierten Running Play gepunktet (oder auch nicht). Die Schlagzeilen hätten von diesen anderen Spielzügen gehandelt. Was Pete Carroll in der zweiten Chance für einen Call gemacht hätte, wäre ignoriert worden.

Carroll hatte Pech. Er hatte die Kontrolle über die Qualität der Playcall-Entscheidung, aber nicht darüber, wie das Ganze ausging. Und weil er eben kein günstiges Ergebnis bekam, musste er den Kopf dafür hinhalten. Er machte einen Playcall, der große Chancen hatte, in einem spielentscheidenden Touchdown zu enden oder in einem unvollendeten Pass (was den Seahawks zwei weitere Spielchancen ermöglicht hätte, um den Ball an Marshawn Lynch zu übergeben). Er hatte eine Entscheidung von guter Qualität getroffen, die ein schlechtes Ergebnis erzielte.

Pete Carroll war ein Opfer unserer Neigung, die Qualität einer Entscheidung mit der Qualität ihres Ergebnisses gleichzusetzen. Pokerspieler haben dafür ein Wort: Resulting. Als ich begann, Poker zu spielen, warnten mich erfahrenere Spieler vor den Gefahren des Resultings und rieten mir der Versuchung zu widerstehen, meine Strategie zu ändern, nur weil ein paar Hände kurzfristig nicht funktioniert hatten.

Pete Carroll verstand, dass seine Kritiker sich des Resultings schuldig gemacht hatten. Vier Tage nach dem Super Bowl trat er in der *Today*-Show auf und räumte ein: »Es war das schlechteste *Ergebnis* eines Playcalls, das es jemals gab.« Er fügte aber hinzu: »Der Call wäre großartig gewesen, wenn wir es gepackt hätten. Dann wäre er einfach in Ordnung gewesen und niemand hätte sich überhaupt darüber Gedanken gemacht.«

Warum sind wir so schlecht darin, Glück und Fähigkeiten auseinanderzuhalten? Warum fühlen wir uns so unwohl mit dem Wissen, dass

Ergebnisse jenseits unserer Kontrolle liegen können? Warum schaffen wir eine so starke Verbindung zwischen Ergebnissen und der Qualität der Entscheidungen, die diesen vorangehen? Wie können wir verhindern, dass wir in die Falle des Montag-Morgen-Quarterbacks[1] tappen, ob es nun darum geht, die Entscheidung eines anderen zu analysieren oder darum, Entscheidungen in unserem eigenen Leben zu treffen und im Nachhinein zu bewerten?

Die Gefahren des Resultings

Nehmen Sie sich einen Moment Zeit und denken Sie an Ihre beste Entscheidung im letzten Jahr. Jetzt nehmen Sie sich einen Moment Zeit und denken Sie an Ihre schlechteste Entscheidung.

Ich möchte wetten, dass Ihre beste Entscheidung einem guten Ergebnis vorausging und die schlechteste einem schlechten Ergebnis.

Das ist eine sichere Wette für mich, denn Resulting ist etwas, was wir andauernd tun. Montag-Morgen-Quarterbacks sind ein leichtes Ziel, genau wie Autoren und Blogger, die einem Massenpublikum Sofort-Analysen liefern. Aber – wie ich aus eigener Erfahrung im Poker weiß – ist Resulting ein Routine-Denkmuster, das uns alle durcheinanderbringt. Wenn wir einen zu engen Zusammenhang zwischen Ergebnis und Qualität der Entscheidung sehen, beeinträchtigt das unsere Entscheidungen jeden Tag, und das hat potenziell weitreichende, katastrophale Folgen.

Wenn ich Führungskräfte berate, beginne ich manchmal mit dieser Übung. Ich bitte die Mitglieder der Gruppe, für unser erstes Treffen eine kurze Beschreibung ihrer besten und ihrer schlechtesten Entscheidung im vorangegangenen Jahr vorzubereiten. Hierbei kommt es darauf an, dass er oder sie nicht seine oder ihre besten oder schlech-

[1] Anm. d. Übers.: Als Monday-Morning-Quarterback wird ein Spieler bezeichnet, der seine Spielweise im Nachhinein kritisiert und erklärt, wie er es hätte besser machen können.

testen *Ergebnisse* heraussucht, sondern die besten oder schlechtesten Entscheidungen.

In einem Beratungsmeeting mit einer Gruppe aus CEOs und Unternehmenseigentümern hatte ein Mitglied der Gruppe als seine schlechteste Entscheidung herausgesucht, dass er den Präsidenten seines Unternehmens gefeuert hatte. Er erklärte: »Die Suche nach einem Ersatz war furchtbar. Wir hatten zwei verschiedene Leute auf dem Job. Die Verkaufszahlen sinken. Dem Unternehmen geht es nicht gut. Wir hatten keine Bewerber, die sich als so gut herausstellten wie er.«

Das hört sich nach einem desaströsen Ergebnis an, aber ich war neugierig nachzuhaken, warum der CEO glaubte, die Entscheidung, seinen Präsidenten zu feuern, sei so schlecht gewesen (abgesehen davon, dass es danach nicht gut gelaufen war).

Er erklärte den Entscheidungsprozess und die Grundlage der Schlussfolgerung, den Präsidenten zu feuern. »Wir sahen uns unsere direkten Wettbewerber und vergleichbare Unternehmen an und kamen zu dem Schluss, dass unsere Leistungen nicht auf dem Niveau der anderen lagen. Wir dachten, wir könnten mehr leisten und auf deren Niveau aufsteigen. Wir nahmen an, dass es wohl ein Führungsproblem war.«

Ich fragte, ob bei dem Prozess auch mit dem Präsidenten zusammengearbeitet worden sei, um seine Qualifikationslücken zu verstehen und was er hätte besser machen können. Das Unternehmen hatte tatsächlich mit ihm zusammengearbeitet, um seine Qualifikationslücken zu finden. Der CEO stellte einen Führungscoach ein, der mit ihm an seinen Führungsfähigkeiten arbeitete, die sich als hauptsächliche Schwäche herausgestellt hatten.

Nachdem das Führungscoaching keine bessere Leistung brachte, zog das Unternehmen in Betracht, die Verantwortung des Präsidenten aufzuteilen, sodass er sich auf seine Stärken konzentrieren und andere Verantwortungsbereiche an eine andere Führungsperson abgeben konnte. Sie verwarfen diese Idee jedoch, weil sie zu dem Schluss kamen, dass die Moral des Präsidenten darunter leiden würde und die Mitarbeiter dies wahrscheinlich als Misstrauensvotum empfinden würden. Zudem hätte es zusätzlichen finanziellen Druck für die Firma bedeutet, eine Position aufzusplitten, von der man glaubte, dass sie von einer Person erfüllt werden konnte.

Schließlich lieferte der CEO noch ein paar Hintergrundinformationen über die Erfahrung des Unternehmens mit externen Mitarbeitern auf Führungsniveau und seine Sicht über aktuell verfügbare Talente. Es hörte sich an, als hätte der CEO eine vernünftige Grundlage für seine Annahme, dass er jemand Besseren finden würde.

Ich fragte in die versammelte Gruppe: »Wer findet, dass dies eine schlechte Entscheidung war?« Es war nicht überraschend, dass jeder der Meinung war, das Unternehmen habe einen vernünftigen Prozess durchlaufen und eine Entscheidung getroffen, die angesichts dessen, was man zu der Zeit wusste, vernünftig war.

Es hörte sich an wie ein schlechtes Ergebnis, keine schlechte Entscheidung. Der mangelhafte Zusammenhang zwischen Ergebnissen und Entscheidungsqualität brachte den CEO aus der Fassung und beeinflusste die folgenden Unternehmensentscheidungen negativ. Der CEO hatte die Entscheidung als Fehler empfunden, weil es danach nicht funktionierte. Er bereute die Entscheidung und das quälte ihn offensichtlich sehr. Er legte sehr deutlich dar, dass er hätte wissen müssen, dass die Entscheidung, den Präsidenten zu feuern, sich als schlecht herausstellen würde. Sein Entscheidungsverhalten war von da an von der Überzeugung geprägt, dass er einen Fehler gemacht hatte. Dabei unterlag er nicht nur dem Resulting, sondern auch dessen Begleiter, dem Rückschaufehler. Der Rückschaufehler ist die Tendenz, ein Ergebnis, nachdem es bekannt ist, als unvermeidlich zu betrachten. Wenn wir sagen: »Ich hätte wissen müssen, dass das passieren wird«, oder »Ich hätte das kommen sehen sollen«, unterliegen wir dem Rückschaufehler.

Solche Überzeugungen kommen von einer übermäßig engen Verknüpfung zwischen Ergebnis und Entscheidung. Genau wie die Armee der Kritiker von Pete Carrolls Entscheidung, im letzten Spiel des Super Bowl einen Pass spielen zu lassen, hatte sich der CEO schuldig gemacht, Resulting zu betreiben, seine eigene sorgfältige Analyse und die seines Unternehmens zu ignorieren und sich allein auf das schlechte Ergebnis zu fokussieren. Die Entscheidung führte zu keinem guten Ergebnis, aber er betrachtete das Ergebnis als unvermeidliche Konsequenz anstatt einer möglichen Konsequenz.

In der Übung, die ich durchführe, bei der man seine beste und seine schlechteste Entscheidung heraussucht, gibt es anscheinend nie jemanden, der eine schlechte Entscheidung angibt, die durch Glück zu einem guten Ergebnis geführt hat, oder eine gut durchdachte Entscheidung, die nicht aufgegangen ist. Wir verknüpfen Ergebnisse mit Entscheidungen, auch wenn es leicht ist, unbestreitbare Beispiele aufzuführen, in denen Entscheidung und Ergebnis nicht so perfekt korrelieren. Kein nüchterner Mensch glaubt, dass es eine gute Entscheidung ist oder für eine gute Fahrfähigkeit spricht, wenn man sicher nach Hause kommt, nachdem man betrunken Auto gefahren ist. Dass jemand seine zukünftigen Entscheidungen auf diesem reinen Glücksergebnis aufbaut, wäre gefährlich und kommt wohl niemals vor (außer man denkt sich das aus, während man betrunken ist und sich offensichtlich selbst betrügt).

Doch genau das passierte dem CEO. Er veränderte sein Verhalten aufgrund der Qualität des Ergebnisses, nicht aufgrund der Qualität des Entscheidungsprozesses. Er beschloss, dass er besser fahre, wenn er betrunken sei.

Schnell reagieren oder sterben – Rationalität ist nichts für unser Gehirn

Die Irrationalität der Kritiker von Pete Carroll und des CEOs sollte niemanden überraschen, der mit Verhaltensökonomie vertraut ist. Dank der Arbeit vieler brillanter Psychologen, Ökonomen, Hirnforscher und Neurowissenschaftler gibt es zahlreiche ausgezeichnete Bücher, die erklären, warum Menschen bei Entscheidungen mit bestimmten Formen der Irrationalität geschlagen sind. (Wenn Sie noch keine Bücher dieser

Art kennen, finden Sie eine Auswahl in der Liste der weiterführenden Literatur.) Hier nun eine kurze Zusammenfassung.

Zunächst einmal hat sich unser Gehirn dazu entwickelt, Sicherheit und Ordnung zu schaffen. Wir fühlen uns nicht wohl bei dem Gedanken, dass Glück und Pech eine bedeutende Rolle in unserem Leben spielen. Wir erkennen an, dass es Glück und Pech gibt, aber wir lehnen den Gedanken ab, dass sich die Dinge trotz unserer bestmöglichen Bemühungen nicht so entwickeln, wie wir das wollen. Wir haben ein besseres Gefühl dabei, uns die Welt als einen ordentlichen Ort vorzustellen, an dem keine Willkür herrscht und die Dinge vollkommen vorhersehbar sind. Wir haben uns evolutionär dahin entwickelt, die Welt so zu sehen. Ordnung ins Chaos zu bringen war notwendig für unser Überleben.

Wenn unsere Vorfahren in der Savanne ein Rascheln hörten und ein Löwe hervorsprang, konnte es bei späteren Gelegenheiten ihr Leben retten, wenn sie eine Verknüpfung zwischen *Rascheln* und *Löwe* herstellten. Vorhersehbare Verknüpfungen zu finden ist buchstäblich eine Strategie, mit der unsere Spezies überlebt hat. Der Wissenschaftsautor, Historiker und Skeptiker Michael Shermer erklärt in *The Believing Brain*, warum wir in unserer Entwicklungsgeschichte (und Frühgeschichte) immer nach Verknüpfungen gesucht haben, auch wenn sie zweifelhaft oder falsch waren. Die fälschliche Interpretation eines Raschelns als vom Wind verursacht, während es tatsächlich ein sich anschleichender Löwe ist, wird als Fehler erster Art oder falsch-positiv bezeichnet. Die Konsequenzen eines solchen Fehlers waren sehr viel weniger gravierend als die eines Fehlers zweiter Art oder falsch-negativ. Ein Falsch-negativ hätte fatal sein können: Die Annahme, jedes Rascheln wäre der Wind, hätte dazu geführt, dass unsere Vorfahren gefressen worden wären, und es würde uns gar nicht geben.

Das Streben nach Sicherheit hat uns in all der Zeit geholfen zu überleben, aber es kann unsere Entscheidungen in einer Welt voller Unsicherheit auch dominieren. Wenn wir vom Ergebnis ausgehend zurückblicken, um herauszufinden, warum alles so passiert ist, laufen wir

Gefahr, in einige Fallen zu tappen, wie zum Beispiel dort einen Kausalzusammenhang herzustellen, wo es nur eine Korrelation gibt, oder sich nur die passenden Daten herauszusuchen, um dasjenige Narrativ zu bestätigen, das wir bevorzugen. Wir hämmern eine Menge Würfel in runde Löcher, um die Illusion einer engen Verknüpfung zwischen Ergebnis und Entscheidung aufrechtzuerhalten.

Beim Treffen von Entscheidungen konkurrieren verschiedene Hirnfunktionen miteinander. Der Nobelpreisträger und Psychologieprofessor Daniel Kahneman machte in seinem Bestseller von 2011 *Thinking, Fast and Slow* die Begriffe »System 1« und »System 2« bekannt. Er beschrieb System 1 als »Schnelles Denken«. System 1 ist das, was uns bremsen lässt, wenn uns jemand auf der Straße vors Auto springt. Es umfasst Reflex, Instinkt, Intuition, Impulse und automatische Informationsverarbeitung. System 2, das »Langsame Denken«, ist das, mit dem wir entscheiden, uns konzentrieren und geistige Energie aufwenden. Kahneman erklärt, dass System 1 und System 2 in der Lage sind, sich die Aufgaben aufzuteilen und zu bestimmen, wie wir entscheiden, aber auch, dass sie zu Störungen führen, wenn sie miteinander im Konflikt sind.

Ich persönlich bevorzuge die Begriffe »reflexives Denken« und »abwägendes Denken«, die der Psychologe Gary Marcus verwendet. In seinem Buch von 2008, *Kluge: The Haphazard Evolution of the Human Mind*, schrieb er: »Unser Denken kann in zwei Ströme unterteilt werden, einen, der schnell, automatisch und weitgehend unbewusst abläuft, und einen, der langsam, abwägend und bewertend ist.« Das erste, »das reflexive System, scheint seine Aufgabe schnell und automatisch zu verrichten, mit oder ohne bewusste Wahrnehmung«. Das zweite System, »das abwägende System … wägt ab, betrachtet, kaut die Fakten durch«.

Der Unterschied zwischen den Systemen ist mehr als nur die Bezeichnungen. Die automatische Informationsverarbeitung kommt aus den evolutionär älteren Teilen des Gehirns, dazu gehören das Kleinhirn, die Basalganglien und die Amygdala. Unser abwägendes Denken findet im präfrontalen Cortex statt.

Colin Camerer, Professor für Verhaltensökonomie am California Institute of Technology (Caltech) und führender Vortragsredner und Forscher an der Schnittstelle zwischen Spieltheorie und Neurowissenschaften, erklärte mir, wie verrückt es sei, zu glauben, wir könnten unser abwägendes Denken dazu bringen, unsere Entscheidungen mehr zu beeinflussen. »Wir haben diese dünne Schicht des präfrontalen Cortex, die nur für uns gemacht ist und oben auf diesem großen tierischen Gehirn aufliegt. Diese dünne Schicht dazu zu bringen, noch mehr zu regeln, ist unrealistisch.« Der präfrontale Cortex kontrolliert nicht die meisten unserer täglichen Entscheidungen. Wir können einfach nicht mehr aus dieser einzigartigen, dünnen Schicht herausholen. »Er ist sowieso schon überlastet«, erklärte er mir.

Das sind die Teile unseres Gehirns, die wir nun einmal haben, und daran wird sich in absehbarer Zeit auch nichts ändern.[2)] Rationale Entscheidungen zu treffen ist nicht nur eine Sache der Willenskraft oder des absichtlichen Treffens von mehr Entscheidungen im Prozess des abwägenden Denkens. Unsere Kapazitäten im abwägenden Denken sind bereits ausgelastet. Wir haben nicht die Möglichkeit, wenn wir ein Problem erkennen, einfach die Arbeit auf einen anderen Teil des Gehirns zu verlagern, wie wenn man sich beim Heben von Kisten den Rücken gezerrt hat und das Gewicht auf die Beinmuskeln verlagert.

Abwägendes wie reflexives Denken sind beide für unser Überleben und Vorankommen notwendig. Die großen Entscheidungen darüber, was wir erreichen wollen, nehmen das abwägende System in Anspruch. Die meisten Entscheidungen, die wir auf dem Weg zu diesen Zielen treffen, stammen jedoch vom reflexiven Denken. Die abkürzenden Verknüpfungen, die in das automatische Informationsverarbeitungssystem eingebaut sind, haben verhindert, dass wir in der Savanne herumstanden und über den Ursprung eines potenziell bedrohlichen Geräusches debattierten, während die Quelle dieses Geräusches uns im nächsten

2) Technisch gesehen entwickeln sich diese Teile ständig weiter, aber nicht so schnell, dass es uns in unserem Leben irgendwie nützen würde.

Moment verschlang. Diese Abkürzungen haben uns am Leben erhalten, indem sie routinemäßig die Tausenden Entscheidungen trafen, die uns unser tägliches Leben erst ermöglichen.

Wir brauchen diese Abkürzungen, aber sie haben ihren Preis. Viele falsche Schritte beim Entscheiden kommen von dem Druck auf das reflexive System, seine Aufgabe schnell und automatisch zu erledigen. Niemand steht morgens auf und sagt sich: Ich will verschlossen und abweisend zu anderen sein. Aber was passiert, wenn wir auf eine Arbeit konzentriert sind und ein Kollege kommt mit seinen Flausen im Kopf daher? Unser Gehirn setzt schon Körpersprache und kurze Antworten ein, um ihn loszuwerden, ohne gegen die Konventionen der Höflichkeit zu verstoßen. Wir tun das nicht bewusst; wir tun es einfach. Aber vielleicht hätte der Kollege eine nützliche Information für uns? Wir haben ihn ausgeblendet, abgekürzt und sind darauf eingestellt, alles zu vernachlässigen, was wir wahrnehmen, wenn es von dem abweicht, was wir bereits wissen.

Die meisten unserer täglichen Handlungen kommen aus der automatischen Informationsverarbeitung. Wir haben Gewohnheiten und Standardverhaltensweisen, die wir nur selten wahrnehmen, vom Greifen eines Stifts bis zum Ausweichen, um einen Autounfall zu vermeiden. Die Herausforderung ist nicht, die Arbeitsweise unseres Gehirns zu verändern, sondern herauszufinden, wie wir innerhalb der Beschränkungen des Gehirns, die wir nun einmal haben, handeln können. Sich unseres eigenen irrationalen Verhaltens bewusst zu sein und es verändern zu wollen, ist nicht genug, genauso wie durch das Wissen, dass man eine optische Illusion vor sich hat, diese Illusion nicht verschwindet. Daniel Kahneman hat die berühmte Müller-Lyer-Illusion als Beispiel aufgeführt, um dies zu veranschaulichen.

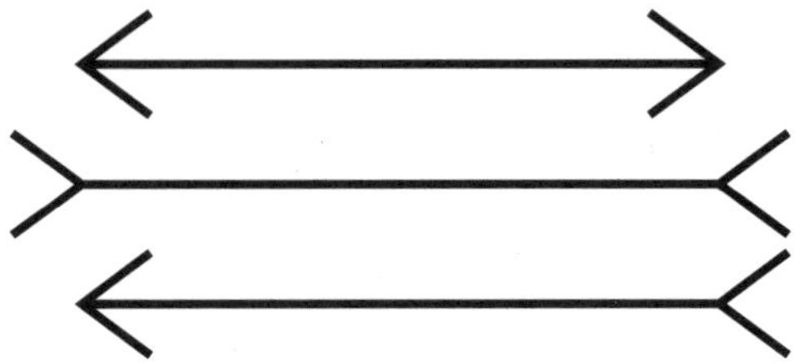

Welche dieser drei Linien ist am längsten? Unser Gehirn sendet uns das Signal, dass die zweite Linie am längsten ist, aber man kann anhand der senkrechten Linien sehen, dass sie alle gleich lang sind.

Wir können die Linien nachmessen, um zu bestätigen, dass sie alle gleich lang sind, aber die Illusion verschwindet dadurch nicht.

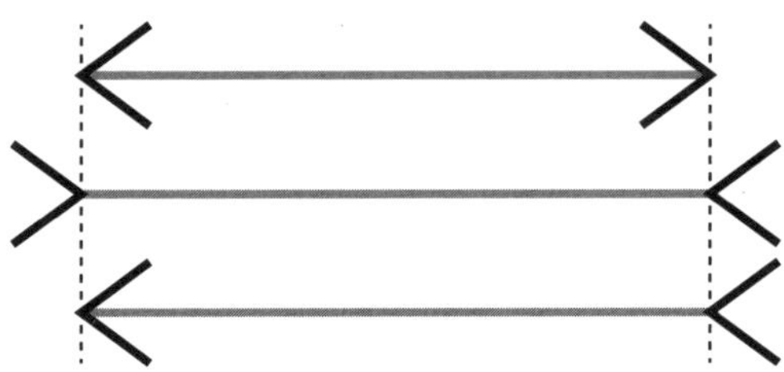

Doch wir haben die Möglichkeit, Hilfsmittel hinzuzuziehen wie etwa ein Lineal und wir können lernen, wann wir es anwenden müssen, um zu überprüfen, wie unser Gehirn die Dinge verarbeitet, die wir sehen. Es hat sich herausgestellt, dass Poker eine hervorragende Plattform ist, um praktische Strategien zu finden, damit unsere Entscheidungen besser mit unseren Zielen übereinstimmen. Das Verständnis dafür, wie Pokerspieler denken, kann uns helfen, mit den Entscheidungsproblemen umzugehen, die uns am Arbeitsplatz plagen, im Finanzleben oder in Beziehungen – selbst bei der Entscheidung, ob es ein brillanter Spielzug ist, einen Pass zu spielen, oder nicht.

»Time!« – du hast noch 70 Sekunden

Unser Ziel ist es, unser reflexives Denken dahin zu bringen, nach dem besten Wissen unseres abwägenden Denkens zu handeln. Pokerspieler müssen die wissenschaftlichen Hintergründe gar nicht kennen, um zu verstehen, wie schwer es ist, die beiden Systeme in Einklang zu bringen. Pokerspieler müssen zahlreiche Entscheidungen mit bedeutenden finanziellen Konsequenzen in einem eng gesteckten zeitlichen Rahmen treffen, und zwar so, dass ihr reflexives Denken mit ihren Langzeitzielen übereinstimmt. Das macht den Pokertisch zu einem einzigartigen Labor, um den Prozess der Entscheidungsfindung zu studieren.

Jede Pokerhand erfordert mindestens eine Entscheidung (die Startkarten zusammenzufalten und abzulegen: zu passen – oder zu spielen) und manche Pokerhand kann bis zu 20 Entscheidungen erforderlich machen. Während eines Pokerspiels in einem Pokerraum im Casino bekommen die Spieler etwa 30 Hände pro Stunde. Eine durchschnittliche Pokerhand dauert etwa zwei Minuten, inklusive der Zeit, die der Dealer braucht, um die Karten einzusammeln, zu mischen und an die Spieler auszuteilen. Poker-Sessions dauern normalerweise mehrere Stunden, mit vielen Entscheidungen bei jeder Hand. Das bedeutet, ein Pokerspieler muss pro Session Hunderte Entscheidungen treffen, und sie finden sämtlich in halsbrecherischer Geschwindigkeit statt.

Die Etikette und die Regeln des Spiels fordern von den Spielern, das Spiel nicht durch Nachdenken zu verlangsamen, selbst wenn eine Entscheidung enorme finanzielle Konsequenzen nach sich zieht. Wenn ein Spieler besonders lange braucht, kann ein anderer Spieler »Time!« rufen. Dann werden dem nachdenkenden Spieler ganze *70 Sekunden* eingeräumt, um sich zu entscheiden. Das ist im Poker eine Ewigkeit.

Jede Hand (und daher auch jede Entscheidung) hat unmittelbare finanzielle Konsequenzen. In einem Turnier oder einem Spiel mit hohem Einsatz kann jede Entscheidung mehr wert sein als ein durchschnittliches Einfamilienhaus und die Spieler müssen diese Entscheidungen schneller treffen, als wir uns im Restaurant entscheiden, was wir bestellen. Selbst bei Spielen mit geringerem Einsatz steht bei jeder Entscheidung das meiste oder alles Geld, das ein Spieler auf dem Tisch hat, potenziell auf dem Spiel. Deshalb müssen Pokerspieler eine Geschicklichkeit für Ad-hoc-Entscheidungen entwickeln, sonst überleben sie in dem Beruf nicht. Das heißt, sie müssen einen Weg finden, ihre Ziele (die sie sich im Vorfeld gesteckt haben) innerhalb der geforderten Geschwindigkeit am Spieltisch umzusetzen. Wer vom Poker leben will, muss zwischen dem abwägenden und dem reflexiven System hin- und herschalten können. Die besten Spieler müssen einen Weg finden, eigentlich unlösbare Konflikte Einklang zu bringen.

Außerdem müssen Pokerspieler nach dem Spiel aus dem wilden Durcheinander aus Entscheidungen und Ergebnissen lernen, indem sie Glück von Fähigkeit sowie das Signal vom Lärm unterscheiden und sich vor dem Resulting in Acht nehmen. Das ist die einzige Möglichkeit, sich zu verbessern, besonders wenn dieselben Situationen unter Druck und in variierter Form immer wieder auftreten.

Die Kunst der Umsetzung ist für den Erfolg im Poker noch wichtiger als angeborenes Talent. Alles Talent der Welt wird nichts ausrichten, wenn ein Spieler die Umsetzung nicht beherrscht, nämlich häufig vorkommende Entscheidungsfallen zu umgehen, aus Ergebnissen auf rationale Weise zu lernen und Emotionen so weit wie möglich aus dem Prozess herauszuhalten. Spieler mit ehrfurchterweckendem Talent räumen an ihren besten Abenden ab, aber gehen an den vielen anderen Abenden pleite, wenn sie sich dieser Herausforderung nicht gestellt haben. Pokerspieler, die sich lange halten, haben viele verschiedene Talente, aber was ihnen gemeinsam ist, ist die Fähigkeit zur Umsetzung innerhalb dieses Rahmens.

Wir alle haben damit zu kämpfen, unsere Ziele zu erreichen. Pokerspieler kämpfen denselben Kampf, nur mit zusätzlichen Schwierigkeiten wie Zeitdruck, offener und direkter Unsicherheit und unmittelbaren finanziellen Konsequenzen. Das macht das Pokerspiel zu einem großartigen Ort, um innovative Herangehensweisen zu finden, diese Probleme zu überwinden. Und der Nutzen von Poker, um den Prozess der Entscheidungsfindung besser zu verstehen, ist in der akademischen Welt längst anerkannt.

Dr. Strangelove

Für einen Wissenschaftler ist es schwierig, populär zu werden. Es überrascht also nicht, dass den meisten der Name John von Neumann kein Begriff ist.

Das ist schade, denn von Neumann ist einer meiner Helden, und er sollte es auch für jeden sein, der sich darum bemüht, bessere Entscheidungen zu treffen. Sein Beitrag zur Wissenschaft des Entscheidens war immens und dennoch war er nur eine Fußnote im kurzen Leben eines der größten Geister in der Geschichte des wissenschaftlichen Denkens. (Und, was kein Zufall ist, er war Pokerspieler.)

Nach 22 Jahren, in denen er zu praktisch jedem Bereich der Mathematik etwas beigetragen hatte, tat er in den letzten zehn Jahren seines Lebens Folgendes: Er spielte eine Schlüsselrolle im Manhattan Project, war Pionier in der Physik hinter der Wasserstoffbombe, entwickelte die ersten Computer, fand am Ende des Zweiten Weltkriegs einen optimalen Weg, Bomber zu lenken und Ziele anzuvisieren, und schuf das Konzept vom Gleichgewicht des Schreckens (Mutually Assured Destruction, MAD), das führende geopolitische Überlebensprinzip während des Kalten Krieges. Selbst nach seiner Krebsdiagnose 1955 im Alter von 52 Jahren diente er in der ersten zivilen Behörde zur Aufsicht über die Atomforschung und -entwicklung, nahm an Meetings teil, solange er körperlich dazu in der Lage war, wenn auch unter großen Schmerzen und im Rollstuhl.

Trotz all dem, was er in der Wissenschaft geleistet hat, ist von Neumanns Vermächtnis in der allgemeinen Wahrnehmung eines, das wie die Vorlage für eine Titelfigur in Stanley Kubricks apokalyptischer Komödie *Dr. Strangelove* wirkt: ein Genie mit heftigem Akzent, verkrüppelt und an den Rollstuhl gefesselt, dessen Strategie vom Gleichgewicht des Schreckens schiefgeht, sobald ein verrückter General nur einen einzigen Bomber auf eine nicht autorisierte Mission schickt, die das automatische Abfeuern sämtlicher amerikanischer und sowjetischer Nuklearwaffen in Gang setzt.

Zusätzlich zu all dem, was er erreicht hat, ist John von Neumann auch der Vater der Spieltheorie. Nachdem er seine Anstellung beim Manhattan Project aufgegeben hatte, arbeitete er mit Oskar Morgenstern zusammen, um 1944 *Theory of Games and Economic Behavior* (*deutsch: Spieltheorie und wirtschaftliches Verhalten*) zu veröffentlichen. Auf der Liste der »100 einflussreichsten Bücher des Jahrhunderts« der Boston Public Library steht auch *Theory of Games*. William Poundstone, Autor eines vielgelesenen Buches über Spieltheorie, Prisoner's Dilemma (*deutsch: Gefangenendilemma. Das Buch von Poundstone ist nicht ins Deutsche übersetzt worden; Anm. d. Übers.*), nannte es »eines der einflussreichsten und am wenigsten gelesenen Bücher des 20. Jahrhunderts«. In der Einführung zur Jubiläumsausgabe zum 60. Jahrestag wird darauf hingewiesen, dass das Buch sofort als Klassiker erkannt wurde. Anfängliche Kritiken in den prestigeträchtigsten akademischen Zeitschriften überhäuften es mit Lob, wie »eine der großen wissenschaftlichen Errungenschaften der ersten Hälfte des 20. Jahrhunderts« oder »zehn weitere solche Bücher, und der Fortschritt der Wirtschaft ist gesichert«.

Die Spieltheorie hat die Wirtschaftswissenschaften revolutioniert, was von mindestens elf Nobelpreisträgern der Wirtschaftswissenschaften bewiesen wurde, darunter auch John Nash (ein Schüler von Neumanns), dessen Lebensgeschichte in dem Oscar-gekrönten Film *A Beautiful Mind* erzählt wird. Die Spieltheorie findet auch außerhalb der Wirtschaftswissenschaften breite Anwendung und ist für die Verhaltensforschung (in Psychologie wie Soziologie) ebenso wie für die Politikwissenschaften, die Biomedizinforschung, im Geschäftsleben und in zahlreichen anderen Bereichen von Bedeutung.

Die Spieltheorie wurde von dem Wirtschaftswissenschaftler Roger Myerson (einer der Nobelpreisträger für die Spieltheorie) kurz und prägnant definiert als »die Untersuchung von mathematischen Konflikt- und Kooperationsmodellen zwischen intelligenten, rationalen Entscheidern«. Die Spieltheorie ist die heutige Basis für das Studium eines Großteils unseres Entscheidungsprozesses, wenn es um die Herausforderung sich verändernder Bedingungen, um versteckte Informationen oder um Glück geht, und wenn mehrere Menschen in eine Entscheidung involviert sind. Hört sich das für Sie bekannt an?

Zum Glück brauchen Sie nicht mehr als das über die Spieltheorie zu wissen, um zu verstehen, wie wichtig sie ist. Und was für dieses Buch zählt, ist, dass John von Neumann die Spieltheorie anhand einer auf das Wesentliche reduzierten Version des Pokerspiels veranschaulicht hat.

Poker versus Schach

In der Dokumentationsserie *The Ascent of Man* erzählt der Wissenschaftler Jacob Bronowski, wie von Neumann ihm die Spieltheorie während einer Taxifahrt in London umriss. Boronowski war ein leidenschaftlicher Schachspieler und bat ihn, es ihm noch näher zu erklären. »Sie meinen also Spieltheorie wie beim Schach?«

Boronowski zitierte von Neumanns Antwort: »›Nein, nein‹, sagte er. ›Schach ist ja kein Spiel. Schach ist eine genau definierte Form der Berechnung. Man kann die Antworten vielleicht nicht ausarbeiten, aber in der Theorie muss es in jeder Position eine Lösung geben, eine richtige Vorgehensweise. Also, echte Spiele‹, sagte er, ›sind überhaupt nicht so. Das echte Leben ist ja auch nicht so. Das echte Leben besteht aus Bluffs, kleinen Täuschungsmanövern, daraus, sich selbst zu fragen, was der andere denkt, was ich wohl tun will. Und darum geht es beim Spiel in meiner Theorie.‹«

Die Entscheidungen, die wir im Leben treffen – im Geschäftsleben, im Umgang mit Geld, Gesundheit und Lebensstil, in der Erziehung unserer Kinder und in Beziehungen – passen gut in von Neumanns Definition von »echten Spielen«. Dazu gehören Unsicherheit, Risiko und zeitweilige Enttäuschungen, was im Poker vorherrschende Elemente sind. Ärger gibt es immer dann, wenn wir Lebensentscheidungen angehen, als wären sie Schach-Entscheidungen.

Beim Schach gibt es keine verborgenen Informationen und nur sehr wenig Glück. Alle Figuren sind für beide Spieler zu sehen. Die Figuren können nicht willkürlich erscheinen, vom Brett verschwinden oder durch Zufall von einer Position zur anderen bewegt werden. Es kommt nicht vor, dass jemand würfelt und Ihr Läufer vom Brett genommen wird, wenn der Wurf für Sie schlecht ausfällt. Wenn Sie bei einem Schachspiel verlieren, ist der Grund zwangsläufig, dass es bessere Züge gegeben hätte, die Sie nicht gemacht oder nicht gesehen haben. Sie könnten theoretisch im Spiel zurückgehen und herausfinden, wo genau Sie Fehler gemacht haben. Wenn ein Schachspieler mehr als nur etwas besser ist als der andere, ist es fast unvermeidlich, dass der bessere Spieler gewinnt (wenn er Weiß hat) oder zumindest ein Remis spielt (wenn er Schwarz hat). In den seltenen Fällen, in denen ein niedriger eingestufter Schachmeister einen Garry Kasparow, Bobby Fischer oder Magnus Carlsen schlägt, liegt es daran, dass der höherrangige Spieler erkennbare, objektive Fehler gemacht hat, die dem anderen Spieler Vorteile verschafft haben.

Schach ist bei aller strategischen Komplexität kein gutes Modell für die Entscheidungsfindung im Leben, da bei den meisten unserer Entscheidungen verborgene Informationen im Spiel sind und Glück eine viel größere Rolle spielt. Das schafft eine Herausforderung, die beim Schach nicht existiert: Man muss den relativen Beitrag der Entscheidungen, die wir treffen, von dem Glück oder Pech unterscheiden, das bestimmt, wie die Dinge am Ende ausgehen.

Poker dagegen ist ein Spiel der *unvollständigen Informationen*. Es ist ein Spiel, bei dem Entscheidungen in einer bestimmten Zeit unter unbekannten Voraussetzungen getroffen werden müssen. (Nicht zufällig ist das nahe an der Definition der Spieltheorie.) Wertvolle Informationen bleiben verborgen. Es gibt auch in jedem Ergebnis einen Glücksanteil. Sie könnten an jedem Punkt die bestmögliche Entscheidung treffen und doch die Hand verlieren, weil Sie nicht wissen, welche neuen Karten ausgeteilt und aufgedeckt werden. Wenn das Spiel einmal vorbei ist und Sie versuchen, aus den Ergebnissen etwas zu lernen, ist es schwierig, die Qualität Ihrer Entscheidungen vom Einfluss des Glücks zu unterscheiden.

Im Schach korrelieren die Ergebnisse stärker mit der Qualität der Entscheidungen. Im Poker ist es viel leichter, Glück zu haben und zu gewinnen oder Pech zu haben und zu verlieren. Wenn das Leben wie Schach wäre, würde man fast jedes Mal, wenn man über eine rote Ampel fährt, einen Unfall bauen (oder zumindest eine Strafe aufgebrummt bekommen). Wenn das Leben wie Schach wäre, würden die Seahawks jedes Mal den Super Bowl gewinnen, wenn Pete Carroll dieses Passspiel ausruft.

Aber das Leben ist eher wie Poker. Es könnte die klügste, vorsichtigste Entscheidung sein, den Präsidenten zu feuern, und dennoch fliegt einem danach alles um die Ohren. Man könnte eine rote Ampel überfahren und sicher über die Kreuzung gelangen – oder sämtliche Verkehrsregeln und -zeichen beachten und dann doch in einen Unfall verwickelt werden. Sie könnten jemandem die Pokerregeln in fünf Minuten erklären, ihn an einen Tisch mit einem Weltklasse-Spieler setzen, eine Hand austeilen (oder mehrere) und der Novize könnte den Champion schlagen. Das könnte im Schach nie passieren.

Unvollständige Informationen sind nicht nur für Entscheidungen ein Problem, die in Sekundenbruchteilen getroffen werden, sondern auch für das Lernen aus vergangenen Entscheidungen. Stellen Sie sich meine Schwierigkeiten als Pokerspielerin vor, wenn ich versuche, herauszufinden, ob ich eine Hand korrekt gespielt habe, wenn die Karten meiner Gegner nie aufgedeckt werden. Wenn die Hand endet, nachdem ich gesetzt habe, und meine Gegner passen, ist alles, was ich weiß, dass ich die Chips gewonnen habe. Habe ich schlecht gespielt und nur Glück gehabt? Oder habe ich gut gespielt?

Wenn wir uns in einem Spiel verbessern wollen – ebenso wie in jedem Bereich unseres Lebens –, müssen wir aus den Ergebnissen unserer Entscheidungen lernen. Die Qualität unseres Lebens ist die Summe der Entscheidungsqualität plus Glück. Im Schach ist der Einfluss des Glücks eingeschränkt, also ist es leichter, die Ergebnisse als Zeichen für gute Qualität zu lesen. Das verbindet Schachspieler mehr mit der Rationalität. Machen Sie einen Fehler, weist Sie das Spiel Ihres Gegners darauf hin oder Sie können es danach analysieren. Es gibt dort immer eine theoretisch richtige Antwort. Wenn Sie verlieren, gibt es nur einen geringen Spielraum für irgendeine andere Erklärung als Ihre eigene unterlegene Entscheidungsqualität. Einen Schachspieler wird man fast nie sagen hören: »Ich bin in diesem Spiel ausgenommen worden!« oder »Ich habe perfekt gespielt, aber ich hatte ein paar fürchterliche Breaks.« (Gehen Sie einmal bei einem Poker-Turnier ins Foyer und Sie werden das oft hören.)

Das ist Schach, aber das Leben sieht nicht so aus. Es sieht eher wie Poker aus, wo wir durch die vielen Unbekannten den Raum haben, uns zu täuschen und die Daten falsch zu interpretieren. Poker gibt uns den Spielraum, Fehler zu machen, die wir nie bemerken werden, weil wir die Hand sowieso gewinnen und also gar nicht nach ihnen suchen, oder den Spielraum, alles richtig zu machen, dennoch zu verlieren und das Ergebnis als Beweis zu nehmen, dass wir einen Fehler gemacht haben. Resulting – also aufgrund einer geringen Anzahl von Ergebnissen darauf zu schließen, ob unsere Entscheidung gut oder schlecht war, ist eine ziemlich vernünftige Lernstrategie im Schach. Aber nicht im Poker – und auch nicht im Leben.

Von Neumann und Morgenstern haben verstanden, dass die Welt die objektive Wahrheit nicht einfach offenbart. Deshalb haben sie die Spieltheorie auf dem Pokerspiel aufgebaut. Bessere Entscheidungen zu treffen, fängt damit an, Folgendes zu verstehen: Nichtwissen kann eine Menge Unheil anrichten.

Ein tödlicher Wettkampf des Geistes

In einer der bekanntesten Szenen in dem Film *Die Braut des Prinzen* holt der grausame Pirat Roberts (der liebestrunkene Westley) den Räuber Vizzini ein, das Genie, das die Prinzessin Buttercup gekidnappt hat. Nachdem er Fezzik, den Riesen in einem Wettkampf der Kraft geschlagen und den Schwertkämpfer Indigo Montoya im Duell besiegt hat, schlägt der grausame Pirat Roberts vor, dass Vizzini und er einen Wettkampf des Geistes ausfechten, was eine großartige Demonstration dafür ist, wie gefährlich es sein kann, anhand von unvollständigen Informationen Entscheidungen zu treffen. Der Pirat holt ein Päckchen tödliches Jokane-Pulver heraus und schüttet den Inhalt in einen von zwei Kelchen mit Wein, wobei er die beiden Kelche vor dessen Blick verbirgt. Dann stellt er einen Kelch vor sich selbst und den anderen vor Vizzini. Wenn Vizzini sich einen Kelch aussucht, würden beide trinken »und dabei herausfinden, wer recht hat und wer tot ist«.

»Aber das ist doch so einfach«, höhnt Vizzini. »Ich muss nur die Antwort von dem ableiten, was ich über Euch weiß. Gehört Ihr zu dem Typ Mann, der das Gift in seinen eigenen Kelch schüttet oder in den seines Feindes?« Er liefert dann eine verwirrende Reihe von Gründen, aus denen das Gift in dem einen Kelch nicht sein kann – oder sein muss – und dann in dem anderen. Sein Wortschwall handelt von Klugheit, Vorwegnahme, dem Ursprung des Jokane-Pulvers (das kriminelle Land Australien), Mangel an Vertrauenswürdigkeit, der Vorwegnahme dieses Mangels an Vertrauenswürdigkeit und Annahmen über die Duellierfähigkeiten Westleys, der den Riesen und den Schwertkämpfer besiegt hat.

Während Vizzini all dies erklärt, lenkt er plötzlich Westleys Aufmerksamkeit ab, vertauscht die Kelche und erklärt, dass nun jeder von dem Kelch vor sich trinken solle. Vizzini hält kurz inne und als er Westley von seinem eigenen Kelch trinken sieht, trinkt er zuversichtlich aus dem anderen.

Vizzini brüllt vor Lachen. »Ihr seid reingefallen und habt einen klassischen Fehler begangen. Der berühmteste ist, ›Lass dich niemals auf einen Landkrieg in Asien ein‹. Aber beinah genauso bekannt ist dieser Fehler: ›Lass dich nie auf einen Kampf mit einem Sizilianer ein, wenn es um Leben und Tod geht.‹«

Mitten im Lachen fällt Vizzini um und ist tot. Buttercup sagt: »Wenn ich daran denke, dass eigentlich Euer Becher vergiftet war …«

Westley erklärt ihr: »Sie waren beide vergiftet. Ich habe mir in den letzten zwei Jahren eine Immunität gegen Jokane-Pulver aufgebaut.«

Genau wie wir alle kannte Vizzini nicht alle Fakten. Er betrachtete sich selbst als Genie ohnegleichen: »Lasst es mich so sagen: Habt Ihr jemals von Plato, Aristoteles und Sokrates gehört? *Das waren Idioten*.« Aber genau wie wir anderen unterschätzte er den Umfang und die Wirkung dessen, was er nicht wusste.

Nehmen wir an, jemand sagt: »Ich habe eine Münze geworfen und sie ist viermal hintereinander auf Kopf gelandet. Wie wahrscheinlich ist das?«

Das hört sich erst einmal so an, als wäre die Antwort ziemlich einfach. Wenn wir die Wahrscheinlichkeit ausrechnen, dass bei vier aufeinanderfolgenden Würfen mit einer 50-50-Chance jedes Mal Kopf kommt, können wir bestimmen, dass das in 6,25 Prozent der Fälle eintritt (.50 × .50 × .50 × .50).

Das bedeutet aber, dass wir denselben Fehler machen wie Vizzini. Das Problem ist, dass wir zu dieser Antwort kamen, ohne irgendetwas über die Münze oder die Person zu wissen, die sie wirft. Hat die Münze zwei Seiten oder drei oder vier? Wenn sie zwei Seiten hat, ist es eine Münze mit zwei Köpfen? Selbst wenn die Münze zwei verschiedene Seiten hat (Kopf und Zahl), ist das Gewicht der Münze so verlagert, dass sie öfter auf Kopf landet als auf Zahl? Ist der Werfer ein Zauberkünstler, der beeinflussen kann, wie die Münze landet? Diese Informationen sind alle nicht vollständig und doch haben wir die Frage beantwortet, als hätten wir die Münze untersucht und wüssten alles darüber. Wir haben nie in Betracht gezogen, dass beide Kelche vergiftet sein könnten. (»Nicht vorstellbar« hätte Vizzini es genannt, wäre er in der Lage gewesen, seinen eigenen Tod zu kommentieren.)

Wenn nun diese Person die Münze 10 000-mal werfen und uns damit eine ausreichend große Vergleichsmenge liefern würde, könnten wir mit einiger Sicherheit herausfinden, ob die Münze in Ordnung ist. Vier Würfe sind einfach nicht genug, um viel über die Münze sagen zu können.

Wir machen denselben Fehler, wenn wir anhand der Ergebnisse in unserem Leben nach Lektionen suchen. Unser Leben ist zu kurz, um genügend Daten aus unseren Erfahrungen zu sammeln, aufgrund derer wir über die Qualität unserer Entscheidungen urteilen könnten. Wenn wir ein Haus bauen, es ein bisschen herrichten und drei Jahre später für 50 Prozent mehr verkaufen, als wir bezahlt haben, heißt das dann, dass wir ein Händchen dafür haben, Immobilien zu kaufen und zu verkaufen, oder dafür, Häuser herzurichten? Beides wäre möglich, aber es könnte auch heißen, dass es auf dem Markt einen riesigen Aufschwung gab und der Kauf von fast jedem Haus ebenso viel Geld eingebracht hätte. Oder vielleicht hätte es zum selben (oder sogar zu einem noch größeren) Gewinn geführt, dieses Haus zu kaufen, aber gar nicht herzurichten. Eine Menge zunächst erfolgreicher Hausverkäufer mussten sich dieser Möglichkeit zwischen 2007 und 2009 stellen.

Wenn Ihnen also jemand die Frage mit der Münze stellt, die viermal geworfen wurde, gibt es eine korrekte Antwort: »Ich bin mir nicht sicher.«

»Ich bin mir nicht sicher«: Wie man Nichtwissen zum eigenen Vorteil nutzt

Ähnlich wie wir Probleme mit dem Resulting und dem Rückschaufehler haben, wenn wir Entscheidungen einzig nach ihrem Ergebnis bewerten, haben wir das Problem der gespiegelten Abbildung, wenn wir zukünftige Entscheidungen treffen. Wir haben bei jeder Entscheidung nur einen Versuch – einen Münzwurf – und das übt großen Druck auf uns aus, uns sicher zu sein, bevor wir handeln, eine Sicherheit, die zwangsläufig verborgene Informationen und Glück nicht berücksichtigen wird.

Der berühmte Romancier und Drehbuchautor William Goldman (der die Drehbücher zu *Die Braut des Prinzen*, *Misery* und *Zwei Banditen* schrieb), erinnerte sich an seine Erfahrungen mit Schauspielern wie Robert Redford, Steve McQueen, Dustin Hoffman und Paul Newman auf dem Höhepunkt ihrer erfolgreichen Karrieren. Was bedeutete es, ein Filmstar zu sein? Er zitierte einen Schauspieler, der ihm die Art Charakter beschrieb, den er spielen wollte: »Ich will nicht der Mann sein, der lernt. Ich will der Mann sein, der *weiß*.«

Wir sagen nicht gerne »Ich weiß es nicht« oder »Ich bin mir nicht sicher«. Wir betrachten diese Äußerungen als vage, nicht hilfreich oder sogar ausweichend. Aber auf dem Weg zu einem besseren Entscheider ist es ganz wesentlich, sich mit dem Satz »Ich bin mir nicht sicher« anzufreunden. Wir müssen Frieden schließen mit dem *Nicht-Wissen*.

Es ist schwer, den Satz »Ich bin mir nicht sicher« anzunehmen. In der Schule bringt man uns bei, dass es schlecht ist, »Ich weiß es nicht« zu sagen. In der Schule etwas nicht zu wissen, gilt als Lernversagen. Wenn man in einer Prüfung »Ich weiß es nicht« als Antwort schreibt, wird die Antwort als Fehler angestrichen.

Zuzugeben, dass wir etwas nicht wissen, hat ein unverdient schlechtes Image. Natürlich wollen wir die Wissensaneignung fördern, aber der erste Schritt ist, zu verstehen, was wir nicht wissen. In seinem Buch *Ignorance: How it Drives Science* setzt sich der Neurowissenschaftler Stuart Firestein dafür ein, die Grenzen unseres eigenen Wissens anzuerkennen. (Einen Einblick in das Buch bekommen Sie, wenn Sie seinen TED-Talk *The Pursuit of Ignorance* ansehen.) Im Buch und im Talk weist Firestein darauf hin, dass in der Wissenschaft der Satz »Ich weiß es nicht« kein Scheitern bedeutet, sondern ein notwendiger Schritt in Richtung Erkenntnis ist. Er unterstützt dies mit einem großartigen Zitat des Physikers James Clerk Maxwell: »Das gründliche Bewusstsein des Nichtwissens ist der Auftakt zu jedem echten Fortschritt in der Wissenschaft.« Ich würde hinzufügen, dass dies auch die Voraussetzung für jede großartige Entscheidung ist, die je gefällt wurde.

Was eine Entscheidung großartig macht, ist nicht, dass sie zu einem großartigen Ergebnis führt. Eine großartige Entscheidung ist das Ergebnis eines guten Prozesses und zu diesem Prozess muss der Versuch gehören, unseren eigenen Wissensstand genau darzustellen. Dieser Wissensstand wiederum ist irgendeine Variante von »Ich bin mir nicht sicher«.

»Ich bin mir nicht sicher« bedeutet nicht, dass es keine objektive Wahrheit gibt. Firesteins Argument ist vielmehr, dass das Anerkennen des Nichtwissens der erste Schritt in Richtung unseres Ziels ist, nämlich näher an die objektive Wahrheit heranzukommen. Dazu müssen wir aufhören, die Sätze »Ich weiß es nicht« und »Ich bin mir nicht sicher« als etwas Obszönes zu betrachten.

Wie wäre es, wenn wir unsere Definition von »Ich weiß es nicht« aus ihrem negativen Kontext lösen (»Ich habe keine Ahnung« oder »Ich weiß überhaupt nichts darüber«, was einem das Gefühl gibt, es fehle an Kompetenz oder Selbstbewusstsein) und den Satz eher neutral sehen? Wie wäre es denn, wenn wir ihn als Anerkennung sähen, dass wir, auch wenn wir etwas über die Wahrscheinlichkeit wissen, dass ein Ereignis eintritt, wir noch immer nicht sicher sind, wie die Dinge sich zu jedem beliebigen Zeitpunkt entwickeln werden? Das ist einfach nur die Wahrheit. Wenn wir das akzeptieren, fühlt sich »Ich bin mir nicht sicher« vielleicht nicht ganz so schlimm an.

Gute Pokerspieler und gute Entscheider haben gemeinsam, dass sie sich damit wohlfühlen, dass die Welt ein unsicherer und unvorhersehbarer Ort ist. Sie verstehen, dass sie fast nie genau wissen können, wie sich etwas entwickeln wird. Sie nehmen das Nichtwissen bereitwillig an und statt sich darauf zu fokussieren, sich sicher zu sein, versuchen sie herauszufinden, wie viel sie *nicht wissen*, und so gut wie möglich zu erraten, wie wahrscheinlich es ist, dass das eine oder andere Ergebnis herauskommen wird. Wie gut dieses Erraten funktioniert, hängt davon ab, wie viele Informationen und wie viel Erfahrung sie im derartigen Erraten haben. Das gehört zu den Grundlagen sämtlicher Wetten und Einsätze.

Es ist zwar wahrscheinlicher, dass ein erfahrener Pokerspieler besser rät als ein Novize, wenn es darum geht, die Gewinnchancen für eine Hand einzuschätzen. Der erfahrene Spieler kann es besser berechnen und ist besser in der Lage, aufgrund des Verhaltens bei bestimmten Händen einzugrenzen, welche Karten die Gegner haben. Er ist auch besser darin, herauszufinden, welche Entscheidung der Gegner mit solchen Karten wahrscheinlich treffen wird. Also ja, ein Mehr an Erfahrung wird es dem Spieler erlauben, die Möglichkeiten einzugrenzen. Doch alle Erfahrung der Welt macht es einem Pokerspieler nicht möglich, zu wissen, wie eine Hand ausgehen wird.

Das gilt auf jedem Gebiet. Ein erfahrener Anwalt wird besser als ein junger Anwalt darin sein, die Erfolgswahrscheinlichkeit verschiedener Strategien einzuschätzen und auf dieser Basis eine Strategie auszuwählen. Wenn wir mit einem Gegner verhandeln, dem wir zuvor schon einmal begegnet sind, können wir besser einschätzen, welche Strategie wir wählen sollten. Ein Experte wird in jedem Bereich dem Anfänger überlegen sein. Aber weder der Veteran noch der Anfänger können sich sicher sein, wie der nächste Münzwurf aussehen wird. Der Veteran wird nur besser raten können.

Oft hat unsere beste Entscheidung nicht einmal eine besonders große Aussicht auf Erfolg. Ein Anwalt mit einem schwierigen Fall hat vielleicht die Wahl zwischen Strategien, die allesamt wahrscheinlich eher scheitern als erfolgreich sind. Das Ziel eines Anwalts in dieser Situation ist es, die verschiedenen möglichen Strategien herauszufinden, die Erfolgschancen dieser wenig vielversprechenden Strategien so gut wie möglich abzuschätzen und dann die am wenigsten schlechte auszuwählen, um die bestmögliche Qualität des Ergebnisses für seinen Klienten herauszuholen. Das gilt für jede Branche. Start-ups haben nur sehr geringe Chancen auf Erfolg, aber sie versuchen es trotzdem, suchen nach der besten Strategie, um den großen Gewinn zu machen, auch wenn keine der Strategien für das Unternehmen sehr erfolgversprechend ist. Aber das ist es noch immer wert, weil der Gewinn so riesig sein kann.

Es gibt viele Gründe, warum es uns zu besseren Entscheidern machen kann, wenn wir unser Nichtwissen anerkennen und annehmen. Hier sind zwei davon: Erstens ist »Ich bin mir nicht sicher« einfach eine korrektere Darstellung der Welt. Zweitens, und das hängt damit zusammen: Wenn wir akzeptieren, dass wir etwas nicht sicher wissen können, ist es weniger wahrscheinlich, dass wir in die Falle des Schwarz-Weiß-Denkens tappen.

Stellen Sie sich vor, Sie stehen auf einer rein traditionellen medizinischen Waage. Sie hat zwei Balken für die Gewichtsanzeige, einen mit einer Einteilung in 50-Pfund-Intervalle und einen in Ein-Pfund-Intervalle. Das ermöglicht es dem Benutzer, sein Gewicht auf ein Pfund genau zu bestimmen. Was würde passieren, wenn Ihr Arzt eine Waage benutzen würde, an der es nur einen Balken mit zwei Anzeigestrichen gibt: einen bei 50 Pfund und einen bei 500, und es gäbe keine Möglichkeit, irgendetwas dazwischen anzuzeigen? Viel Glück bei der Diagnose, die die Person, die Sie gewogen hat, Ihnen stellt, je nachdem, welchen Messpunkt sie gewählt hat. Sie könnten nur entweder krankhaft fettsüchtig sein oder besorgniserregendes Untergewicht haben. Es wäre unmöglich, mit solch einem unzulänglichen Modell eine gute Entscheidung über Ihr Gewicht zu treffen.

Dasselbe gilt für praktisch alle unsere Entscheidungen. Wenn wir uns die Welt in Extremen von richtig und falsch vorstellen, ohne Grauzonen dazwischen, wird unsere Entscheidungsfähigkeit darunter leiden – sei es bei Entscheidungen darüber, wie wir unser Vermögen anlegen, welche Entscheidungen wir treffen oder wie wir handeln sollen.

Das Geheimnis besteht darin, sich damit abzufinden, dass wir in einer Welt leben, in der wir erkennen, dass wir uns in vielem nicht sicher sind, und das ist ok. Während wir mehr darüber lernen, wie unser Gehirn funktioniert, erkennen wir, dass wir die Welt nicht objektiv wahrnehmen. Aber unser Ziel sollte sein, es zu *versuchen*.

Die neue Definition von falsch

Wenn ich an Benefiz-Pokerturnieren teilnehme, mache ich oft den Dealer und liefere laufend Kommentare am letzten Tisch. An diesen letzten Tischen geht es lustig und laut zu. Jeder, der an der Veranstaltung teilnimmt, hat einen langen Abend hinter sich und gibt einen Stoßseufzer der Erleichterung von sich. Meist stehen eine Menge Leute um den Tisch herum, darunter Freunde und Familienangehörige der Spieler, die sie anfeuern (oder Stimmung gegen sie machen). Wenn die Leute angetrunken sind … sind sie eben angetrunken. Jeder fühlt sich wohl und hat Spaß.

Wenn die Spieler all ihre Chips in den Pot gesetzt haben, gibt es keinen Einsatz mehr auf die Hand. In einer solchen All-in-Situation legen die Spieler der Hand ihre Karten offen auf den Tisch, sodass jeder sie sehen kann, bevor ich die verbleibenden Karten austeile. Das macht den Zuschauern Spaß, denn sie sehen die Position jedes Spielers der Hand, und es wird umso spannender. Wenn die Karten offen liegen, kann ich die Wahrscheinlichkeit bestimmen, mit der jeder Spieler die Hand gewinnen wird, und den Prozentsatz ansagen, zu dem jede Hand auf lange Sicht gewinnen wird.

Bei einem solchen Turnier sagte ich den Zuschauern, dass ein Spieler zu 76 Prozent gewinnen werde und der andere zu 24 Prozent. Ich teilte die verbleibenden Karten aus, von denen die letzte die 24-prozentige Hand zum Gewinner machte. Zwischen den Jubelschreien und den Seufzern rief jemand aus dem Publikum: »Annie, du hast dich getäuscht!«

Mit derselben Absicht, mit der er es sagte, erklärte ich ihm, dass das nicht stimme. »Ich sagte, das würde zu 24 Prozent passieren. Das ist nicht null. Sie haben jetzt die 24 Prozent gesehen!«

Ein paar Hände weiter passierte fast dasselbe noch einmal. Zwei Spieler setzten alle ihre Chips in den Pot und legten ihre Karten offen auf den Tisch. Ein Spieler hatte 18 Prozent und der andere 82 Prozent Wahrscheinlichkeit, die Hand zu gewinnen. Wieder bekam der Spieler, der die schlechtere Hand hatte, als sie ihre Chips setzten, in der Folge eine Glückskarte und gewann den Pot.

Diesmal rief derselbe Typ in der Menge: »Seht ihr, das waren die 18 Prozent!« In diesem Aha-Moment hatte er seine Definition davon verändert, was es bedeutet, sich zu täuschen. Wenn wir uns im Vorfeld Gedanken darüber machen, wie wahrscheinlich die möglichen Ergebnisse sind, und auf dieser Basis entscheiden, heißt das nicht automatisch, dass wir uns getäuscht haben, wenn es dann nicht funktioniert. Es bedeutet nur, dass eine von einer Reihe möglicher Zukunftsvarianten eingetroffen ist.

Sie sehen, wie schnell man seine eigene Auffassung darüber ändern kann, was es heißt, sich zu täuschen. Wenn wir einmal anfangen, so zu denken, wird es leichter, der Versuchung zu widerstehen, nach Ergebnissen vorschnell zu urteilen oder Dinge zu sagen wie »Ich wusste es ja« oder »Das hätte ich wissen müssen«. Was dann folgt, sind bessere Entscheidungsfähigkeit und größere Nachsicht mit sich selbst.

Die Öffentlichkeit trifft oft leichtfertig Schwarz-Weiß-Urteile über Erfolg oder Misserfolg von Wahrscheinlichkeitsdenken. Als Großbritannien im Juli 2016 dafür stimmte, die Europäische Union zu verlassen (Brexit), war das ein unwahrscheinliches Ergebnis. Vonseiten der Wettbüros war viel stärker auf einen Verbleib gesetzt worden. Das heißt aber nicht, dass die Wettbüros der Meinung waren, dass das Ergebnis am Ende der Verbleib sein werde. Das Ziel eines Buchmachers ist es sicherzustellen, dass die Geldsumme, die auf jede Seite gesetzt wird, gleich ist, sodass die Verlierer im Wesentlichen die Gewinner auszahlen, während der Buchmacher nur deren Gebühr einbehält. Sie zielen darauf ab, auf kein Ergebnis zu setzen, und nur die Bedingungen anzupassen. Die Einschätzung der Buchmacher spiegelt die Sicht des Marktes wider, im Wesentlichen unsere kollektive Einschätzung dessen, was angemessen ist.

Das hat nicht einmal raffinierte Leute davon abgehalten, Resulting zu betreiben, indem sie, nachdem das Ergebnis, dass Großbritannien die EU verlassen wird, feststand, behaupteten, die Buchmacher hätten einen Fehler gemacht. Der Chefstratege der Swiss Bank erklärte gegenüber dem *Wall Street Journal*: »Ich kann mich an keine Gelegenheit erinnern, bei der die Bookies *(Buchmacher; Anm. d. Übers.)* so daneben lagen.« Einer der berühmtesten Anwälte und Professoren Amerikas, Alan Dershowitz, beging denselben Fehler. Nachdem er im September 2016 beteuert hatte, dass es zu schwierig sei, bei der Wahl Clinton/Trump irgendwelche Vorhersagen zu treffen, sagte er: »Denken Sie nur an die Wahl beim Brexit. Praktisch alle Umfragen – inklusive der Exit-Umfragen, die die Wähler befragten, wie sie gewählt hätten – lagen falsch. Die Finanzmärkte lagen falsch. Die Bookies lagen falsch.«

Dasselbe passierte, nachdem Donald Trump die Präsidentschaftswahlen gewonnen hatte. Es gab einen Riesenaufschrei, dass die Umfragen falsch gelegen hätten. Nate Silver, Gründer von FiveThirtyEight.com, zog dabei viel Kritik auf sich. Aber er hatte nie gesagt, es sei sicher, dass Clinton gewinnen werde. Auf der Basis seiner Auswertung der Umfragedaten hatte er Trump in der Woche vor der Wahl eine 30- bis 40-prozentige Gewinnchance prognostiziert (irgendwo zwischen zwei zu eins und drei zu zwei). Ein Ereignis, dessen Eintreffen man zu 30 bis 40 Prozent vorhersagt, tritt ziemlich oft ein.

Als Pokerspielerin habe ich in meiner Turnierkarriere mehr Zwei-zu-eins-Shots gespielt, als ich zählen kann. Viele davon fanden in Situationen statt, in denen das Turnier für mich auf der Kippe stand. Wenn ich die Hand verliere, bin ich raus aus dem Turnier. Wenn ich gewinne, gewinne ich einen riesigen Pot, vielleicht sogar das gesamte Turnier. Ich weiß instinktiv, wie wahrscheinlich es ist, dass 60- bis 40-prozentige oder 70- bis 30-prozentige Favoriten verlieren (und natürlich auch das Gegenteil). Als die Leute sich beschwerten, dass Nate Silver bei seiner Aufgabe versagt hatte, weil er gesagt habe, dass Clinton vorne liege, dachte ich mir: »Diese Leute haben noch nie all ihre Chips in einen Pot geworfen, mit einem Paar gegen einen Straight Draw, und dann verloren.« Oder, noch wahrscheinlicher, sie haben solche Dinge in ihrem Leben erlebt und nicht daraus gelernt, dass sich eine 30- bis 40-prozentige Wahrscheinlichkeit eben so anfühlt.

Entscheidungen sind Wetten auf die Zukunft und sie sind nicht *richtig* oder *falsch*, gemessen daran, ob sie das gewünschte Ergebnis erzielen oder nicht. Ein unerwünschtes Ergebnis macht unsere Entscheidung nicht zur falschen Entscheidung, wenn wir zuvor die Alternativen und Wahrscheinlichkeiten durchgedacht und unsere Ressourcen dementsprechend platziert haben, wie mein Kunde, der CEO, und Pete Carroll es beide getan haben. Es wäre in meinen Augen absurd, wenn ich auf die bestmögliche Anfangshand (ein Paar Asse) einen hohen Einsatz setze und dann, wenn ich verliere, im Nachhinein darüber grübeln würde, ob es ein Fehler war, die Entscheidung zu treffen, die Hand überhaupt zu spielen. Das wäre Resulting.

Wenn wir in Wahrscheinlichkeiten denken, neigen wir weniger dazu, unerwünschte Ergebnisse allein als Beweis dafür zu sehen, dass wir eine falsche Entscheidung getroffen haben, denn wir erkennen die Möglichkeit, dass die Entscheidung gut war, aber Glück beziehungsweise Pech oder unvollständige Informationen dazwischenkamen.

Vielleicht haben wir auch die bestmögliche Entscheidung aus mehreren unattraktiven Möglichkeiten getroffen, von denen keine mit großer Wahrscheinlichkeit gut ausgegangen wäre.

Möglicherweise haben wir unsere Ressourcen auf einen langen Spielzug gesetzt, weil der Gewinn das Risiko mehr als kompensiert hätte, aber der lange Spielzug kam diesmal nicht zustande.

Vielleicht haben wir auf der Grundlage der verfügbaren Informationen die beste Entscheidung getroffen, aber entscheidende Informationen waren uns nicht bekannt und das konnten wir nicht wissen.

Vielleicht haben wir einen Weg gewählt, der eine hohe Erfolgswahrscheinlichkeit hatte, und hatten einfach nur Pech.

Vielleicht gab es andere Entscheidungsmöglichkeiten, die besser gewesen wären, *und* diejenige, die wir getroffen haben, war weder richtig noch falsch, sondern irgendwo dazwischen. Die zweitbeste Entscheidung ist nicht falsch. Per definitionem ist sie richtiger (also weniger falsch) als die dritt- oder viertbeste Entscheidung. Es ist wie bei der Waage in der Arztpraxis: Es gibt eine Menge mehr Möglichkeiten zwischen der extremen Fettsucht und Anorexie. Bei den meisten unserer Entscheidungen gibt es eine Menge Spielraum zwischen *eindeutig richtig* und *eindeutig falsch*.

Wenn wir von einer Welt wegkommen, in der es nur zwei einander gegenüberliegende Schubladen gibt, in die man seine Entscheidungen stecken kann – richtig oder falsch – fangen wir an, im Kontinuum zwischen den Extremen zu leben. Wer bessere Entscheidungen trifft, hört auf, diese immer nur in richtig oder falsch einzuteilen, und siedelt sie in den Grauschattierungen dazwischen an.

Eine neue Definition von *falsch* ist am leichtesten in Situationen, in denen wir die mathematischen Fakten im Vorfeld kennen. In dem Beispiel vom letzten Tisch beim Benefiz-Turnier, bei dem die Spielkarten aufgedeckt wurden, oder wenn ich alle meine Chips setze, weil ich die bestmögliche Anfangshand habe, gibt es keine verborgenen Informationen mehr. Wir können eine klare Kalkulation machen. Wenn wir das als eindeutig richtig erkennen und unsere Ressourcen (den Einsatz) aufgrund der Kalkulation richtig platzieren, kommen wir leichter zu der Aussage: »Ich habe mich nicht getäuscht, nur weil es nicht gut ausging, und ich sollte mein Verhalten nicht ändern.« Wenn die Chancen und Risiken bekannt sind, sind wir zugänglicher für eine rationale Interpretation, inwieweit Glück und Pech eine Rolle spielen. Dann fühlt es sich ein bisschen mehr wie Schach an.

Zweifellos ist es schwieriger, dorthin zu kommen, wenn wir dem Ganzen außer Glück oder Pech noch verborgene Informationen hinzufügen. Ungeachtet dessen, wie die Münze tatsächlich aussieht, neigen wir stark dazu, uns als einzigen Hinweis dafür, ob wir richtig oder falsch lagen, das Ergebnis heranzuziehen. Wir neigen dann eher dazu, zu sagen »Ich hab's ja gleich gesagt!« oder »Das hätte ich wissen müssen!« Wenn wir das tun, geht sämtliches Mitgefühl flöten. Fragen Sie mal Pete Carroll.

Wenn wir neu definieren, was falsch ist, können wir die Angst vor einem schlechten Ergebnis vollkommen ablegen. Doch das bedeutet auch, dass wir *richtig* neu definieren müssen. Wenn wir nicht falsch lagen, nur weil die Dinge nicht so kamen wie gewünscht, dann liegen wir auch nicht richtig, wenn die Dinge gut ausgehen. Gewinnen wir auf der emotionalen Seite etwas von diesem Umdenken?

Richtig zu liegen fühlt sich richtig gut an. »Ich hatte recht«, »Ich hab's ja gewusst«, »Ich hab's euch doch gleich gesagt« – das sagen wir dann und das fühlt sich sehr gut an. Sollten wir das gute Gefühl des *Recht-Habens* aufgeben, um die Angst vor dem *Sich-getäuscht-Haben* loszuwerden? Ja, sollten wir.

Erstens ist die Welt ein Ort, wo der Zufall herrscht. Der Einfluss von Glück oder Pech macht es unmöglich, genau vorherzusagen, wie sich die Dinge entwickeln werden, und die ganzen verborgenen Informationen machen es nur noch schlimmer. Wenn wir unser Denken nicht ändern, werden wir sehr oft damit klarkommen müssen, falsch zu liegen. Das ist in die Gleichung eingebaut.

Das Pokerspiel lehrt uns diese Lektion. Ein großartiger Pokerspieler, der einen ziemlich großen Vorteil gegenüber den anderen Spielern am Tisch hat und deutlich bessere strategische Entscheidungen trifft, wird nach acht Stunden Pokerspiel noch immer in über 40 Prozent der Fälle verlieren. Das ist ganz schön viel – und beschränkt sich nicht nur aufs Pokerspiel.

Die meisten Investoren in Start-up-Unternehmen bekommen vor allem schlechte Ergebnisse. Wenn Sie sich für das Astronauten-Programm der NASA bewerben würden oder für das NBC Page Program, bei denen sich jeweils Tausende auf eine Handvoll Stellen bewerben, werden Sie mit einer eher geringen Wahrscheinlichkeit Ihr gewünschtes Ergebnis erhalten, aber Sie haben deshalb nicht unbedingt etwas falsch gemacht. Sie sollten sich auch nicht verlieben oder mit jemandem verabreden, wenn Sie nur positive Ergebnisse haben wollen. Die Welt ist so strukturiert, dass sie uns jede Menge Gelegenheiten bietet, uns schlecht zu fühlen, weil wir uns getäuscht haben, wenn wir uns selbst an den Ergebnissen messen. Fallen Sie nicht darauf herein!

Zweitens ist der Schmerz, wenn wir uns getäuscht haben, größer als das gute Gefühl, wenn wir recht haben. Wir wissen aus dem Werk über Verlustaversion von Daniel Kahneman und Amos Tversky, einem Teil der neuen Erwartungstheorie (die Kahneman 2002 den Wirtschafts-Nobelpreis einbrachte), dass Verluste sich im Allgemeinen zweimal so schlimm anfühlen wie sich Gewinne gut anfühlen. Also fühlt sich der Gewinn von 100 Dollar beim Blackjack ebenso gut für uns an wie sich der Verlust von 50 Dollar schlecht anfühlt. Da sich Rechthaben anfühlt wie Gewinnen und Nicht-Rechthaben wie Verlieren, bedeutet das, dass wir zwei positive Ergebnisse für jedes negative Ergebnis brauchen, um einen emotionalen Break Even zu erreichen. Warum sich also nicht das Leben leichter machen, ohne dieses Auf und Ab, besonders, wenn die Verluste uns intensiver treffen als die Gewinne?

Sind Sie bereit, das Nichtwissen wirklich offen anzunehmen, wie es die großen Entscheider tun? Sind Sie bereit, diese neue Definition von falsch anzunehmen und anzuerkennen, dass Sie immer nur raten, und dass dieses Raten bestimmt, wie Sie Ihre Ressourcen platzieren? Um sich diese neue Denkweise anzueignen und sich mit ihr vertraut zu machen, genauso wie all das Gute, was daraus folgt, müssen Sie zunächst anerkennen, dass Sie schon die ganze Zeit über geraten haben.

KAPITEL 2
Wollen wir wetten?

30 Tage in Des Moines

In den 1990er-Jahren zog John Hennigan, ein exzentrischer Spieler, der sich mehrere Jahre lang sein Geld durch Scharfsinn und Fähigkeiten im Poker und Pool Billard verdient hatte, von Philadelphia nach Las Vegas. Sein Ruf und sein Spitzname »Johnny World« eilten ihm voraus wegen seiner bereits außergewöhnlichen Fähigkeit und Bereitschaft, auf alles zu wetten. Sein Talent hat dem Lauf der Zeit standgehalten: Er ist ein legendär erfolgreicher Spieler in Spielen mit hohem Einsatz und er hat in großen Pokerturnieren vier World-Series-of-Poker-Armbänder gewonnen, eine World-Poker-Tour-Meisterschaft und über 6,5 Millionen Dollar Preisgeld.

John passte perfekt nach Las Vegas. Als er ankam, hatte er bereits denselben Rhythmus wie die Stadt: den ganzen Tag schlafen und die ganze Nacht mit Pokerspielen, in Pool-Billard-Hallen, Bars und Restaurants mit anderen gleichgesinnten Abenteurern verbringen. Schnell fand er eine Gruppe professioneller Spieler mit ähnlichen Interessen, viele davon von der Ostküste.

Auch wenn John und Vegas füreinander bestimmt zu sein schienen, hatte er eine Hassliebe für den dort herrschenden Lifestyle. Wenn man vom Pokerspielen lebt, gibt einem das den Anschein, man könnte sich die Zeit frei einteilen, aber wenn man es einmal auf einen Netto-Stundenlohn herunterrechnet, steht man doch unter einem gewissen Zeitdruck. Man hat zwar die freie Wahl, zu spielen oder nicht zu spielen, wann immer man will, aber man kann sich auch hier an einen bestimmten Zeitplan gebunden fühlen. Schlimmer noch: Die besten Spiele sind in der Nacht, also spielt man in der Friedhofsschicht. Man hat einen konträren Rhythmus zum Rest der Welt, sieht nie Tageslicht und der Arbeitsplatz ist ein raucherfüllter Raum, von dem aus man nicht nach draußen sehen kann. John spürte dies deutlich.

Eines Nachts war John in einem Pokerspiel mit hohem Einsatz und das Gespräch zwischen den Händen kam irgendwie auf die Hauptstadt von Iowa, Des Moines. John war noch nie dort gewesen und hatte auch noch nicht viel vom Mittleren Westen gesehen, also war er neugierig, wie das Leben in Des Moines wohl sein mochte – ein *normales* Leben, das ihm zunehmend fremd erschien, morgens aufzustehen und tagsüber zu leben. Das führte dazu, dass die anderen Spieler ihn aufzogen, indem sie sich ausmalten, wie ein nachtaktiver Spieljunkie wie John an einem Ort zurechtkäme, der ihnen wie das Gegenteil von Las Vegas vorkam: »Da gibt es keine Glücksspiele.« – »Die Bars schließen schon früh am Abend.« – »Du würdest es dort hassen.« Im Verlauf des Abends ging das Gespräch in die Richtung, ob Hennigan überhaupt an einem so ungewohnten Ort leben könnte.

Wie oft bei Pokerspielern verwandelte sich das Gespräch von einer Hypothese in eine Gelegenheit für eine Wette. Wie hoch müsste der Einsatz sein, damit Hennigan vom Tisch aufstehen, ein Flugzeug nehmen und nach Des Moines ziehen würde? Und wenn er eine solche Wette annahm, wie lange würde er dort wohnen müssen?

John und die anderen einigten sich auf einen Monat in Des Moines – ein echtes Zugeständnis, aber kein permanentes Exil. Als er bereit schien, buchstäblich direkt von einem Pokerspiel aufzustehen und an einen 1500 Meilen entfernten Ort zu ziehen, an dem er noch nie gewesen war, knüpften die anderen Spieler noch eine teuflische Bedingung an die Abmachung: Er musste sich auf eine einzige Straße in Des Moines beschränken, eine Straße mit einem einzigen Hotel, einem Restaurant und einer Bar, die alle um 22 Uhr schlossen. Diese aufgezwungene Beschäftigungslosigkeit wäre für jeden eine Herausforderung, egal wo. Aber für jemanden wie John, einen jungen Single-Spieler um hohe Einsätze, könnte man das fast als Folter einstufen. John sagte, er würde die Wette annehmen, wenn sie ihm ein Zugeständnis machten: Er durfte auf einem Golfplatz in der Nähe üben und spielen.

Nachdem sie sich über die Bedingungen geeinigt hatten, mussten sie festlegen, wie hoch der Einsatz war. Die anderen Spieler brauchten eine Summe, die hoch genug war, um John dazu zu bringen, die Wette anzunehmen, aber wiederum nicht so hoch, dass sie John dazu veranlassen würde, in Iowa zu bleiben, selbst wenn er es dort wirklich hasste. Als einer der erfolgreichsten Bargeld-Glücksspieler in Las Vegas konnte ein Monat in Des Moines John potenziell einen sechsstelligen Betrag kosten. Wenn sie ihm andererseits eine zu hohe Entschädigung dafür anboten, in Des Moines zu bleiben, würde er sicher die Unbequemlichkeit und Langeweile auf sich nehmen.

Sie einigten sich auf 30 000 Dollar.

John wog zwei klare und einander ausschließende Alternativen gegeneinander ab: die Wette annehmen oder die Wette nicht annehmen. Jede brachte neue Risiken und neues Potenzial für Gewinn mit sich. Er konnte 30 000 Dollar gewinnen oder verlieren, wenn er die Wette annahm (oder am Pokertisch größere Summen gewinnen oder verlieren, wenn er sie nicht annahm). Er konnte auch durch die Entscheidung, nach Des Moines zu gehen, noch lange nach der Wette etwas gewinnen, wenn er die Zeit für das Golf-Training nutzte, um seine Chancen beim Wetten mit hohen Einsätzen im Golf zu verbessern. Außerdem konnte er seinen Ruf weiter ausbauen, dass er bereit war, auf alles zu wetten und zu allem fähig zu sein – ein gewinnbringender Faktor für professionelle Spieler. Er musste aber auch die anderen

Dinge abschätzen, die weniger quantifizierbar, aber für ihn dennoch etwas wert waren. Wie würde ihm der Lebensrhythmus dort gefallen? Wie wäre es für ihn, mal eine Pause von der ständigen Betriebsamkeit zu machen? Würde er sich etwas entspannen, wenn er nach einem traditionelleren Zeitplan leben würde? War diese Pause es wert, größere Einbußen im Einkommen in Kauf zu nehmen, weil er einen Monat lang nicht Poker spielen konnte? Und dann gab es da noch die wahren Unbekannten: Er könnte in dieser Straße in Iowa auch der Liebe seines Lebens begegnen. Er musste all dies gegen die Kosten abwägen, die es mit sich brachte, Vegas zu verlassen – Verluste durch nicht verdientes Geld, Nächte, in denen er die Dinge vermisste, die er gerne tat, und vielleicht sogar, die Liebe seines Lebens zu *verpassen*, indem er einen solchen Monat jenseits des für ihn Normalen einlegte.

Johnny World ging nach Des Moines. Würde ein Detox-Monat, weit entfernt vom Nachtleben eines Vegas-Profispielers der Oberliga, für ihn Segen oder Fluch bedeuten?

Er brauchte nur zwei Tage, um zu erkennen, dass es ein Fluch war. Von seinem Hotelzimmer in Des Moines aus rief John einen seiner Freunde von der anderen Wettpartei an und versuchte, eine Einigung auszuhandeln. Genau wie die Parteien in wirtschaftlichen Gerichtsprozessen sich oft schon vor der Verhandlung einigen, sind auch in der Welt des Glücksspiels Einigungen üblich. Besonders lustig war, dass John in seinem Anruf das Eröffnungsangebot machte, dass die anderen *ihm* 15 000 Dollar *zahlen* sollten, um sich die Kosten und Peinlichkeit zu ersparen, die ganze Summe zu verlieren. Er argumentierte, da er bereits in Des Moines sei, sei er ganz klar in der Lage, den Monat abzuwarten und die volle Summe zu kassieren.

Die anderen Wettbeteiligten kauften ihm das – buchstäblich – nicht ab. Schließlich machte John ihnen dieses Angebot *nach nur zwei Tagen*. Das war ein ziemlich starker Hinweis darauf, dass sie nicht nur wahrscheinlich die Wette gewinnen würden, sondern vielleicht auch einen zusätzlichen (Spaß-)Gewinn machen würden, indem sie John piesackten, während er seine Strafe absaß.

Nach wenigen Tagen willigte John ein, 15 000 Dollar zu *zahlen*, um aus der Wette herauszukommen und nach Vegas zurückzukehren. John hatte auf spektakuläre Weise bewiesen, dass das Gras woanders immer grüner aussieht.

Wir waren alle schon in Des Moines

Die Pointe der Des-Moines-Geschichte von John Hennigan – »nach zwei Tagen *bettelte* er darum, herauszukommen« – ging in die Spieler-Folklore ein. Diese Pointe verschleiert jedoch, wie *gewöhnlich* die dahintersteckende Analyse war, ob er dorthin gehen sollte oder nicht. Der einzige wirkliche Unterschied zwischen Johnny Worlds Entscheidung, nach Des Moines zu gehen, und der Entscheidung jedes anderen, umzuziehen oder einen Job anzunehmen, war, dass er und seine Pokerfreunde betonten, dass die Entscheidung eine Wette darauf sei, was ihre Lebensqualität am meisten steigern würde (finanziell, emotional oder auf andere Weise).

John zog zwei unterschiedliche und einander ausschließende Versionen von Zukunft in Betracht: die Wette anzunehmen und einen Monat in Des Moines zu leben oder die Wette nicht anzunehmen und in Las Vegas zu bleiben. Jeder von uns, der darüber nachdenkt, für einen neuen Job umzuziehen, steht vor derselben Entscheidung zwischen Umziehen, mit der Möglichkeit, das Geld zu verdienen, das einem dort angeboten wird, oder zu bleiben, wo man ist, und den Status quo aufrechtzuerhalten. Wie zahlt sich der neue Job aus im Vergleich zu dem, was wir jetzt haben? Es gibt jede Menge Dinge außer Geld, die uns etwas wert sind; vielleicht sind wir bereit, weniger Geld zu verdienen, um an einen Ort zu ziehen, von dem wir denken, dass es uns dort viel besser gefällt. Bietet der neue Job bessere Aufstiegsmöglichkeiten oder zukünftige Vorteile, unabhängig von einer kurzfristigen Gehaltsverbesserung? Welche Unterschiede gibt es in Bezug auf Gehalt, Versorgungsleistungen, Sicherheit, Arbeitsumfeld oder die Tätigkeit, die wir ausüben würden? Was geben wir auf, wenn wir unsere Stadt, unsere Kollegen und Freunde verlassen und woanders hingehen?

Wir müssen die potenziellen Vor- und Nachteile einer Wette auflisten, genau wie Hennigan das tat. Dass seine 30 000 Dollar ihm nicht sicher waren, unterscheidet seine Entscheidung nicht von anderen Job- oder Umzugsentscheidungen. Menschen übernehmen ständig Jobs, bei denen ein großer Anteil des Gehalts nur bedingt ist. In vielen Branchen gehören zum Gehalt Boni, Aktienoptionen oder leistungsbezogene Zuwendungen. Auch wenn die meisten Leute nicht riskieren müssen, 30 000 Dollar zu verlieren, wenn sie einen Job annehmen, birgt doch jede Entscheidung ein Risiko, egal, ob wir es anerkennen oder nicht. Selbst ein festes Gehalt ist noch nicht garantiert. Wir könnten arbeitslos werden oder den Job hassen und kündigen (wie John Hennigan) oder das Unternehmen könnte pleitegehen. Wenn wir einen Job annehmen, besonders einen, der mit einem hohen Gehalt verbunden ist, können die Verpflichtungen der Arbeit uns Zeit mit der Familie kosten und diese Beziehungen beeinträchtigen – ein teurer Kompromiss, wenn nicht sogar ein Verlustgeschäft.

Außerdem schließen wir jedes Mal, wenn wir eine Alternative wählen (ob es nun das Annehmen eines neuen Jobs ist oder für einen Monat nach Des Moines zu ziehen), automatisch jede andere Möglichkeit aus. All diese abgelehnten Alternativen sind Wege in eine mögliche Zukunft, in der die Dinge besser oder schlechter laufen könnten als auf dem Weg, den wir gewählt haben. Jede Entscheidung, die wir treffen, zieht potenzielle Opportunitätskosten nach sich.

Die Spieler auf der anderen Seite jener Wette, die 30 000 Dollar riskierten, um zu sehen, ob John einen Monat in Des Moines leben würde, dachten über ähnliche Faktoren nach wie Arbeitgeber, die Jobangebote machen oder Geld ausgeben, um attraktive Arbeitsumgebungen zu schaffen. Die Pokerspieler mussten mit dem Angebot der Wette an Hennigan eine Gratwanderung eingehen: Der Vorschlag musste gut genug sein, um ein Anreiz für ihn zu sein, die Wette anzunehmen, aber nicht so gut, dass es sie garantiert 30 000 Dollar kosten würde.

Auch wenn Arbeitgeber nicht versuchen, Angestellte zum Kündigen zu bringen, ist ihr Ziel doch ähnlich, wenn sie auf ein Vergütungspaket kommen, um den Bewerber dazu zu bringen, das Angebot anzunehmen und weiter im Job zu bleiben. Sie müssen ein attraktives Gehalt und Sozialleistungen bieten, aber dabei beachten, dass sie nicht zu weit gehen und noch in der Lage sind, einen Gewinn zu erzielen. Arbeitgeber wollen ja auch, dass Angestellte loyal sind und viele sowie produktive Stunden arbeiten, während sie dabei die Arbeitsmoral aufrechterhalten. Ein Arbeitgeber könnte vom Unternehmen aus eine Kinderbetreuung anbieten. Das könnte jemanden dazu ermuntern, mehr Stunden zu arbeiten … oder es schreckt einen Bewerber ab, weil es impliziert, dass man vielleicht erwartet, dass er sein Privatleben hintanstellt. Das Angebot von bezahltem Urlaub macht einen Job zwar attraktiver, aber anders als das Angebot von kostenlosem Essen oder Sport ermuntert es sie, Zeit ohne Arbeit zu verbringen.

Einen Mitarbeiter einzustellen ist, genau wie eine Wette, nicht ohne Risiko. Auf eine falsche Person zu setzen, die man einstellt, kann enorme Kosten nach sich ziehen (wie der CEO, der seinen Präsidenten feuerte, bestätigen kann). Die Kosten für Personalbeschaffung können erheblich sein und jedes Jobangebot birgt auch damit verbundene Opportunitätskosten. Dies ist die einzige Person, der Sie *diese* Möglichkeit bieten können. Sie haben vielleicht die Kosten für die Einstellung eines Bernie Madoff vermieden, aber Sie haben möglicherweise auch den Gewinn aus der Einstellung eines Bill Gates verloren.

Die Geschichte von John Hennigan scheint so ungewöhnlich, weil sie mit einem Gespräch begann, wie es in Des Moines sei, und damit endete, dass einer der Gesprächsbeteiligten am nächsten Tag dorthin zog. Doch das geschah, weil man, wenn man wettet, seine Überzeugung untermauern muss, indem man ihr einen Preis gibt. Man muss sein Geld so setzen, wie man es ankündigt. Für mich ist die Ironie an der Geschichte, die sich so verrückt anhört, dass die zugrunde liegende Analyse eigentlich sehr logisch war: unterschiedliche Meinungen über Alternativen, Konsequenzen und Wahrscheinlichkeiten.

Wenn Pokerspieler Entscheidungen als Wetten sehen, erkennen sie explizit an, dass sie über alternative Zukunftsversionen entscheiden, jede mit ihren eigenen Vorteilen oder Risiken. Sie erkennen auch an, dass es keine einfachen Antworten gibt. Manches weiß man nicht und manches kann man nicht wissen. Das Versprechen dieses Buches ist, dass wir, wenn wir dem Beispiel der Pokerspieler folgen und uns klarmachen, dass unsere Entscheidungen Wetten sind, bessere Entscheidungen treffen und vorhersehen (und Gegenmaßnahmen treffen) in Fällen, in denen uns die Irrationalität wahrscheinlich davon abhalten wird, in unserem besten Interesse zu handeln.

Alle Entscheidungen sind Wetten

Unsere traditionelle Sicht auf das Wetten (englisch: *betting*) ist sehr eingeschränkt: Casinos, Sportveranstaltungen, Lottoscheine, mit jemandem auf einen günstigen Ausgang irgendeines Events wetten. Die Definition von *Einsatz* oder *auf etwas setzen* (englisch: *bet*) ist viel weiter gefasst. *Merriam-Webster's Online Dictionary* definiert »bet«, also Einsatz, als »eine *Wahl*, die man trifft, indem man darüber nachdenkt, was *wahrscheinlich passieren wird*«, »*riskieren*, (etwas) zu verlieren, wenn man versucht, etwas zu tun oder zu erreichen« und »*Entscheidungen* treffen aufgrund der Überzeugung, dass etwas passieren wird oder wahr ist«. Ich beziehe mich auf die erweiterten, oft übersehenen Aspekte des Wettens: Wahl, Wahrscheinlichkeit, Risiko, Entscheidung, Überzeugung. Wir können aus dieser Definition auch erkennen, dass Wetten und Einsätze nicht unbedingt im Casino oder gegen jemand anderen stattfinden müssen.

Egal, wie weit wir vom Einsatz an einem Pokertisch oder im Casino entfernt sind, unsere Entscheidungen sind immer Wetten. Wir entscheiden uns routinemäßig zwischen mehreren Alternativen, riskieren Ressourcen, wägen die Wahrscheinlichkeit verschiedener möglicher Ergebnisse ab und überlegen, was uns etwas wert ist. Jede Entscheidung bindet uns an irgendeinen Handlungsverlauf, der per se das Handeln in anderen Alternativen eliminiert. Nicht auf etwas zu setzen ist ebenfalls eine Wette. Wenn wir uns entscheiden, ins Kino zu gehen, bedeutet das, dass wir uns dafür entscheiden, all die anderen Dinge nicht zu tun, die wir in jenen zwei Stunden sonst hätten tun können. Wenn wir ein Jobangebot annehmen, entscheiden wir uns auch dafür, alle anderen Alternativen auszuschließen: Wir bleiben nicht in unserem aktuellen Job oder verhandeln auch nicht, um in unserem aktuellen Job bessere Bedingungen herauszuholen, wir nehmen keine anderen Angebote an, ergreifen keinen anderen Beruf und nehmen uns auch keine Auszeit von der Arbeit. Wenn man sich für einen Weg entscheidet, zieht es immer Opportunitätskosten nach sich.

Die Elemente der Wette in Entscheidungen – Wahl, Wahrscheinlichkeit, Risiko etc. – sind in manchen Situationen offensichtlicher als in anderen. Investitionen sind klare Wetten. Eine Entscheidung über eine Aktie (kaufen, nicht kaufen, verkaufen, halten, geschweige denn esoterische Investment-Optionen) erfordert eine Wahl, um die finanziellen Ressourcen so gut wie möglich zu nutzen. Unvollständige Informationen und Faktoren, die außerhalb unserer Kontrolle liegen, machen alle unsere Investitionsentscheidungen unsicher. Wir bewerten, soweit wir können, finden heraus, was unserer Ansicht nach unser investiertes Geld maximal vermehren wird, und handeln dann. Die Entscheidung, nicht zu investieren oder eine Aktie nicht zu verkaufen, ist ebenfalls eine Wette. Es sind dieselben Entscheidungen, die ich während einer Pokerhand treffe: passen, schieben, mitgehen, setzen oder erhöhen.

Bei Entscheidungen als Eltern denken wir nicht ans Wetten, aber genau das ist es. Wir möchten, dass unsere Kinder glückliche, produktive Erwachsene sind, wenn wir sie hinaus in die Welt schicken. Immer, wenn wir eine Entscheidung als Eltern treffen (bezüglich Disziplin, Ernährung, Schule, Erziehungsstil, Wohnort etc.), setzen wir darauf, dass unsere Wahl die Zukunft zur Folge haben wird, die wir für unsere Kinder wollen, und zwar mehr als jede andere Wahl, die wir treffen könnten angesichts der begrenzten Ressourcen, die wir platzieren müssen – unsere Zeit, unser Geld, unsere Aufmerksamkeit.

Entscheidungen über Job- und Wohnortwechsel sind Wetten. Verkaufsverhandlungen und Verträge sind Wetten. Der Kauf eines Hauses ist eine Wette. Das Hühnchen anstatt des Steaks zu bestellen, ist eine Wette. Alles ist eine Wette.

Die meisten Wetten sind Wetten gegen uns selbst

Einer der Gründe, warum wir Entscheidungen normalerweise nicht als Wetten sehen, ist, dass wir immer die Nullsumme im Kopf haben, die beim Glücksspiel vorkommt; man wettet *gegen jemand anderen* (oder das Casino) und Gewinn und Verlust sind symmetrisch. Eine Person gewinnt, die andere verliert und die Summe der beiden ergibt null. Beim Wetten kommen solche Situationen vor, aber es beschränkt sich nicht darauf.

Bei den meisten unserer Entscheidungen wetten wir nicht gegen eine andere Person. Wir wetten vielmehr gegen *alle zukünftigen Versionen von uns selbst, die wir nicht wählen*. Wir entscheiden uns ständig zwischen alternativen Zukunftsversionen: eine, in der wir ins Kino gehen, eine, in der wir zum Bowling gehen, eine, in der wir zu Hause bleiben. Oder Zukunftsversionen, in denen wir einen Job in Des Moines annehmen, in unserem aktuellen Job bleiben oder uns eine Auszeit von der Arbeit nehmen. Immer, wenn wir eine Wahl treffen, wetten wir auf eine potenzielle Zukunft. Wir setzen darauf, dass die zukünftige Version von uns selbst, die sich aus der Entscheidung ergibt, die wir treffen, es besser hat. Was bei einer Entscheidung auf dem Spiel steht, ist, dass unser Gewinn (gemessen in Geld, Zeit, Glück, Gesundheit oder was auch immer wir in der Situation für wertvoll halten) größer sein wird als das, was wir ausschließen, indem wir gegen die anderen alternativen Zukunftsversionen von uns selbst wetten.

Haben Sie je nach einer Entscheidung einen Moment des Bedauerns erlebt, in dem Sie dachten: »Ich wusste doch, ich hätte mich anders entscheiden sollen!«? Das ist eine alternative Version von Ihnen selbst, die Ihnen sagt: »Siehst du, ich hab es dir ja gesagt!«

Als Pete Carroll im Second Down zum Pass aufrief, brauchte er keine innere Stimme, die ihn im Nachhinein kritisierte. Er hatte den kollektiven Schrei der Seahawks-Fans, die brüllten: »Als du Wilson aufgefordert hast, zu passen, hast du auf die falsche Zukunft gesetzt!«

Wie können wir sicher sein, dass wir die Alternative wählen, die für uns am besten ist? Was, wenn eine andere Alternative uns mehr Glück, Zufriedenheit oder Geld bringen würde? Die Antwort lautet natürlich: Wir können es nicht wissen. Dinge, die außerhalb unserer Kontrolle (Glück oder Pech) liegen, können das Ergebnis beeinflussen. Die Zukunftsversionen, die wir uns vorstellen, sind nur *Möglichkeiten*. Sie sind noch nicht passiert. Wir können nur auf der Basis dessen, was wir wissen oder nicht wissen, so gut wie möglich raten, wie die Zukunft wohl aussehen wird. Wenn wir noch nie in Des Moines gelebt haben, wie können wir dann sicher sein, wie es dort sein wird? Wenn wir uns entscheiden, wetten wir das, was für uns wertvoll ist (Glück, Erfolg, Zufriedenheit, Geld, Zeit, Ansehen etc.) auf eine von mehreren möglichen und unsicheren Zukunftsversionen. Darin liegt das Risiko.

Pokerspieler leben in einer Welt, in der dieses Risiko ganz deutlich ist. Sie fühlen sich wohl mit der Unsicherheit, denn sie beziehen sie ganz offen in ihre Entscheidungen mit ein. Wenn wir das Risiko und die Unsicherheit bei jeder Entscheidung ignorieren, gibt uns das vielleicht kurzfristig ein besseres Gefühl, aber die Kosten aufseiten der Qualität unserer Entscheidungen sind immens. Wenn wir es schaffen, uns mit der Unsicherheit anzufreunden, können wir die Welt mehr so sehen, wie sie ist, und besser damit umgehen.

Unsere Wetten sind nur so gut wie unsere Überzeugungen

In einer Episode des Sitcom-Klassikers *WKRP in Cincinnati* mit dem Titel »Turkey Away« versucht der Manager mittleren Alters, Mr. Carlson, eine erfolgreiche Werbeaktion für den Rock-and-Roll-Sender durchzuführen. Er schickt seinen altgedienten Nachrichtenreporter, Les Nessman, in ein örtliches Einkaufszentrum mit der Anweisung, live über eine Truthahn-Geschenk-Aktion zu berichten, die er dort in Kürze starten lassen möchte.

Der DJ des Senders, Johnny Fever, unterbricht seine Sendung für eine Liveübertragung des Reporters Nessman vor Ort. Nessman schindet Zeit und berichtet von einem Hubschrauber über ihm. Dann kommt etwas aus dem Hubschrauber herausgeflogen. »Noch keine Fallschirme ... Das können doch keine Fallschirmspringer sein. Ich kann nicht genau sagen, was es ist, aber – oh mein Gott! Es sind Truthähne! ... Einer hat gerade die Windschutzscheibe eines geparkten Wagens durchschlagen! Es ist furchtbar! ... Oh nein, wie schrecklich! ... Die Truthähne schlagen auf dem Boden auf wie nasse Zementsäcke!« Nessman muss zusammen mit einer panischen Menge fliehen. Er kommt ins Studio zurück und beschreibt, wie Mr. Carlson versuchte, den Hubschrauber zu landen und die übrig gebliebenen Truthähne zu befreien, aber sie gingen zum Gegenangriff über.

Carlson betritt das Studio mit zerfetzten Kleidern und von Kopf bis Fuß voller Federn. »Gott ist mein Zeuge, ich dachte, Truthähne könnten fliegen.«

Wir schließen unsere Wetten auf der Grundlage unserer Überzeugungen von der Welt ab. Pete Carrolls Super-Bowl-Entscheidung, auf der One-Yard-Linie der Patriots einen Pass zu spielen, entsprang seinen Überzeugungen – seinen Überzeugungen über den Quarterback Russell Wilson und die Wahrscheinlichkeit, dass dieser den Pass zu Ende brachte, dass der Pass abgefangen würde, dass er eingesackt (oder zum Touchdown werden) würde. Er besaß Daten und Erfahrung zu all diesen Dingen und musste dies dann auf diese einzigartige Situation anwenden, unter Berücksichtigung seiner Überzeugungen über die Defense der Patriots und wie deren Coach Bill Belichick die Defense für ein wahrscheinliches Running Play auf die Ziellinie aufbauen würde. Dann traf er die Entscheidung über den besten Spielzug, den er aufgrund dieser Überzeugungen ansagen konnte. Er setzte auf ein Passspiel.

Der CEO, der all diese Qualen ausstand, weil er den Präsidenten gefeuert hatte, tat, was er tat, aufgrund seiner Überzeugungen. Er traf seine Entscheidung aufgrund seiner Überzeugungen davon, wie das Unternehmen im Vergleich zu anderen dastand, was der Präsident seiner Meinung nach tat, was dem nützte oder schadete, der Wahrscheinlichkeit, dass er die Leistung des Präsidenten verbessern konnte, von Kosten und Nutzen eines Jobsplittings zwischen zwei Personen und der Wahrscheinlichkeit, dass er einen Ersatz finden konnte. Er setzte darauf, den Präsidenten zu entlassen.

John Hennigan hatte Überzeugungen davon, wie er sich an das Leben in Des Moines anpassen würde. Unsere Überzeugungen stehen hinter den Wetten, die wir abschließen: welche Automarke ihren Wert eher behält, ob die Kritiker wussten, wovon sie sprachen, als sie einen Film verrissen, den wir eigentlich sehen wollten, wie unsere Angestellten sich verhalten werden, wenn wir sie von zu Hause aus arbeiten lassen.

Letztlich ist das eine sehr gute Nachricht: Ein Teil der *Fähigkeiten* im Leben kommt davon, dass wir lernen, unsere Überzeugungen besser zu kalibrieren, indem wir Erfahrungen und Informationen nutzen, um unsere Überzeugungen zu objektivieren, zu aktualisieren und so ein korrekteres Bild von der Welt zu gewinnen. Je korrekter unsere Überzeugungen sind, desto besser ist die Grundlage der Wetten, die wir abschließen. Es ist auch eine Fähigkeit, zu erkennen, wenn unsere Denkmuster uns in die Irre leiten, egal, was unsere Überzeugungen sind, und Strategien zu entwickeln, wie man mit diesen Mustern arbeiten kann (oder sie umgeht). Es gibt effektive Strategien, um offener und objektiver zu sein, korrektere Überzeugungen zu haben, rationaler zu entscheiden und zu handeln und gegenüber sich selbst dabei nachsichtiger zu sein.

Wir müssen jedoch mit einer schlechten Nachricht beginnen. Wie Mr. Carlson in *WKRP in Cincinnati* lernen musste, können unsere Überzeugungen sehr, sehr weit von der Realität entfernt sein.

Glaube nicht alles, was du hörst

Wenn ich auf Konferenzen und Tagungen spreche, reiße ich manchmal das Thema an, wie wir zu unseren Überzeugungen kommen. Ich stelle dem Publikum die Frage: »Wer hier weiß, wie man vorhersagen kann, ob ein Mann eine Glatze bekommen wird?« Die Leute heben die Hand, ich rufe jemanden auf, und er oder sie sagt: »Man muss sich den Großvater mütterlicherseits ansehen.« Alle nicken zustimmend. Ich frage dann weiter: »Weiß irgendjemand, wie man das Alter eines Hundes in Menschenjahre umrechnet?« Ich kann praktisch an der Mundbewegung sehen, wie die Leute im Publikum sagen: »Mal sieben.«

Diese weitverbreiteten Überzeugungen sind beide nicht wirklich korrekt. Wenn man online nach »häufigen Irrtümern« sucht, steht der Glatzen-Mythos auf den meisten Listen ganz oben. Wie *Medical Daily* 2015 erklärte, »liegt ein Schlüsselgen für Kahlköpfigkeit auf dem X-Chromosom, das man von der Mutter bekommt«, aber »das ist nicht der einzige genetische Faktor, der eine Rolle spielt, da Männer mit glatzköpfigen Vätern im Vergleich zu Männern, deren Väter volles Haar haben, mit höherer Wahrscheinlichkeit kahl werden … Die Wissenschaftler sagen, dass Kahlköpfigkeit überall in der Familie ein Zeichen dafür sein kann, dass einem dieses Schicksal bevorsteht.«

Was die Umrechnung von Hundejahren in Menschenjahre betrifft, so ist es nur eine erfundene Zahl, die ganz ohne Grundlage kursiert, aber seit dem 13. Jahrhundert durch ständige Wiederholung immer mehr Gewicht erhalten hat. Woher haben wir diese Überzeugungen?

Und warum setzen sie sich immer wieder durch, auch wenn Wissenschaft und Logik etwas anderes sagen?

Wir bilden Überzeugungen ganz willkürlich, indem wir alles Mögliche glauben, weil wir es irgendwo einmal gehört, aber nie selbst überprüft haben.

Wir glauben, dass wir abstrakte Überzeugungen auf folgende Weise gewinnen:

1. Wir hören etwas;
2. wir denken darüber nach und überprüfen es, um zu bestimmen, ob es wahr oder falsch ist; erst dann
3. bilden wir eine Überzeugung.

Es hat sich jedoch herausgestellt, dass wir abstrakte Überzeugungen *in Wahrheit* auf folgende Weise bilden:

1. Wir hören etwas;
2. wir glauben, dass es wahr ist;
3. nur manchmal, später, wenn wir die Zeit haben oder dazu neigen, denken wir darüber nach und überprüfen es, um zu bestimmen, ob es tatsächlich wahr oder falsch ist.

Der Psychologieprofessor in Harvard Daniel Gilbert, den man vor allem wegen seines Buches *Stumbling on Happiness* und seiner Hauptrolle in der Werbung für Prudential Financial kennt, hat auch einige Pionierarbeit im Bereich Überzeugungsbildung geleistet. In einer Schrift von 1991, in der er jahrhundertelange philosophische und wissenschaftliche Untersuchungen zu dem Thema zusammenfasste, kam er zu dem Schluss: »Die Ergebnisse einer Vielzahl an Forschungsliteratur überschneiden sich an einem einzigen Punkt: Menschen sind leichtgläubige Geschöpfe, die es sehr leicht finden, zu glauben, und sehr schwer, zu zweifeln. Etwas zu glauben ist so leicht und vielleicht auch so unvermeidlich, dass es vielleicht eher unfreiwilligem Verständnis gleichkommt als rationaler Bewertung.«

Zwei Jahre später bewiesen Gilbert und einige Kollegen durch eine Reihe von Experimenten, dass es für uns ein Automatismus ist, zu glauben, dass das, was wir hören und lesen, wahr ist. Selbst wenn ganz klar dargestellt wird, dass die Information falsch ist, neigen wir noch immer dazu, sie als wahr zu verarbeiten. In diesen Experimenten lasen die Teilnehmer eine Reihe von Aussagen über einen Strafverteidiger und einen College-Studenten. Die Aussagen waren mit Farben markiert, um anzuzeigen, ob sie wahr oder falsch waren. Teilnehmer, die unter Zeitdruck standen oder deren kognitive Belastung durch eine kleine Ablenkung erhöht war, machten mehr Fehler dabei, sich zu erinnern, ob die Aussagen wahr oder falsch waren. Aber die Fehler waren nicht gleichmäßig verteilt. Die Teilnehmer neigten nicht in gleicher Weise dazu, als wahr gekennzeichnete Aussagen zu ignorieren und als falsch gekennzeichnete Aussagen für wahr zu halten. Ihre Fehler gingen alle in eine Richtung: Unter jeglicher Form von Druck nahmen sie an, dass alle Aussagen wahr waren, egal wie sie gekennzeichnet waren. Das legt nahe, dass es unsere automatische Reaktion ist, zu glauben, dass das, was wir hören, wahr ist.

Deshalb glauben wir, dass Kahlköpfigkeit vom Großvater mütterlicherseits vererbt wird. Wenn Sie genau wie ich, bis ich es für dieses Buch nachgelesen habe, diese Überzeugung hatten, haben Sie es jemals selbst nachgeprüft? Wenn ich meinem Publikum diese Frage stelle, sagen sie meist, das hätten sie nur gehört, aber sie hätten keine Ahnung, wo oder von wem. Und doch sind sie sich sehr sicher, dass es wahr ist. Das sollte als Beweis dafür reichen, dass die Art und Weise, wie wir unsere Überzeugungen bilden, ziemlich blödsinnig ist.

Wie bei vielen unserer irrationalen Handlungen wurde auch die Art, wie wir Überzeugungen bilden, durch das evolutionäre Streben nach Effizienz geformt, nicht nach Richtigkeit. Die Bildung von abstrakten Überzeugungen (das heißt, Überzeugungen, die von außerhalb unserer direkten Erfahrungen stammen und durch Sprache weitergegeben wurden) gehört wohl zu den wenigen Dingen, die allein dem Menschen eigen sind, und das macht sie relativ neu in der Evolutionsgeschichte. Bevor es die Sprache gab, konnten unsere Vorfahren neue Überzeugungen nur durch die Erfahrungen bilden, die sie direkt in der physischen Welt um sie herum machten. Wenn Überzeugungen von direkten Sinneserfahrungen stammen, ist es vernünftig anzunehmen, dass unsere Sinne uns nicht täuschen. Denn schließlich glaubt man das, was man sieht. Wenn man einen Baum vor sich sieht, wäre es normalerweise eine Verschwendung von kognitiven Ressourcen, infrage zu stellen, ob der Baum auch tatsächlich existiert. Wer infrage stellte, was er hörte oder sah, konnte schließlich gefressen werden. Fürs Überleben waren Fehler erster Art (falsch positiv) weniger schlimm als Fehler zweiter Art (falsch negativ). Mit anderen Worten, lieber sicher sein, als etwas zu bereuen, besonders wenn man überlegt, ob man glauben soll, dass das Rascheln im Gras ein Löwe ist. Wir haben nicht viel Skeptizismus entwickelt seit der Zeit, als es bei unseren Überzeugungen noch um Dinge ging, die wir direkt erlebt haben, besonders, wenn unser Leben auf dem Spiel stand.

Als sich die komplexe Sprache entwickelte, bekamen wir die Fähigkeit, uns Überzeugungen über Dinge zu bilden, die wir nicht selbst erlebt haben. Gilbert wies darauf hin, dass »die Natur nicht bei null anfängt; sie ist ein Meister der Wiederverwertbarkeit und erfindet nur selten einen neuen Mechanismus, um etwas hervorragend zu tun, was ein alter Mechanismus, leicht abgewandelt, auch einigermaßen gut hinbekommt.« In diesem Fall war das System, das wir bereits hatten, Folgendes: (1) Erlebe es, (2) glaube, dass es wahr ist, (3) vielleicht, aber selten, hinterfrage es später. Wir haben nun womöglich mehr Gründe, um die Flut der Informationen aus zweiter Hand zu hinterfragen, aber unser altes System läuft noch. (Dies ist eine stark vereinfachte Zusammenfassung umfänglicher Forschungen und Dokumentationen. Um sich hier einen guten Überblick zu verschaffen, empfehle ich wärmstens Dan Gilberts Buch *Stumbling on Happiness*, *Kluge* von Gary

Marcus und *Thinking, Fast and Slow* von Dan Kahneman, die in den Literaturempfehlungen aufgeführt sind.)

Eine kurze Google-Suche zeigt, dass viele unserer Überzeugungen nicht wahr sind. Wir kommen einfach nicht drum herum, sie durch Google-Suchen zu überprüfen. (Spoiler-Alarm: (1) Abner Doubleday hatte nichts mit der Erfindung des Baseball-Spiels zu tun. (2) Wir nutzen alle Teile unseres Gehirns. Der Zehn-Prozent-Mythos wurde nur erfunden, um Selbstoptimierungsbücher zu verkaufen; Neuroimaging und Studien an Gehirnverletzungen widerlegen dieses Lügenmärchen. (3) Auf Ellis Island wurden die Namen der Einwanderer nicht amerikanisiert, weder unfreiwillig noch auf andere Weise.)

Das ist jetzt vielleicht keine große Sache, dass manche dieser eher konsequenzlosen allgemeinen Annahmen eindeutig falsch sind. Wahrscheinlich wendet niemand die Hunde-Altersberechnung an, um medizinische Entscheidungen für sein Haustier zu treffen, und die Tierärzte wissen es sowieso besser. Aber so funktioniert bei uns der Prozess der Überzeugungsbildung und das wirkt sich auch auf Bereiche aus, die sehr wohl bedeutende Konsequenzen haben können.

Im Poker kann dieser Überzeugungsbildungsprozess einen Spieler eine Menge Geld kosten. Eines der ersten Dinge, die die Spieler beim Texas Hold'em lernen, ist eine Liste von Starthänden mit zwei Karten, die man spielt oder nicht, aufgrund der eigenen Tischposition und der Handlungen der Spieler vor Ihnen.[3] Als sich in den 1960er-Jahren das Texas Hold'em entwickelte, erfanden ein paar Experten Täuschungsspiele (Deceptive Play) mit aufeinanderfolgenden Mittelkarten der-

---

[3] Die Runde im Texas Hold'em beginnt mit zwei Karten, die verdeckt an jeden Spieler ausgegeben werden. Nach der Anfangsrunde, in der die Einsätze gesetzt werden, sind alle weiteren Karten Gemeinschaftskarten, die aufgedeckt ausgeteilt werden. Wenn zwei oder mehr Spieler im Spiel verbleiben, nachdem die Einsatzrunden abgeschlossen sind, ist der Gewinner der Spieler, der die höchste Hand aus einer Kombination seiner verdeckten Karten und den Gemeinschaftskarten hat, die während der Hand ausgeteilt wurden. Wenn die Spieler ihre Entscheidung für die Anfangs-Einsatzrunde treffen, stehen noch drei weitere Einsatzrunden und fünf Gemeinschaftskarten aus, die ausgeteilt werden. Selbst wenn noch so viele Karten ausgeteilt werden, hat man einen deutlichen Vorteil, wenn man eine starke Zwei-Karten-Kombination hat. Die beste Anfangshand wären natürlich zwei Asse. Die schlechteste ist eine Sieben und eine Zwei von verschiedenen Farben.

selben Farbe (wie die Karo-Sechs und -Sieben). Im Shorthand-Poker nennt man solche Karten Suited Connectors.

Suited Connectors haben den Vorteil, dass sie einen starken, getarnten Straight oder Flush ergeben. Erfahrene Spieler werden diese Art Hand nur in sehr seltenen Situationen spielen, nämlich dann, wenn sie glauben, dass sie so mit geringem Verlust passen können, erfolgreich bluffen, wenn es nicht dazu kommt oder in späteren Einsatzrunden den maximalen Wert herausholen, indem man einen Spieler mit konventionell stärkeren Anfangskarten in die Falle lockt, wenn die Hand sich günstig entwickelt.

Leider ist über die Jahre das Mantra »Win big or lose small mit Suited Connectors« durchgesickert, ohne den Zusatz, dass man einige Expertise braucht, um diese gut zu spielen, oder dass es nur wenige, ganz bestimmte Bedingungen gibt, unter denen eine solche Hand gewinnbringend ist. Als ich Poker-Seminare gab, waren die meisten meiner Schüler fest davon überzeugt, dass Suited Connectors in so ziemlich jeder Situation vielversprechende Anfangskarten sind. Wenn ich sie fragte, warum, bekam ich zu hören: »Das weiß doch jeder«, oder »Man sieht doch die ganze Zeit im Fernsehen, wie Spieler mit Suited Connectors abräumen.« Aber niemand, den ich fragte, hatte eine Gewinn- und Verlustrechnung aus seinen eigenen Erfahrungen mit Suited Connectors erstellt. »Tun Sie das einmal«, sagte ich, »und berichten Sie dann darüber, was Sie herausgefunden haben.« Und siehe da – die Spieler, die mir berichteten, hatten entdeckt, dass sie unterm Strich mit Suited Connectors Verluste gemacht hatten.

Dieselbe Art der Überzeugungsbildung brachte Hunderte Millionen Menschen dazu, ihre Lebensqualität und -erwartung aufs Spiel zu setzen, weil sie von den Vorzügen der Low-fat-Diät überzeugt waren. Aufgrund von Ratschlägen, die zum Teil aus Forschungen stammten, die im Hintergrund von der Zuckerindustrie finanziert worden waren, reduzierte eine Generation von Amerikanern ein Viertel der Kalorien, die sie durch Fett aufnahmen, und ersetzte sie durch Kohlenhydrate. Die US-Regierung änderte die Ernährungspyramide dahingehend, dass nun sechs bis elf Portionen Kohlenhydrate enthalten waren, und riet dazu, dass die Bevölkerung wenig Fett konsumieren solle. Das ermunterte die Lebensmittelindustrie (die die Kampagne enthusiastisch unterstützte), stattdessen Stärke und Zucker einzusetzen, um damit »fettreduzierte« Lebensmittel herzustellen. David Ludwig, Professor an der Harvard Medical School und Arzt im Boston Children's Hospital, fasste den Schaden im *Journal for the American Medical Association* zusammen, den das Ersetzen von Fett durch Kohlenhydrate angerichtet hatte: »Entgegen der Prognosen erhöhte sich die allgemeine Kalorienaufnahme insgesamt erheblich, die Fälle von Fettsucht verdreifachten sich, das Auftreten von Diabetes 2 stieg um ein Vielfaches und die jahrzehntelang zurückgehenden Zahlen von Herz-Kreislauf-Erkrankungen stagnierten und könnten wieder ansteigen, trotz vermehrter Anwendung von Präventionsmedikamenten und chirurgischen Eingriffen.«

Low-fat-Diäten wurden zu den Suited Connectors unserer Essgewohnheiten.

Auch wenn wir den Automatismus haben, alles erst einmal für wahr zu halten, wäre unsere willkürliche Informationsverarbeitung eigentlich nicht so problematisch, wenn wir gut im Updaten unserer Überzeugungen wären, sobald wir neue Informationen bekommen. Leider ist das nicht der Fall. Wir bilden die meisten Überzeugungen, ohne sie zu überprüfen, und behalten sie bei, selbst wenn wir klare und deutliche Hinweise erhalten, dass sie nicht wahr sind. 1994 berichteten Hollyn Johnson und Colleen Seifert im *Journal of Experimental Psychology* von den Ergebnissen eines Experiments, bei dem die Teilnehmer Berichte über ein Feuer in einem Kaufhaus lasen. Die Teilnehmer lasen in ihren Berichten auch, dass das Feuer in der Nähe eines Schranks mit Farbeimern und Gaskartuschen ausbrach, und diese Information ließ sie (was vorhersehbar war) zu dem Schluss kommen, dass es hier eine Verbindung gab. Als die Teilnehmer fünf Berichte später eine Korrekturmeldung bekamen, dass der Schrank leer gewesen sei, beantworteten sie Fragen zu dem Feuer noch immer dahingehend, dass die

Farbe die giftigen Dämpfe verursacht habe, und nannten es fahrlässig, entflammbare Objekte in der Nähe aufzubewahren. (Dies sollte keine Überraschung für jeden sein, der schon erlebt hat, wie sinnlos es ist, einen Widerruf zu veröffentlichen, wenn ein Bericht einen sachlichen Fehler enthielt.)

Die Suche nach der Wahrheit – der Wunsch, die Wahrheit zu erfahren, egal ob diese Wahrheit mit den Überzeugungen übereinstimmt, die wir gerade haben – wird von unserer natürlichen Informationsverarbeitung nicht unterstützt. Wir halten uns vielleicht für offen und in der Lage, unsere Überzeugungen aufgrund neuer Informationen anzupassen, aber die Forschung zeigt eindeutig das Gegenteil. Anstatt unsere Überzeugungen anzupassen, um die neuen Informationen zu integrieren, tun wir das Gegenteil: Wir ändern unsere Interpretation der neuen Informationen, um sie an unsere Überzeugungen anzupassen.

»Sie sahen dasselbe Spiel«

Die College-Football-Saison geht zu Ende und aller Augen sind auf einen erbitterten Konkurrenzkampf gerichtet. Der Favorit, die Gastgebermannschaft, hat eine Serie von 72 Siegen hinter sich und steht kurz davor, ihre zweite Saison ungeschlagen zu beenden. Die emotionalsten Reaktionen gelten Dick Kazmaier, dem Star der Offense. Als einer der legendären Sportler-Helden der Hochschule hat er es schon auf das Cover des *Time*-Magazins gebracht und gute Chancen auf All-American- und andere Ehrungen nach der Saison. Die Gäste hingegen haben nicht vor, still und ergeben eine Niederlage hinzunehmen. Auch wenn ihre Bilanz in dieser Saison nur durchschnittlich war, haben sie den Ruf, hart zu spielen. Einen Überraschungssieg durchzuziehen, wäre ein unerwartetes Vergnügen.

Willkommen im Palmer Stadion in Princeton am 23. November 1951. Das Footballspiel Dartmouth–Princeton wurde berühmt: eine historische Rivalität, das Ende einer Epoche im Ivy-League-Sport und Gegenstand eines bahnbrechenden wissenschaftlichen Experiments.

Zunächst das Spiel. Princeton gewann 13:0. Das Ergebnis wurde nicht groß angezweifelt, aber es war dennoch ein schmutziges Spiel voller Gewalt und Strafen. Dartmouth erhielt 70 Yards Strafen, Princeton 25. Ein Princeton-Spieler, der schon am Boden lag, wurde in die Rippen getreten. Ein Dartmouth-Spieler brach sich das Bein und ein zweiter erlitt ebenfalls eine Beinverletzung. Kazmaier verließ das Spiel im zweiten Viertel mit einer Gehirnerschütterung und einer gebrochenen Nase. (Er kam zum Finale zurück und verdiente sich eine Ehrenrunde auf den Schultern seiner Mannschaftskollegen. Ein paar Monate später wurde er der letzte Spieler der Ivy League, der die Heisman Trophy gewann.)

Überrascht vom scharfen Ton der Leitartikel in der jeweiligen Hochschulzeitung nach dem Spiel sahen einige Psychologie-Professoren hier die Möglichkeit, zu untersuchen, wie Überzeugungen die Verarbeitung eines gemeinsamen Erlebnisses radikal beeinflussen können. Albert Hastorf von Dartmouth und Hadley Cantril von Princeton sammelten die Zeitungsberichte, erhielten eine Kopie vom Film des Spiels, zeigten ihn Studentengruppen ihrer jeweiligen Hochschule und ließen sie Fragebögen ausfüllen, in denen die Regelverletzungen beider Seiten aufgezählt und eingestuft wurden. Ihre Studie *They Saw a Game* (*deutsch: Sie sahen ein Spiel*) von 1954 hätte auch heißen können »Sie sahen zwei Spiele«, denn die Studenten der jeweiligen Hochschule schienen ihren Fragebögen und Berichten zufolge zwei unterschiedliche Spiele gesehen zu haben.

Hastorf und Cantril sammelten als Beweis Anekdoten aus den lebhaften Berichten und Leitartikeln über das Dartmouth-Princeton-Spiel in den regionalen Zeitungen. Der *Daily Princetonian* schrieb: »Beide Teams haben sich schuldig gemacht, aber die größte Schuld muss an der Haustür von Dartmouth abgegeben werden.« *Princeton Alumni Weekly* klagte Dartmouth für einen Schlag erst spät im Spiel an, der Kazmaiers College-Karriere beendete, und dafür, dass ein am Boden liegender

Princeton-Spieler in die Rippen getreten wurde. Währenddessen erhob die Zeitung *Dartmouth* schwere Vorwürfe gegen den Trainer von Princeton, Charley Caldwell. Nachdem das *Idol von Princeton* verletzt worden war, habe Caldwell seine Spieler aufgehetzt, nach dem alten Motto »seht nur, was sie getan haben – los, schnappt sie euch. Seinen Worten folgten Taten«, stellte der Leitartikel fest und bezog sich dabei auf die beiden Dartmouth-Spieler, die im dritten Viertel Beinverletzungen davongetragen hatten. In der nächsten Ausgabe von *Dartmouth* druckte die Zeitung eine Liste der Starspieler des gegnerischen Teams ab, die Princeton durch eine ähnliche »konzertierte Aktion« gestoppt hatte.

Als die Forscher Studentengruppen den Film des Spiels zeigten und baten, die Fragebögen auszufüllen, kam derselbe Unterschied in Bezug auf das, was sie gesehen hatten, zum Vorschein. Princeton-Studenten sahen Dartmouth doppelt so viele schwere Verstöße und dreimal so viele mäßige Verstöße begehen wie Princeton. Dartmouth-Studenten sahen jedes Team gleich viele Verstöße begehen, nur umgekehrt.

Hastorf und Cantril schlussfolgerten daraus: »Wir ›reagieren‹ nicht einfach nur auf das, was passiert … Wir verhalten uns danach, was wir zu der Gelegenheit mitbringen.« Unsere Überzeugungen bestimmen, wie wir alles Neue verarbeiten, »ob das Neue nun ein Fußballspiel ist, ein Präsidentschaftskandidat, der Kommunismus oder Spinat.«

Eine Studie im *Stanford Law Review* mit dem Titel »Sie sahen einen Protest« (der Titel ist eine Hommage an das Original-Experiment von Hastorf und Cantril) des Yale-Professors für Rechtslehre und Psychologie Dan Kahan, einem führenden Forscher und Analysten für kognitive Verzerrungen, und vier Kollegen bestärkt die Feststellung, dass unsere Überzeugungen bestimmen, wie wir Informationen verarbeiten.

In der Studie wurde zwei Teilnehmergruppen ein Video von einem Polizeieinsatz gezeigt, der eine politische Demonstration stoppte. Einer Gruppe erzählte man, der Protest habe vor einer Abtreibungsklinik stattgefunden und sich gegen die Legalisierung der Abtreibung gerichtet. Einer anderen Gruppe erzählte man, die Szene habe sich vor einem College-Gebäude abgespielt, wo das Militär Bewerbungsgespräche führte, und die Demonstranten protestierten gegen das damalige Verbot von offen schwulen und lesbischen Soldaten und Soldatinnen. Es war dasselbe Video, das man sorgfältig bearbeitet hatte, um den eigentlichen Gegenstand der Demonstration unkenntlich zu machen. Die Forscher hatten erst Informationen über die Weltanschauung der Teilnehmer gesammelt und stellten ihnen nun Fragen über die Fakten und die Schlussfolgerungen aus dem, was sie gesehen hatten.

Die Ergebnisse spiegelten das wider, was Hastorf und Cantril fast 60 Jahre zuvor festgestellt hatten: »Unsere Teilnehmer sahen alle dasselbe Video. Doch was sie *sahen* – ernste Äußerung von Widerspruch, die nur darauf abzielte, zu überzeugen, oder physische Einschüchterung mit dem Ziel, die Freiheit anderer einzuschränken – hing davon ab, inwieweit die Position der Demonstranten mit den kulturellen Werten der Teilnehmer übereinstimmten.« Ob es sich nun um ein Footballspiel, eine Demonstration oder irgendetwas anderes handelt – unsere bestehenden Überzeugungen beeinflussen die Art, wie wir die Welt erleben. Die Tatsache, dass diese Überzeugungen nicht auf besonders ordentliche Weise gebildet werden, führt dazu, dass wir beim Erlangen unserer Überzeugungen alle möglichen Fehler machen.

Überzeugungen sind hartnäckig

Fehler beim Erlangen und der Aktualisierung von Überzeugungen haben das Potenzial, sich schneeballartig fortzusetzen. Hat sich eine Überzeugung einmal festgesetzt, wird es schwierig, sie wieder loszuwerden. Sie beginnt ein Eigenleben zu führen und bringt uns dazu, Belege zu bemerken und zu suchen, die unsere Überzeugung bestätigen, nur selten zu prüfen, ob diese Beweise fundiert sind, und Informationen, die der Überzeugung widersprechen, zu ignorieren oder aktiv daran zu arbeiten, diese Informationen zu diskreditieren. Dieses irrationale, sich im Kreis drehende Muster der Informationsverarbeitung nennt man Motiviertes Denken (*motivated reasoning*). Die Art, wie wir Informationen verarbeiten, wird von den Überzeugungen gesteuert, die wir haben, und bekräftigt diese. Und diese bekräftigten Überzeugungen steuern dann wiederum, wie wir weitere Informationen verarbeiten, und so weiter.

In der Pause bei einem Pokerturnier kam einmal ein Spieler auf mich zu und wollte meine Meinung hören, wie er eine dieser Suited-Connector-Hände gespielt habe. Ich hatte die Hand nicht mitbekommen und er gab mir eine kurze Beschreibung, wie er heimlich die Karo-Sechs und -Sieben spielte, um mit der vorletzten Karte einen Flush zu erzielen, aber er »hatte übles Pech«, als der andere Spieler mit der allerletzten Karte noch ein Full House machte.

Wir hatten nur noch eine oder zwei Minuten Pause, also stellte ich ihm die Frage, die ich für die relevanteste hielt: »Warum haben Sie denn überhaupt die Karo-Sechs und -Sieben gespielt?« (Selbst eine kurze Erklärung, so erwartete ich, würde mir ein paar Details liefern über die vielen Bereiche, die bestimmen, wie man eine solche Hand spielt und ob es eine profitable Entscheidung war, wie zum Beispiel die Position am Tisch, die Größe des Pots, die Höhe der Chips-Stapel, der Spielstil seines Gegners, die Art, wie der Tisch seinen Stil wahrnahm, und so weiter.)

Er antwortete verärgert: »Darum geht es hier doch gar nicht!« Das Motivierte Denken sagt uns, dass es niemals wirklich darum geht, etwas infrage zu stellen.

Es braucht bei jedem von uns nicht viel, damit wir etwas glauben. Und wenn wir etwas glauben, gehen wir mit jeder weiteren Information so um, dass diese Überzeugung geschützt wird. Das wird wohl nirgendwo so deutlich wie im Aufkommen der allgegenwärtigen sogenannten Fake News und Desinformationen. Das Konzept der Fake News, einer absichtlich falschen Geschichte, die für finanzielle oder politische Zwecke eingesetzt wird, ist bereits jahrhundertealt. Ihre legendären Anwender waren unter anderem Orson Welles, Joseph Pulitzer oder William Randolph Hearst. Desinformationen unterscheiden sich von Fake News darin, dass hier die Geschichte einige wahre Elemente enthält, die geschönt werden, um ein bestimmtes Narrativ zu entwerfen. Fake News funktionieren, weil Menschen, die bereits Überzeugungen haben, die mit der Geschichte übereinstimmen, ihren Wahrheitsgehalt im Allgemeinen nicht anzweifeln. Desinformation ist sogar noch wirkungsvoller, weil die nachweisbaren Fakten die Geschichte so erscheinen lassen, als wäre die Information überprüft worden, und das verleiht dem Narrativ noch weitere Schubkraft.

Der Zweck von Fake News ist nicht, jemanden von etwas zu überzeugen. Wie wir wissen, kann man Überzeugungen nur schwer verändern. Das Potenzial von Fake News ist es vielmehr, bestehende Überzeugungen, die das Zielpublikum bereits hat, zu untermauern und zu erweitern. Das Internet ist eine wahre Spielwiese für Motiviertes Denken. Es gewährt uns Zugang zu vielfältigeren Informationsquellen und Meinungsäußerungen, als wir sie jemals zur Verfügung hatten, und doch tendieren wir immer wieder zu den Quellen, die jene Überzeugungen bestätigen, die mit unserer Sicht übereinstimmen. Es gibt dort draußen jede erdenkliche Geschmacksrichtung, aber wir neigen immer wieder zu unseren Vorlieben.

Was das Ganze noch verschlimmert, sind viele Social-Media-Seiten, die unser Interneterlebnis personalisieren und uns immer mehr von dem zeigen, was wir bereits mögen. Der Autor Eli Pariser entwickelte den Begriff »Filterblase« in seinem gleichnamigen Buch *The Filter Bubble* von 2011 und beschrieb damit den Prozess, wie Unternehmen wie Google oder Facebook Algorithmen einsetzen, um uns immer weiter in die Richtung zu treiben, in die wir bereits gehen. Indem sie unsere Suchanfragen, den Verlauf unseres Internet-Surfens und ähnliche Daten von unseren Freunden und Kontakten sammeln, liefern sie uns Schlagzeilen und Links, die immer weiter befüttern, was sie als unsere Präferenzen herausgefiltert haben. Und so beschleunigt das Internet, das uns doch eigentlich einen unvorstellbar einfachen Zugang zu einer großen Diversität von Standpunkten bieten würde, am Ende nur unseren Rückzug in eine Blase der Selbstbestätigung. Egal, wie wir politisch orientiert sind, dagegen ist keiner von uns immun.

Die bekanntesten Webseiten haben schon das Motivierte Denken für uns übernommen.[4)]

Selbst wenn wir direkt mit Fakten konfrontiert werden, die unsere Überzeugungen widerlegen, lassen wir uns durch diese Fakten nicht von unseren Überzeugungen abbringen. Wie Daniel Kahneman herausstellt, wollen wir einfach gut über uns selbst denken und das Gefühl haben, dass das Narrativ unserer Lebensgeschichte positiv ist. Sich *getäuscht* zu haben passt nicht in dieses Narrativ. Und wenn wir glauben, dass Überzeugungen entweder zu *100 Prozent wahr* oder zu *100 Prozent falsch* sind, haben wir nur zwei Optionen, wenn wir mit neuen Informationen konfrontiert werden, die unseren Überzeugungen widersprechen könnten: (a) unsere Meinung über uns selbst komplett zu revidieren – von 100 Prozent richtig zu 100 Prozent falsch, oder (b) die neue Information zu ignorieren oder zu diskreditieren. Da es uns ein schlechtes Gefühl gibt, sich getäuscht zu haben, wählen wir (b). Informationen, die nicht mit unseren Ansichten übereinstimmen, sind ein Angriff auf unsere eigene Geschichte. Wir werden uns also richtig anstrengen, um diese Bedrohung aus der Welt zu schaffen. Wenn aber das Gegenteil der Fall ist, wenn also die neuen Informationen zu unserer Geschichte passen, nehmen wir sie mühelos an.

Die Art, wie wir Überzeugungen bilden, und unser Mangel an Flexibilität und Veränderungsbereitschaft hinsichtlich dieser Überzeugungen haben ernsthafte Konsequenzen, denn diese Überzeugungen sind die Grundlage für unsere Wetten. Jede Wette, die wir in unserem Leben eingehen, hängt von unseren Überzeugungen ab: Wer unserer Meinung nach der beste Präsident sein wird, ob wir glauben, dass es uns in Des Moines gefallen wird, ob wir glauben, dass eine Low-fat-Diät uns gesünder macht und sogar ob wir glauben, Truthähne könnten fliegen.

---

4) Fairerweise muss man anmerken, dass Facebook sich seit der Präsidentschaftswahl 2016 diesem Thema annimmt, ebenso wie andere Webseiten.

Schlau zu sein macht es nur noch schlimmer

Die allgemeine Ansicht lautet, dass man weniger anfällig für Fake News und Desinformation ist, je schlauer man ist. Schlaue Leute analysieren schließlich mehr und urteilen besser darüber, woher eine Information kommt – oder? Zum Schlausein gehört auch, dass man gut in der Informationsverarbeitung ist und die Qualität eines Arguments oder die Glaubwürdigkeit einer Quelle hinterfragt. Man nimmt also instinktiv an, dass schlaue Menschen die Fähigkeit haben, Motiviertes Denken zu erkennen, und dass sie mehr intellektuelle Ressourcen haben, um sich dagegen zu wehren.

Überraschenderweise kann es die Voreingenommenheit sogar verschlimmern, wenn man schlau ist. Überlegen Sie sich einmal Folgendes: Je schlauer man ist, desto besser ist man darin, ein Narrativ zu konstruieren, das die eigenen Überzeugungen stützt, Begründungen zu finden und die Daten zurechtzubiegen, um sie für die eigene Argumentation oder den eigenen Standpunkt passend zu machen. Schließlich sind die Leute, die sich nach einer politischen Debatte den Journalisten stellen, nicht ohne Grund ziemlich schlau.

Im Jahr 2012 haben die Psychologen Richard West, Russell Meserve und Keith Stanovich einen Versuch zu dem Phänomen *Blind Spot Bias (deutsch etwa: Verzerrungsblindheit)* – die widersprüchliche Tatsache, dass Menschen gut darin sind, voreingenommenes Denken bei anderen zu erkennen, aber bei sich selbst blind dafür sind – durchgeführt. Insgesamt unterstützten ihre Ergebnisse die These, dass wir in den verschiedensten Bereichen alle tatsächlich einen blinden Fleck bezüglich unserer eigenen Voreingenommenheit haben. Das Überraschende ist, dass der blinde Fleck für die eigene Voreingenommenheit umso größer ist, je schlauer man ist. Die Forscher testeten die Teilnehmer auf kognitive Voreingenommenheit in sieben verschiedenen Bereichen und fanden heraus, dass die kognitiven Fähigkeiten den blinden Fleck nicht abschwächten. »Außerdem waren Menschen, die sich ihrer eigenen Voreingenommenheit bewusst waren, nicht besser in der Lage, sie zu überwinden.« Im Gegenteil, in sechs von sieben getesteten Fällen von Voreingenommenheit »zeigten klügere Teilnehmer *größere* Bias Blind Spots.« (Kursivschreibung hinzugefügt, Anm. d. Übers.). Dieses Ergebnis wurde in weiteren Tests immer wieder bestätigt.

Dan Kahans Arbeit über Motiviertes Denken gibt auch Hinweise darauf, dass kluge Menschen nicht besser gegen Voreingenommenheit gerüstet sind – sie sind vielleicht sogar noch anfälliger dafür. Er und mehrere Kollegen haben untersucht, ob Schlussfolgerungen aus objektiven Daten von subjektiven zuvor bestehenden Überzeugungen über ein Thema bestimmt werden. Als die Teilnehmer gebeten wurden, komplexe Daten einer experimentellen Hautpflegebehandlung zu analysieren (einem dem Anschein nach neutralen Thema), hing ihre Fähigkeit, die Daten zu interpretieren und zu einem Schluss zu kommen, wie erwartet viel mehr von ihren mathematischen Neigungen ab als ihrer Meinung über Hautcreme (da sie zu diesem Thema wirklich keine Meinung hatten). Testpersonen mit einer höheren mathematischen Neigung fanden besser heraus, ob die Daten zeigten, dass die Hautbehandlung das Auftreten von Hautausschlag erhöhte oder reduzierte. (Die Daten waren erfunden und bei der Hälfte der Teilnehmer waren die Ergebnisse umgekehrt, sodass die richtige oder falsche Antwort auf den Daten beruhte, nicht auf der tatsächlichen Effizienz einer bestimmten Hautbehandlung.)

Als die Forscher die Daten beibehielten, aber statt »Hautbehandlung« »Verbot versteckter Waffen« und »Verbrechen« statt »Ausschlag« angaben, bestimmten die Meinungen der Testpersonen zu diesen Themen, wie sie diese genau gleichen Daten analysierten. Testpersonen, die demokratisch oder liberal eingestellt waren, interpretierten die Daten auf eine Weise, die ihre politischen Überzeugungen unterstützte (Waffenverbote reduzieren die Anzahl von Verbrechen). Die republikanisch oder konservativ eingestellten Testpersonen interpretierten dieselben Daten so, dass sie ihre gegenteilige Überzeugung unterstützten (Waffenverbote erhöhen die Anzahl von Verbrechen).

Das passt generell zu dem, was wir über das Motivierte Denken wissen. Das Überraschende, was Kahan herausfand, betraf Testpersonen mit unterschiedlichen mathematischen Fähigkeiten und denselben politischen Überzeugungen. Er entdeckte, dass *mathematisch begabte* Menschen (egal, ob pro oder kontra Waffen) bei der Interpretation der Daten zu dem emotional aufgeladenen Thema *mehr Fehler* machten als die weniger mathematisch begabten Testpersonen, die dieselben Überzeugungen hatten. »Dieses Muster der Polarisierung … ist bei mathematisch Begabten nicht weniger oder schwächer. Im Gegenteil, es *verstärkt* sich noch.«

Es hat sich also herausgestellt, je besser man mit Zahlen umgehen kann, desto besser kann man diese Zahlen verdrehen, um die eigenen Überzeugungen zu bestätigen und zu untermauern.

Leider wurden wir nun einmal von der Evolution so gebaut. Wir sind dazu veranlagt, unsere Überzeugungen zu schützen, auch wenn unser Ziel die Suche nach der Wahrheit ist. Das ist eine der Gelegenheiten, bei denen Schlausein und Bewusstsein der eigenen Irrationalität allein uns nicht vom voreingenommenen Denken abhalten. Genau wie bei optischen Täuschungen können wir unser Gehirn nicht dazu bringen, anders zu funktionieren, ganz gleich, wie klug wir sind. Genau wie wir eine Illusion nicht *nicht* sehen können, können uns Intellekt oder Willenskraft allein nicht dazu bringen, dem Motivierten Denken zu widerstehen.

Bis hierher hat dieses Kapitel vor allem schlechte Nachrichten gebracht. Unsere Wetten gründen auf unseren Überzeugungen. Wir überprüfen diese Überzeugungen nicht, bevor wir sie bilden. Wir weigern uns hartnäckig, unsere Überzeugungen zu aktualisieren. Jetzt habe ich noch eins draufgesetzt, indem ich Ihnen erzählt habe, dass Schlausein auch nichts hilft – und das Ganze sogar noch schlimmer machen kann.

Aber jetzt fangen die guten Nachrichten an.

Wollen wir wetten?

Stellen Sie sich vor, Sie nehmen zusammen mit einem Freund an einem Gespräch über den Spielfilm *Citizen Kane* teil. Als bester Film aller Zeiten hat er eine Menge neuer Techniken des Storytellings eingeführt. »Er hat natürlich auch den Oscar für den besten Film gewonnen«, platzen Sie heraus und tragen noch etwas zu der Lister der Superlative bei, die der Film ohne Frage verdient hat.

Da sagt Ihr Freund: »Würdest du darauf wetten?«

Auf einmal sind Sie sich nicht mehr so sicher. Diese Herausforderung verunsichert Sie und Sie müssen Ihre Behauptung und die Überzeugung, die Sie gerade so selbstbewusst verkündet haben, zurücknehmen. Wenn uns jemand herausfordert, auf eine Überzeugung zu wetten, und damit seine Überzeugung kundtut, dass unsere Überzeugung irgendwie falsch ist, veranlasst uns das im Idealfall dazu, diese Überzeugung zu überprüfen und eine Bestandsaufnahme zu machen, wie wir dazu gekommen sind:

- Warum weiß ich das?
- Woher habe ich die Information?
- Von wem habe ich sie bekommen?
- Wie gut sind meine Quellen?
- Wie sehr vertraue ich ihnen?
- Wie aktuell ist mein Informationsstand?
- Wie viele Informationen habe ich, die für die Überzeugung relevant sind?
- Welche anderen ähnlichen Dinge meinte ich sicher zu wissen und dann waren sie doch nicht richtig?
- Welche plausiblen Alternativen gibt es?
- Was weiß ich über die Person, die meine Überzeugung herausfordert?
- Welche Ansicht hat die andere Person darüber, wie glaubwürdig meine Meinung ist?

- Was weiß der andere, was ich nicht weiß?
- Wie gut weiß derjenige darüber Bescheid?
- Was habe ich übersehen?

Erinnern Sie sich an die Reihenfolge, mit der wir eine abstrakte Überzeugung bilden:

1. Wir hören etwas.
2. Wir glauben es.
3. Nur manchmal, später, wenn wir Zeit oder Lust dazu haben, denken wir darüber nach und überprüfen es, um zu bestimmen, ob es wahr ist oder nicht.

»Wollen wir wetten?« bringt uns dazu, diesen letzten Schritt zu unternehmen, zu dem wir nur selten kommen. Wenn wir gefragt werden, ob wir bereit wären, auf etwas um Geld zu wetten, ist es viel wahrscheinlicher, dass wir unsere Information weniger voreingenommen betrachten, aufrichtiger uns selbst gegenüber sind, wie sicher wir uns unserer Überzeugungen sind, und offener dafür, unsere Überzeugungen zu aktualisieren und zu korrigieren. Je objektiver wir sind, desto korrekter werden unsere Überzeugungen. Und die Person, die auf lange Sicht ihre Wetten gewinnt, ist diejenige mit mehr korrekten Überzeugungen.

Natürlich ist es meistens so, dass die Person, die die Wette anbietet, nicht wirklich Geld darauf setzen will. Sie möchte nur etwas klarstellen – dass wir vielleicht mit unserer Schlussfolgerung übertrieben oder eine Feststellung getroffen haben, ohne relevante Vorbehalte zu berücksichtigen. Die meisten Menschen sind nicht wie Pokerspieler, die jederzeit das Potenzial haben, eine Wette anzubieten, und es dann auch so meinen.

Dann ist es auf einmal so, dass jemand nach Des Moines zieht und 30 000 Dollar auf dem Spiel stehen.

Es ist schade, dass das soziale Umfeld der Pokerspieler sich in dieser Hinsicht so vom Rest von uns unterscheidet, denn es kann viel Gutes daraus entstehen, wenn jemand sagt: »Wollen wir wetten?« Das Angebot einer Wette bringt das Risiko zutage und explizit zum Ausdruck, was bereits implizit vorhanden ist (und oft übersehen wird). Je mehr wir erkennen, dass wir auf unsere Überzeugungen wetten (mit dem Einsatz von Glück, Aufmerksamkeit, Gesundheit, Geld, Zeit oder einer anderen endlichen Ressource), desto mehr werden wir unsere Behauptungen mäßigen und näher an die Wahrheit kommen, da wir das Risiko erkennen, das in allem liegt, was wir glauben.

Nun zu erwarten, dass jeder anfängt, den Fehdehandschuh zu werfen und alle einander herausfordern, auf alles und jedes zu wetten, ist nicht realistisch, wenn Sie sich nicht gerade in einem Pokerraum befinden. (Selbst in Pokerräumen passiert das meist nur unter Spielern, die einander gut kennen.) Ich kann mir vorstellen, dass es schwierig wäre, Freunde zu gewinnen, wenn Sie herumlaufen und jeden mit »Wollen wir wetten?« herausfordern würden. Und Sie würden diejenigen verlieren, die Sie haben. Aber das heißt nicht, dass wir die Art und Weise, wie wir über unsere eigenen Entscheidungen denken, nicht ändern können. Wir können uns selbst darauf trainieren, die Welt durch die Perspektive des »Wollen wir wetten?« zu betrachten.

Wenn wir das einmal begonnen haben, erkennen wir häufiger, dass es immer einen gewissen Grad an Unsicherheit gibt, dass wir uns im Allgemeinen weniger sicher sind als wir annehmen, dass praktisch nichts nur schwarz oder weiß ist, null oder 100 Prozent. Und das ist eine ziemlich gute Lebenseinstellung.

Überzeugt sein, neu definiert

Nichts ist jemals sicher. Samuel Arbesmans Buch *The Half-Life of Facts* ist eine großartige Lektüre darüber, dass praktisch jede Tatsache, von der wir jemals erfahren haben, später korrigiert oder wieder zurückgenommen wurde. Wir befinden uns in einem permanenten Zustand des Lernens und das kann jede vorhergehende Tatsache obsolet machen. Eines der vielen Beispiele, die er liefert, ist das Aussterben des Quastenflossers, eines Fisches aus der späten Kreidezeit. Ein Massenaussterben (zum Beispiel verursacht durch einen großen Meteorit, der auf der Erde einschlug, mehrere Vulkanausbrüche oder eine Klimaverschiebung) beendete die Kreidezeit. Das war das Ende der Dinosaurier, Quastenflosser und einer Menge weiterer Spezies. Ende der 1930er-Jahre und unabhängig davon noch einmal Mitte der 1950er-Jahre wurden jedoch Quastenflosser entdeckt – lebendig, gesund und munter. Es kommt ziemlich häufig vor, dass eine als ausgestorben geltende Spezies sich als gar nicht ausgestorben herausstellt. Arbesman führt die Arbeit eines Biologenpaars an der University of Queensland an, die eine Liste aller 187 Säugetierarten erstellten, die in den letzten 500 Jahren für ausgestorben erklärt wurden. Über ein Drittel dieser Spezies wurden danach doch wieder entdeckt.

Bedenkt man nun, dass sogar wissenschaftliche Fakten ein Verfallsdatum haben, dann täten wir alle besser daran, unsere Überzeugungen kritischer zu betrachten, da sie auf viel willkürlichere Weise gebildet und aktualisiert werden als die der Wissenschaft. Wir brauchen auch niemanden, der uns mit einer Wette herausfordert, um dies zu tun. Wir können auch ganz bewusst wie ein Spieler denken, so als wäre es ein Spiel, auch wenn wir das nur für uns selbst tun.

In unserer Kommunikation und unseren Entscheidungen wären wir besser beraten, wenn wir weniger darüber nachdenken würden, ob wir von etwas überzeugt sind, sondern mehr darüber, *wie stark* wir von etwas überzeugt sind. Anstatt zu sagen, man ist überzeugt oder nicht, alles oder nichts (»ich bin überzeugt« oder »ich bin nicht überzeugt«), würde unser Verständnis von Überzeugung dann auch alle Grauschattierungen dazwischen abdecken.

Wenn wir unsere Überzeugungen ausdrücken (anderen gegenüber oder auch nur für uns selbst als Teil unseres inneren Dialogs, wenn wir eine Entscheidung treffen müssen), sind diese meist nicht besonders qualifiziert. Wie wäre es denn, wenn wir zusätzlich dazu, dass wir unsere Überzeugungen äußern, auch noch bewerten würden, wie sicher wir uns sind, dass eine Überzeugung auf einer Skala von null bis zehn korrekt ist? Null würde bedeuten, wir sind uns sicher, dass eine Überzeugung nicht stimmt. Zehn würde bedeuten, wir sind uns sicher, dass unsere Überzeugung stimmt. Eine Skala von null bis zehn kann direkt in Prozentzahlen übertragen werden. Wenn Sie glauben, die Überzeugung ist eine Drei, dann heißt das, Sie sind sich zu 30 Prozent sicher, dass die Überzeugung stimmt. Eine Neun bedeutet, Sie sind sich zu 90 Prozent sicher. Anstatt also zu uns selbst zu sagen: »*Citizen Kane* hat den Oscar für den besten Film gewonnen« würden wir sagen: »Ich glaube, Citizen Kane hat den Oscar für den besten Film gewonnen, aber es ist nur eine Sechs.« Oder: »Ich bin mir zu 60 Prozent sicher, dass *Citizen Kane* den Oscar für den besten Film gewonnen hat.« Das bedeutet, bei Ihrem Sicherheitslevel kann sich mit 40-prozentiger Wahrscheinlichkeit herausstellen, dass *Citizen Kane* doch nicht den Oscar für den besten Film gewonnen hat. Wenn wir uns selbst dazu zwingen, auszudrücken, wie sicher wir uns bei einer Überzeugung sind, wird offensichtlich, dass diese Überzeugungen nur eine gewisse Wahrscheinlichkeit haben und dass wir fast nie zu 100 oder zu null Prozent von etwas überzeugt sind, sondern der Wert viel öfter irgendwo dazwischen liegt.

Diese Zahl kann aber auch mehrere verschiedene Arten der Unsicherheit darstellen. »Ich bin mir zu 60 Prozent sicher, dass *Citizen Kane* als bester Film gewonnen hat« spiegelt wider, dass unser Wissen über dieses Ereignis unvollständig ist. »Ich bin mir zu 60 Prozent sicher, dass der Flug aus Chicago sich verspäten wird« ist eine Mischung aus unserem unvollständigen Wissen und der naturgegebenen Unsicherheit, die Zukunft vorherzusagen (das Wetter könnte eine Rolle spielen oder es könnte ein unvorhergesehenes technisches Problem geben).

Wir können auch ausdrücken, wie sicher wir uns sind, indem wir nachdenken, wie viele plausible Alternativen es gibt, und eine Bandbreite angeben. Wenn ich zum Beispiel meine Überzeugung äußere, in welchem Alter Elvis gestorben ist, könnte ich sagen: »Irgendwann zwischen 40 und 47.« Ich weiß, dass er in den Vierzigern war und ich kann mich erinnern, dass es Anfang 40 war, also ist das für mich die Bandbreite der plausiblen Alternativen. Je mehr wir über ein Thema wissen, desto besser ist die Qualität der Informationen, die wir haben und desto enger gefasst ist die Bandbreite der plausiblen Alternativen. (Wenn es um Vorhersagen geht, wäre die plausible Bandbreite der Ergebnisse auch umso enger gefasst, je weniger Glück eine Rolle spielt.) Je weniger wir über ein Thema wissen und umso mehr Glück eine Rolle spielt, desto weiter die Bandbreite.

Wir können erklären, wie sicher wir uns sind, egal ob wir über eine bestimmte Tatsache oder eine Reihe von Tatsachen nachdenken (Dinosaurier waren Herdentiere), eine Vorhersage treffen (Ich glaube, es gibt Leben auf anderen Planeten) oder überlegen, wie sich die Zukunft gestalten wird, wenn wir eine bestimmte Entscheidung treffen (Ich glaube, ich werde glücklicher sein, wenn ich nach Des Moines ziehe als ich es da bin, wo ich jetzt wohne oder Ich glaube, es wird dem Unternehmen besser gehen, wenn wir den Präsidenten feuern). Das sind alles Überzeugungen verschiedener Art.

Wenn wir die Unsicherheit in unsere Denkweise über unsere Überzeugungen integrieren, bringt uns das viele Vorteile. Indem wir ausdrücken, wie sicher wir uns dessen sind, was wir glauben, verschieben wir auch unsere Sicht auf die Welt. Die eigene Unsicherheit anzuerkennen ist der erste Schritt, um sie messbar zu machen und einzuschränken. Wenn wir Unsicherheit in unsere Denkweise über unsere Überzeugungen integrieren, verschafft uns das eine Offenheit und bringt uns näher an eine objektive Haltung gegenüber Informationen, die nicht mit unseren Überzeugungen übereinstimmen. Wir sind dann weniger in Gefahr, ins Motivierte Denken zu verfallen, da es sich besser anfühlt, kleine Korrekturen in Gewissheitsprozenten zu machen, anstatt sich komplett von *richtig* zu *falsch* hin zu korrigieren. Wenn wir mit neuen Beweisen konfrontiert werden, ist es etwas ganz anderes, zu sagen: »Ich war mir zu 58 Prozent sicher, aber jetzt bin ich es nur noch zu 46 Prozent.« Das fühlt sich nicht annähernd so schlecht an wie »Ich dachte, ich hätte recht, aber jetzt habe ich doch unrecht«. Unser Selbstbild von einer informierten, gebildeten, intelligenten Person, die fundierte Meinungen hat, wird nicht kompromittiert, wenn wir neue Informationen dazu nutzen, unsere Überzeugungen anzupassen, anstatt eine komplette Kehrtwendung vollziehen zu müssen. Das bringt uns davon ab, Informationen, die nicht mit unseren Überzeugungen übereinstimmen, als Bedrohung zu empfinden, als etwas, wogegen wir uns verteidigen müssen, und es macht uns besser darin, die Wahrheit herauszufinden.

Wenn wir an der Anpassung unserer Überzeugungen arbeiten, urteilen wir nicht mehr so streng über uns selbst. Wenn wir Prozentsätze oder Bandbreiten an Alternativen in unsere Überzeugungen integrieren, bedeutet das, dass unser Selbstbild nicht mehr davon abhängt, ob wir recht oder unrecht hatten, sondern davon, wie gut wir neue Information annehmen, um die Einschätzung anzupassen, wie korrekt unsere Überzeugungen sind. Es ist nicht schlimm, wenn wir herausfinden, dass es Beweise gibt, die dem widersprechen, was wir glauben. Schlimm ist nur, wenn wir diese Beweise nicht so objektiv wie möglich nutzen, um unsere Überzeugung in der Folge anzupassen.

Wenn wir unsere Unsicherheit in unseren Überzeugungen anderen mitteilen, macht uns das zu glaubwürdigeren Gesprächspartnern. Wir nehmen immer an, wenn wir uns nicht als 100 Prozent glaubwürdig darstellen, würden andere unsere Meinung weniger schätzen. Das Gegenteil ist normalerweise der Fall. Wenn jemand eine Überzeugung als absolut wahr darstellt und jemand anders eine Überzeugung ausdrückt, indem er sagt: »Ich glaube, dass das wahr ist, und ich bin mir zu 80 Prozent sicher« – wem werden Sie eher glauben? Die Tatsache, dass diese Person ihre Überzeugung mit weniger als 100 Prozent angibt, signalisiert, dass sie versucht, die Wahrheit herauszufinden, dass sie über die Quantität und Qualität ihrer Informationen nachgedacht und sie selbstkritisch betrachtet hat. Und nachdenkende, selbstkritische Menschen sind glaubwürdiger.

Wenn wir zum Ausdruck bringen, dass wir uns nur bis zu einem gewissen Grad sicher sind, laden wir damit auch andere ein, mit uns zusammenzuarbeiten. Wie ich schon sagte, die meisten von uns verbringen ihr Leben eben nicht in Pokerräumen, wo es sozial akzeptiert ist, einen anderen, der eine Meinung äußert, von der wir glauben, dass sie unrichtig ist, zu einer Wette herauszufordern. Wenn wir außerhalb des Pokerraums etwas zu einer 100-prozentigen Tatsache erklären, schrecken andere aus zwei Gründen eher davor zurück, neue und relevante Informationen beizusteuern, die für unsere Überzeugungen wichtig wären: Erstens können sie fürchten, dass sie sich täuschen, und trauen sich nicht, das Wort zu ergreifen, aus Angst, dafür verurteilt zu werden, von uns oder von sich selbst. Zweitens könnten sie, selbst wenn sie sehr sicher sind, dass ihre Informationen von hoher Qualität sind, fürchten, dass sie uns damit vor den Kopf stoßen. Indem wir sagen »Ich bin mir zu 80 Prozent sicher« und damit zum Ausdruck bringen, dass wir uns eben nicht vollkommen sicher sind, öffnen wir anderen die Tür dafür, uns zu sagen, was sie wissen. Sie merken dann, dass sie etwas beitragen können, ohne uns konfrontieren zu müssen, indem sie explizit oder implizit sagen »Du hast unrecht«. Wenn wir zugeben, dass wir uns nicht ganz sicher sind, ist das eine Einladung, uns zu helfen, unsere Überzeugungen weiterzuentwickeln, und das wird unsere Überzeugungen mit der Zeit sehr viel korrekter machen, da wir damit viel wahrscheinlicher relevante Informationen sammeln.

Indem wir unsere Überzeugungen auf diese Weise äußern, nützen wir auch unseren Zuhörern. Wir wissen, dass es unser Automatismus ist, zu glauben, was wir hören, ohne die Information allzu sorgfältig zu prüfen. Wenn wir unseren Zuhörern mitteilen, dass wir uns in dem, was wir sagen, nicht zu 100 Prozent sicher sind, ist es weniger wahrscheinlich, dass sie nach Hause gehen und von unseren Überzeugungen infiziert wurden. Wenn wir die Überzeugung als unsicher darstellen, signalisiert das unseren Zuhörern, dass die Überzeugung weitere Überprüfung erfordert, dass Schritt drei noch immer aussteht.

Wenn Wissenschaftler die Ergebnisse von Experimenten veröffentlichen, teilen sie mit ihren Forscherkollegen, welche Methoden der Datensammlung und -analyse sie angewandt haben, die Daten selbst sowie die Vertrauenswürdigkeit der Daten. Das macht es anderen möglich, die Qualität der Information einzuschätzen, die präsentiert wird, und sie wird von der Peergruppe systematisch geprüft, bevor sie veröffentlicht wird. Die Verlässlichkeit der Ergebnisse wird durch zwei Dinge ausgedrückt: die Wahrscheinlichkeit, mit der man das Ergebnis erwarten würde, das tatsächlich beobachtet wurde (das ist dasselbe wie die Bewertung der Vertrauenswürdigkeit auf einer Skala von null bis zehn) und Vertrauenswürdigkeits-Intervalle (dasselbe wie die Bandbreiten plausibler Alternativen). Indem sie die Äußerung von Unsicherheit institutionalisiert haben, laden Wissenschaftler ihre Kollegengruppe ein, relevante Informationen beizusteuern und die Ergebnisse und Erklärungen auf Herz und Nieren zu prüfen. Die Information, die dann wieder geteilt wird, kann die veröffentlichten Hypothesen entweder bestätigen, widerlegen oder weiterentwickeln. Ziel ist es dabei, das Wissen voranzubringen, und nicht, zu bestätigen, was wir ohnehin schon zu wissen glauben. Deshalb kommt die Wissenschaft so schnell voran.[5)]

Indem wir anderen unsere eigene Unsicherheit kommunizieren, wenn wir unsere Überzeugungen mitteilen, laden wir die Menschen in unserem Leben ein, gemeinsam mit uns wie Wissenschaftler zu handeln. Das entwickelt unsere Überzeugungen schneller weiter, weil wir dann seltener Gelegenheiten verpassen, neue Informationen zu bekommen, Informationen, die uns helfen würden, die Überzeugungen, die wir haben, anzupassen.

Anzuerkennen, dass Entscheidungen Wetten aufgrund unserer Überzeugungen sind, sich auf die Unsicherheit einzulassen und die eigene Vorstellung von richtig und falsch neu zu definieren, all das ist

---

5) Der legendäre Physiker Richard Feynman fasste die Tatsache, dass Wissenschaftler ihre Unsicherheit kommunizieren und wie sie danach streben, die Extreme von richtig und falsch zu vermeiden, auf folgende Weise zusammen: »Bei Aussagen in der Wissenschaft geht es nicht darum, was wahr und was nicht wahr ist, sondern um den unterschiedlichen Grad der Sicherheit der Aussagen, der bekannt ist … Jedes Konzept in der Wissenschaft liegt irgendwo auf einer Skala, aber an keinem der äußeren Enden, zwischen absoluter Falschheit oder absoluter Wahrheit.« (Zitat aus einer Sammlung seiner kurzen Werke, *The Pleasure of Finding Things Out*, deutsch: *Vom Vergnügen, Dinge zu entdecken*.)

wesentlich für eine insgesamt gute Herangehensweise, Entscheidungen zu treffen. Aber ich erwarte nicht, dass Sie jetzt, da Sie all diese Konzepte zu hören bekommen haben, wissen sollten, wie man mit ihnen umgeht. Diese Muster sind derart in unser Denken eingebrannt, dass es mehr braucht, als das Problem zu erkennen oder die Dinge vorhersehen zu können, um die Irrationalitäten zu überwinden, die uns behindern. Was ich bis jetzt eigentlich nur gemacht habe, ist, das Ziel zu identifizieren; jetzt, da wir in die richtige Richtung sehen, ist das Denken in Wetten ein Mittel, um wenigstens *ein bisschen* besser darin zu sein, es zu treffen.

KAPITEL 3

Wetten, um zu lernen: zukünftige Ergebnisse zuordnen

Nick, der Grieche, und andere Lektionen aus der Crystal Lounge

Als ich mit dem Pokerspielen begann, wohnte ich in Columbus, Montana, Einwohnerzahl: 1200. Die nächste Möglichkeit, Poker zu spielen, war 40 Meilen entfernt im Zentrum von Billings, im Keller einer Bar namens Crystal Lounge. Ich fuhr diese 40 Meilen jeden Tag und kam immer am frühen Nachmittag dort an. Ich spielte bis zum Abend und fuhr dann wieder nach Hause.

Der Raum war voll von Charaktertypen, die das Klischee von Montana erfüllten: Rancher und Farmer, die in der Saisonpause die Zeit totschlugen und den Kellerraum mit Rauch füllten, der über den breiten Krempen ihrer Cowboyhüte waberte. Es war 1992, aber es hätte genauso gut 1952 sein können, wenn man die Einrichtung und die grimmigen Gesichter der Einheimischen betrachtete. Das Einzige, was die Vorstellung störte, dass gleich John Wayne hereingeschlendert kommen würde, waren ein paar Außenseiter, darunter ich (eine Frau und die jüngste Spielerin seit Jahrzehnten, auf der Flucht vor dem Abschluss meiner Dissertation an der University of Pennsylvania) und ein Spieler, den man »Nick, der Grieche« nannte.

Wenn dein Name Nick ist, du aus Griechenland kommst und wenn du spielst, dann wird man dich Nick, der Grieche, nennen, so sicher wie man dich Tiny (*Kleiner*) nennen wird, wenn du mehr als 350 Pfund wiegst. (Und ja, es gab einen Kerl, den sie Tiny nannten – sein echter Name war Elwood –, der regelmäßig mitspielte.) Dieser Nick, der Grieche, war irgendeine unbedeutende Billings-Version. Er war der Manager des Hotels gegenüber und von der Hotelkette von Griechenland hierher versetzt worden. Regelmäßig wie ein Uhrwerk verließ er seinen Arbeitsplatz nachmittags für ein paar Stunden, um zu spielen.

Nick, der Grieche, hatte sich ein paar ungewöhnliche Überzeugungen zugelegt, mit denen er seine Pokerentscheidungen steuerte. Ich wusste das, weil er sie mir und den anderen Spielern erklärt hatte. Er berücksichtigte die Ergebnisse bestimmter Hände, um seine Punkte zu machen. Er fixierte sich auf die relativ verbreitete Überzeugung, dass das Überraschungselement im Poker wichtig war. (Sei nicht vorhersehbar, ändere deine Spielweise immer wieder ab – solche Sachen). Dann wertete er sie mit Steroiden auf. Für ihn war eine Anfangshand aus zwei Assen, die rechnerisch besten zwei Karten, die man bekommen kann, die schlechteste Hand, denn es war vorhersehbar, dass jeder sie spielte.

»Sie denken immer alle, du hättest Asse. Mit so einer Hand wirst du gekillt.«

Mit dieser Logik, erklärte er, seien die besten zwei Anfangskarten die *rechnerisch schlechtesten* zwei Karten, die man bekommen könne, nämlich die Sieben und die Zwei von unterschiedlichen Farben – eine Hand, mit der fast jeder Spieler passt.

»Ich wette, damit hast du niemals gerechnet«, sagte er immer, wenn er diese Hand auf den Tisch legte und den Pot gewann. Und weil er die ganze Zeit Sieben-Zwei spielte, ergab sich manchmal die glückliche Konstellation, dass er gewann. Ich kann mich auch erinnern, dass er manchmal beim ersten Einsatz ein Asse-Paar hinwarf, aufgedeckt. (Eigentlich verstieß er gegen ein zentrales Element seiner Trickstrategie, indem er uns permanent *zeigte und sagte*, dass er das tat. Da er aber so festgefahrene Überzeugungen hatte, ist es kein Wunder, dass er diesen Widerspruch nicht bemerkte.) Nick, der Grieche, versteht sich von selbst, kam nur selten voran. Dennoch änderte er seine Strategie niemals und beschwerte sich stattdessen oft über sein Pech, wenn er verlor, wenn auch nie verbittert. Er war ein netter Kerl, angenehm als Spielpartner – der perfekte Pokergegner. Ich versuchte immer, meine Ankunftszeit so einzurichten, dass ich spielte, wenn er seinen nachmittäglichen Auftritt hatte.

Eines Tages kam Nick, der Grieche, nicht zum Spiel. Als ich fragte, wo er sei, murmelte ein anderen Spieler leise und vertraulich (obwohl jeder der anderen Spieler es schon zu wissen schien): »Ach, den hat man zurückgeschickt.«

»Zurückgeschickt?«

»Ja, nach Griechenland. Sie haben ihn abgeschoben.«

Ich kann nicht sagen, ob Nicks Versetzung das Ergebnis seiner verdrehten Poker-Überzeugungen war, aber ich habe schon den Verdacht. Andere Spieler spekulierten, dass er pleite gegangen war oder in die Hotelkasse gegriffen hatte oder dass er sein Arbeitsvisum verloren hatte, weil er jeden Tag während der Arbeitszeit Poker spielte.

Was ich aber sagen kann, ist, dass Nick, der Grieche, aufgrund seiner Überzeugungen eine Menge Geld verloren hatte – oder, genauer, weil er eine Menge Feedback, dass seine Strategie eine Verliererstrategie war, ignoriert hatte. Am Ende ging er pleite, weil er die Gelegenheiten zum Lernen nicht erkannte, wenn sie auftauchten.

Wenn Nick, der Grieche, ein Einzelphänomen wäre mit seiner Weigerung, aus den Ergebnissen zu lernen, die er am Pokertisch erzielte, dann denke ich, wäre er für mich nur eine Fußnote, eine lustige Geschichte von einem Kerl mit der einzigartigen Fähigkeit, an seiner Strategie festzuhalten, obwohl er damit oft verlor. Aber auch wenn er ein extremer Fall war, ist Nick, der Grieche, doch gar nicht so ein Einzelfall. Und das war mir ein Rätsel. Mir wurde beigebracht, so wie allen Psychologiestudenten, dass Lernen dann eintritt, wenn man eine

Menge Feedback bekommt, das mit Entscheidungen und Handlungen zeitlich eng verknüpft ist. Wenn wir das wörtlich nehmen würden, wäre Poker ein ideales Lernumfeld. Man macht seinen Einsatz, bekommt eine direkte Reaktion von den Gegnern und gewinnt oder verliert die Hand (mit Konsequenzen in Form von echtem Geld) – und das alles binnen Minuten.

Warum war also Nick, der Grieche, der jahrelang gespielt hatte, unfähig, aus seinen Fehlern zu lernen? Warum räumte ein Neuling wie ich beim Spiel ab? Die Antwort lautet: Erfahrung ist zwar nötig, um ein Experte zu werden, aber sie allein reicht nicht aus.

Erfahrung kann ein effektiver Lehrmeister sein. Aber es ist klar, dass nur manche Studenten auf ihre Lehrer hören. Die Leute, die aus Erfahrung lernen, verbessern sich, kommen voran und werden (mit etwas Glück) Experten und Anführer auf ihrem Feld. Ich habe davon profitiert, dass ich mir die Lerngewohnheiten einiger der phänomenalen Pokerspieler aneignete, denen ich auf meinem Weg begegnete. Wir können alle von diesen praktischen Strategien etwas lernen, um im Entscheiden besser zu werden. Das Denken in Wetten kann uns helfen, dorthin zu kommen.

Doch bevor wir zu den Lösungen kommen, müssen wir erst noch das Problem verstehen. Welche Hindernisse machen uns das Lernen aus Erfahrung so schwer? Wir alle haben den Wunsch, unsere Langzeitziele zu erreichen. Um das zu erreichen, ist es nötig, dass wir darauf achten, was uns unsere Ergebnisse lehren. Was also steht uns dabei systematisch im Weg?

Ergebnisse sind Feedback

Wir können nicht einfach nur Erfahrungen *aufsaugen* und dann erwarten, dass wir daraus etwas lernen. Wie der Romanautor und Philosoph Aldous Huxley schon erkannte: »Erfahrung ist nicht das, was einem Menschen passiert; es ist das, was ein Mensch mit dem tut, was ihm passiert.« Es besteht ein großer Unterschied zwischen Erfahrung bekommen und ein Experte werden. Dieser Unterschied besteht in der Fähigkeit, zu erkennen, wann die Ergebnisse unserer Entscheidungen uns etwas lehren können und welche Lektion das sein könnte.

Jede Entscheidung – ob es nun zwei Dollar sind, die Sie bei einem Rennen im Wettbüro setzen, oder ob Sie Ihren Kindern sagen, sie könnten essen, was sie wollen – ist eine Wette darauf, was für uns wahrscheinlich die günstigste Zukunft schaffen wird. Die Zukunft, auf die wir gewettet haben, entfaltet sich als eine Reihe von Ergebnissen. Wir wetten darauf, lange aufzubleiben, um das Ende eines Footballspiels zu sehen, und wir verschlafen, sind beim Aufwachen gerädert, kommen zu spät zur Arbeit und werden vom Chef angeraunzt. Oder wir bleiben lange auf und irgendein anderes von Myriaden von Ergebnissen folgt, zum Beispiel pünktlich aufzuwachen und es frühzeitig zur Arbeit zu schaffen. Welche Zukunft sich auch immer entfaltet, wenn wir uns entscheiden, lange aufzubleiben und das Ende des Spiels zu sehen, wetten wir darauf, dass wir in der Zukunft glücklicher sein werden, wenn wir das Finale gesehen haben. Wir wetten darauf, nach Des Moines zu ziehen und unseren Traumjob zu finden, die Liebe unseres Lebens zu treffen und mit Yoga anzufangen. Oder wir ziehen dorthin, wie John Hennigan, hassen es nach zwei Tagen und müssen uns den Weg nach Hause für 15 000 Dollar erkaufen. Wir wetten darauf, einen Abteilungsleiter zu feuern oder ein Passspiel auszurufen, und die Zukunft entfaltet sich so, wie sie es tut. Wir können das folgendermaßen darstellen:

Auf eine Zukunft setzen

Überzeugung ⟶ Wette ⟶ (Reihe von Ergebnissen)

Während sich die Zukunft in Form einer Reihe von Ergebnissen entfaltet, müssen wir schon wieder etwas entscheiden: Warum ist etwas so gekommen, wie es gekommen ist?

Wie wir herausfinden können, was – wenn überhaupt irgendetwas – wir aus einem Ergebnis lernen sollten, wird zu einer weiteren Wette. Während die Ergebnisse auf uns zukommen, ist es eine Wette mit großen Konsequenzen, herauszufinden, ob diese Ergebnisse hauptsächlich durch Glück verursacht werden oder ob sie das vorhersagbare Ergebnis von bestimmten Entscheidungen sind, die wir getroffen haben. Wenn wir sagen, dass unsere Entscheidungen das Ergebnis bestimmt haben, können wir die Daten, die wir bekommen, wenn wir diesen Entscheidungen folgen, in unsere Überzeugungsbildung einfließen lassen und diese damit aktualisieren, um eine Lernschleife zu schaffen:

Lernschleife 1

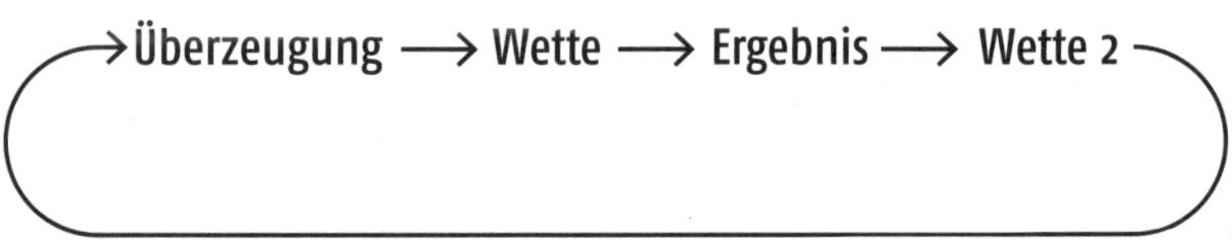

Wir haben die Möglichkeit, aus der Art, wie sich die Zukunft entfaltet, zu lernen und unsere Überzeugungen und Entscheidungen auf dem Weg zu verbessern. Je mehr Beweise wir aus der Erfahrung gewinnen, desto sicherer sind wir uns unserer Überzeugungen und Entscheidungen. Wenn wir unsere Ergebnisse aktiv nutzen, um unsere Überzeugungen und Wetten zu überprüfen, schließen wir die Feedback-Schleife und reduzieren unsere Unsicherheit. Das ist der Hauptvorgang, wie wir lernen.

Idealerweise verbessern sich unsere Überzeugungen und unsere Wetten mit der Zeit, je mehr wir aus Erfahrung lernen. Idealerweise werden wir umso besser im Entscheiden, auf welche mögliche Zukunft wir setzen sollten, je mehr Informationen wir haben. Idealerweise werden wir, je mehr wir aus der Erfahrung lernen, umso besser darin, die Wahrscheinlichkeit eines bestimmten Ergebnisses jeder beliebigen Entscheidung einzuschätzen, und das macht unsere Vorhersagen über die Zukunft korrekter. Doch wie Sie vielleicht schon erraten haben, läuft die Verarbeitung von Erfahrungen nicht immer ideal ab.

Das Lernen würde vielleicht auf bessere Weise stattfinden, wenn das Leben mehr wie Schach wäre und nicht so sehr wie Poker. Die Verknüpfung zwischen Ergebnisqualität und Entscheidungsqualität wäre klarer, denn es würde weniger Unsicherheit geben. Die Herausforderung ist aber, dass jedes einzelne Ergebnis aus zahlreichen Gründen eintreten kann. Die Zukunft, die sich entfaltet, ist ein großer Datenhaufen, den wir sortieren und interpretieren müssen. Und die Welt stellt für uns keine Verknüpfungen zwischen Ergebnissen und Ursachen her.

Wenn ein Patient mit Husten in eine Arztpraxis kommt, muss sich der Arzt von diesem einen Symptom, diesem einen Ergebnis eines möglichen Krankheitsprozesses ausgehend zurückarbeiten, um zwischen den zahlreichen Gründen zu entscheiden, aus denen der Patient den Husten haben könnte. Ist es aufgrund eines Virus? Bakterien? Krebs? Eine neurologische Störung? Weil ein Husten sich oft ähnlich äußert, ob er nun von Krebs oder einem Virus herrührt, ist es schwierig, sich vom Symptom aus rückwärts zur Ursache vorzuarbeiten. Und es steht viel auf dem Spiel. Bei einer Fehldiagnose könnte der Patient sterben. Deshalb braucht es jahrelange Erfahrung, bis ein Arzt bei seinen Patienten die richtige Diagnose stellen kann.

Wenn uns die Zukunft anhustet, ist es schwer zu sagen, warum.

Stellen Sie sich zwei Vertriebsleute derselben Firma vor, die einen Kunden anrufen. Im Januar stellt Joe die Produkte der Firma vor und erhält eine Bestellung im Wert von 1000 Dollar. Im August ruft Jane denselben Kunden an und erhält eine Bestellung im Wert von 10 000 Dollar. Was war los? War es, weil Jane eine bessere Verkäuferin ist als Joe? Oder war es, weil die Firma im Februar ihre Produktlinie aktualisiert hat? Ist im April ein preisgünstiger Wettbewerber pleite gegangen? Oder hat der Unterschied im Erfolg der beiden irgendeinen anderen Grund, den man nicht berücksichtigt hat? Es ist schwierig herauszufinden, denn wir können die Zeit nicht zurückdrehen und ein kontrolliertes Experiment ablaufen lassen, in dem Joe und Jane die

Plätze tauschen. Und die Art und Weise, wie die Firma mit diesem Ergebnis umgeht, kann sich auf Entscheidungen in Bezug auf Ausbildung, Preisgestaltung oder Produktentwicklung auswirken.

Dieses Problem hat für Pokerspieler immer oberste Priorität. Die meisten Pokerhände enden in einer Wolke unvollständiger Informationen: Ein Spieler setzt, niemand setzt dagegen, der Setzer erhält den Pot und niemand muss seine Karten aufdecken. Nach solchen Händen müssen die Spieler erraten, warum sie die Hand gewonnen oder verloren haben. Hatte der Gewinner eine bessere Hand? Hat der Verlierer mit der besten Hand gepasst? Hätte der Spieler, der die Hand gewann, mehr Geld machen können, wenn er anders gespielt hätte? Hätte der Spieler, der verlor, den Gewinner schlagen können, wenn er sich entschieden hätte, die Hand anders zu spielen? Um diese Fragen zu beantworten, fehlen dem Spieler die Informationen, welche Karten ihre Gegenspieler tatsächlich hatten oder wie die Spieler auf eine andere Reihe von Einsatzentscheidungen reagiert hätten. Wie Pokerspieler ihr Spiel gemäß den Erfahrungen anpassen, bestimmt ihre zukünftigen Ergebnisse. Wie sie all diese Leerstellen füllen, ist ganz entscheidend dafür, ob sie im Spiel besser werden.

Wir sind gut darin, die »-er«-Ziele zu *bestimmen*, die wir erreichen wollen (besser, schlauer, reicher, gesünder, was auch immer). Aber wir tun uns schwer beim *Erreichen* unserer »-er«-Ziele, weil die Ausführung all der kleinen Entscheidungen auf dem Weg zu unseren Zielen so schwierig ist. Die Wetten darauf, wann und wie wir die Feedbackschleife schließen, sind Teil der Ausführung, all diese Ad-hoc-Entscheidungen darüber, ob etwas nun eine Gelegenheit zum Lernen ist oder nicht. Um unsere langfristigen Ziele zu erreichen, müssen wir besser darin werden, herauszufinden, wann die Zukunft, die sich entfaltet, eine Lehre für uns bereithält, und wann wir die Feedbackschleife schließen sollten.

Und der erste Schritt, um dies gut zu machen, ist es anzuerkennen, dass die Dinge manchmal aufgrund der anderen Form von Ungewissheit geschehen: Glück.

Glück versus Fähigkeiten: Zuordnungsfehler

Wie unser Leben sich entwickelt, unterliegt dem Einfluss zweier Faktoren: Fähigkeiten und Glück. So gesehen fällt jedes Ergebnis, das auf unserer Entscheidung beruht, in die Kategorie Fähigkeiten. Wenn dieselbe Entscheidung bei einer Wiederholung voraussichtlich zum selben Ergebnis führen wird oder wenn eine Änderung der Entscheidung voraussichtlich ein anderes Ergebnis nach sich zieht, dann kommt das Ergebnis, das dieser Entscheidung folgt, aufgrund von Fähigkeiten zustande. Die Qualität unserer Entscheidung hat den maßgeblichen Einfluss darauf, wie die Dinge sich entwickeln. Wenn jedoch ein Ergebnis aufgrund von Umständen auftritt, die wir nicht kontrollieren können (wie die Handlungen anderer, das Wetter oder unsere Gene), kommt das Ergebnis aufgrund von Glück zustande. Wenn unsere Entscheidungen keinen großen Einfluss auf das Ergebnis haben, hängt dieses hauptsächlich von Glück ab.[6)]

Wenn ein Golfspieler einen Tee-Shot schlägt, ist es das Ergebnis der Einflüsse von Fähigkeit und Glück, wo der Ball landet, egal ob er oder sie ein Golf-Neuling ist oder Rory McIlroy. Zu den Fähigkeiten, also den Dingen, die der direkten Kontrolle des Golfers unterliegen und das Ergebnis beeinflussen, gehören die Wahl des Golfclubs, das Setup und die technischen Merkmale des Golfschlägers. Zum Faktor Glück gehören ein plötzlicher Windstoß, jemand, der den Namen des Spielers ruft, während er den Schlag ausführt, ob der Ball in einem Divot landet oder einen Rasensprenger trifft, das Alter des Golfspielers, die Gene des Golfspielers und die Gelegenheiten, die er bis zum Moment des Schlages bekommt (oder nicht).

6) Es ist unmöglich, den genauen Zusammenhang von Ergebnissen und Lernen zu beschreiben, ohne detailliert darauf einzugehen, was Glück ist und was Fähigkeit (und was eine Kombination aus beidem), was auch ich tue, wenn es nötig ist. Als Lektüre, die die Unterschiede zwischen Fähigkeit und Glück ausführlicher erforscht, empfehle ich Michael Mauboussin: *The Success Equation: Untangling Skill and Luck in Business, Sports, and Investing* sowie weitere Quellen, die ich in der Literaturliste und den Leseempfehlungen aufführe.

Ein Ergebnis wie Gewichtsverlust könnte das direkte Ergebnis einer Ernährungsumstellung oder von mehr Sport sein (Fähigkeiten), aber auch eine plötzliche Veränderung in unserem Stoffwechsel oder eine Hungersnot (Glück). Eine Schülerin könnte in einer Prüfung schlecht abschneiden, weil sie nicht gelernt hat (Fähigkeiten) oder weil die Lehrerin gemein ist (die Kehrseite von Glück: Pech). Ich kann eine Pokerhand verlieren, weil ich schlechte Entscheidungen getroffen habe, indem ich meine Fähigkeiten im Spiel schlecht angewandt habe, oder weil die anderen Spieler Glück hatten.

Ordnen wir das Ergebnis den Fähigkeiten zu, dann sind wir dafür verantwortlich. Ordnen wir es dem Glück zu, dann unterlag es nicht unserer Kontrolle. Bei jedem Ergebnis sind wir mit dieser Zuordnung konfrontiert. Diese Zuordnung ist eine Wette darauf, ob das Ergebnis in den Glücks- oder in den Fähigkeiten-Korb gehört. Und genau hier nahm Nick, der Grieche, die falsche Abzweigung.

Wir können die Lernschleife aktualisieren, um dies auf folgende Weise darzustellen:

Lernschleife 2

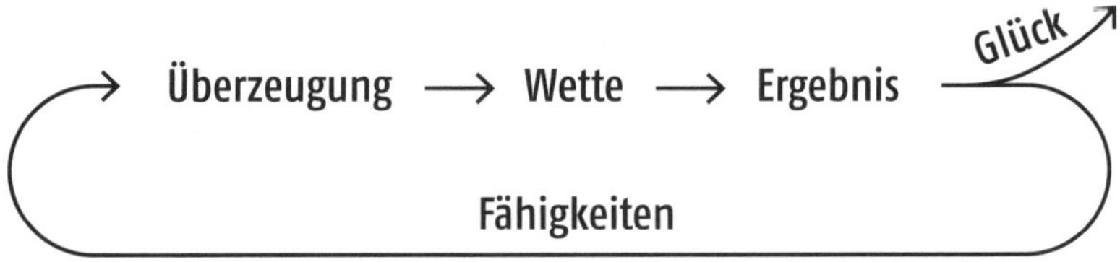

Stellen Sie es sich so vor, als wären wir ein Outfielder, der einen fliegenden Ball fängt, während Läufer in der Basis sind. Fielder müssen Ad-hoc-Spielentscheidungen treffen, wo sie den Ball hinwerfen: auf den Cutoff-Mann, hinter einen Läufer oder auf einen laufenden Läufer, um ihn abzuwerfen. Wohin der Outfielder den Ball wirft, nachdem er ihn zugeordnet hat, ist eine Wette.

Wir gehen ähnliche Wetten darüber ein, wohin wir ein Ergebnis »werfen«: in den Fähigkeiten-Korb (unter unserer Kontrolle) oder in den Glücks-Korb (außerhalb unserer Kontrolle). Dieses vorausschauende Zuordnen von Ergebnissen ermöglicht es uns, wenn es gut gemacht wird, uns auf Erfahrungen zu fokussieren, die uns etwas lehren können (Fähigkeiten), und die anderen zu ignorieren, die das nicht können (Glück). Wenn wir das richtig machen und etwas Erfahrung gesammelt haben, bringt uns das näher an jedes »-er«-Ziel, das wir verfolgen: besser, schlauer, gesünder, glücklicher, reicher etc.

Es ist schwierig, das richtig zu machen. Ohne Allwissenheit ist es schwer zu sagen, warum etwas so geschah, wie es geschah. Die Wette darauf, ob Ergebnisse dem Glücks- oder dem Fähigkeiten-Korb zuzuordnen sind, ist schwierig, weil es nicht klar ist.

Sich zurückzuarbeiten ist schwierig: das SnackWell's-Phänomen

In den 1990er-Jahren sprangen Millionen Menschen auf SnackWell's-Kekse an. Nabisco entwickelte diese Schokoladenkekse als führendes Produkt und nutzte dabei die heute überholte Überzeugung, dass Fett, nicht Zucker, dick macht. Lebensmittel mit weniger Fett wurden zu der Zeit als gesünder betrachtet. Mit dem Segen der US-Regierung tauschten die Unternehmen den Geschmacksträger Fett gegen Zucker aus. SnackWell's kamen in einer grünen Verpackung daher, die Farbe, mit der man »wenig Fett« verband und deshalb als »gesund« wahrnahm – wie Spinat!

Für alle, die versuchten abzunehmen oder gesünder zu naschen, waren SnackWell's also ein köstliches Gottesgeschenk. Wer SnackWell's aß, setzte seine Gesundheit darauf, andere Snacks wie, sagen wir, Cashew-Nüsse, die viel Fett enthalten, durch diese Kekse zu ersetzen. Man konnte diese stark zuckerhaltigen SnackWell's schachtelweise essen, denn Zucker war ja nicht der Feind. Fett war der Feind und die Verpackung schrie: FETTARM!

Heute wissen wir natürlich, dass während dieses Low-fat-Wahnsinns die Fettsuchtrate deutlich stieg. (Michael Pollan verwendete den Ausdruck SnackWell's-Phänomen, um zu beschreiben, dass die Menschen mehr von etwas konsumieren, wenn es weniger von einer schlechten Zutat enthält.) Während diese SnackWell's-Konsumenten an Gewicht zulegten, war es nicht einfach für sie, herauszufinden, warum das so war. Sollte die Gewichtszunahme im Fähigkeiten-Korb zu suchen sein und als Feedback dienen, dass ihre Überzeugung von dem gesundheitlichen Wert der SnackWell's falsch war? Oder war die Gewichtszunahme einfach nur Pech wie ein langsamer Stoffwechsel oder etwas anderes, das nicht ihre Schuld war oder zumindest nichts mit ihrer Entscheidung zu tun hatte, SnackWell's zu essen? Wenn die Gewichtszunahme im Glücks-Korb angesiedelt wurde, war sie kein Hinweis darauf, dass man die Entscheidung, SnackWell's zu essen, ändern sollte.

Wenn wir *heute* zurückblicken, scheint es klar zu sein, welcher Kategorie man die Gewichtszunahme hätte zuordnen müssen. Aber das ist erst dann klar, wenn man weiß, dass SnackWell's ungesund sind. Wir haben heute den Vorteil, über 20 Jahre neuere Forschungsergebnisse zu verfügen und mehr und bessere Informationen darüber zu haben, was eine Gewichtszunahme hervorruft. Die Menschen, die damals auf dem Low-fat-Trip waren, hatten nur ihre Gewichtszunahme, aus der sie lernen konnten. Die Karten blieben verdeckt.

Sich vom Ergebnis einer Entwicklung an den Ursprung zurückzuarbeiten ist nicht leicht. Wir können zum selben gesundheitlichen Ergebnis kommen (Gewichtszunahme), indem wir verschiedene Spuren verfolgen. Der eine sagt vielleicht, es lag an den SnackWell's; ein anderer, an den Oreos (auch ein Nabisco-Produkt, entwickelt von derselben Person, die auch SnackWell's erfunden hat); ein Dritter sagt vielleicht, es waren die Linsen und der Grünkohl. Wenn alle drei Personen an Gewicht zulegen, wie können sie es dann herausfinden?

Die Ergebnisse erzählen uns nicht, was unsere Schuld ist und was nicht, wofür wir die Verantwortung tragen und wofür nicht. Anders als beim Schach können wir nicht einfach den Weg von der Qualität des Ergebnisses ausgehend zurückverfolgen, um festzustellen, wie gut unsere Überzeugungen oder Entscheidungen waren. Das macht das Lernen aus Ergebnissen zu einem ziemlich willkürlichen Prozess. Ein negatives Ergebnis könnte ein Hinweis darauf sein, dass wir unsere Entscheidung prüfen sollten. Dasselbe Ergebnis könnte aber auch aufgrund von Pech entstanden sein und nichts mit unserer Entscheidung zu tun haben, und in dem Fall wäre es ein Fehler, das Ergebnis als Hinweis zu werten und in Zukunft anders zu entscheiden. Ein gutes Ergebnis könnte darauf hinweisen, dass wir eine gute Entscheidung getroffen haben. Es könnte aber genauso bedeuten, dass wir Glück hatten, und in dem Fall würden wir einen Fehler begehen, wenn wir dieses Ergebnis als Hinweis werten würden, diese Entscheidung in der Zukunft zu wiederholen.

Wenn Nick, der Grieche, mit einer Sieben und einer Zwei gewann, schrieb er dieses Ergebnis den Fähigkeiten und damit seiner brillanten Strategie zu. Wenn er mit derselben Hand verlor – was viel häufiger geschah –, schrieb er es dem Pech zu. Dieser Zuordnungsfehler bedeutete, dass er seine Überzeugungen niemals infrage stellte, egal wie oft er verlor. Wir sind alle manchmal wie Nick, der Grieche. Die Ungewissheit – Glück/Pech und verborgene Informationen – gaben ihm den Freifahrtschein für Zuordnungsfehler bei der Erklärung, warum er verlor. Wir müssen uns alle der Ungewissheit stellen. Und wir machen alle Zuordnungsfehler.

Ratten werden von Ungewissheit auf eine Weise aus dem Konzept gebracht, die uns sehr bekannt vorkommen müsste. Klassische Reiz-Reaktions-Experimente haben gezeigt, dass die Einführung von Ungewissheit das Lernen drastisch verlangsamt. Wenn Ratten mit einem *festen* Belohnungsschema trainiert werden (zum Beispiel ein Pellet für jedes zehnte Drücken eines Hebels), lernen sie ziemlich schnell, diesen Hebel zu drücken, um Futter zu bekommen. Wenn man die Belohnung weglässt, wird das Verhalten des Hebeldrückens schnell wieder gelöscht. Die Ratten finden heraus, dass kein Futter mehr kommt.

Aber wenn man die Ratten nach einem variablen oder unterbrochenen Schema belohnt (ein Pellet kommt *im Durchschnitt* bei jedem zehnten Hebeldrücken), bringt das Unsicherheit ins Spiel. Die durchschnittliche Wiederholung des nötigen Hebeldrückens bleibt zwar gleich, aber die Ratte könnte 30-mal beim nächsten Hebeldrücken eine Belohnung bekommen oder nicht. Mit anderen Worten, die Ratten werden so belohnt, wie es bei den Menschen normalerweise der Fall ist: Wir können nicht sicher wissen, was beim nächsten Versuch passieren wird. Wenn man diesen Ratten die Belohnung entzieht, verschwindet das Verhalten des Hebeldrückens erst nach sehr langer Zeit, in der der Hebel vergeblich gedrückt wird, manchmal sind es Tausende Versuche.

Wir könnten uns vorstellen, dass die Ratten denken: Ich wette, der nächste Hebel wird mir ein Pellet bringen … ich hatte bisher einfach Pech … jetzt ist gleich etwas fällig. Eigentlich müssen wir uns das gar nicht vorstellen. Wir können es hören, wenn wir zuhören, was die Menschen sagen, während sie am Automaten spielen. Automaten funktionieren über ein variables Belohnungssystem. Kein Wunder also, dass bei den Automaten, obwohl sie zu den schlechtesten Wetten im Casino gehören, die Kassen immer proppenvoll sind. Am Ende setzt sich eben doch unser Rattengehirn durch.

Als ob das alles noch nicht schwierig genug wäre, beruhen Ergebnisse nur selten rein auf Fähigkeiten oder rein auf Glück. Selbst wenn wir die ungeheuerlichsten Fehler machen und die entsprechend schlechten Ergebnisse erhalten, spielt das Glück noch immer eine Rolle. Auf jeden betrunkenen Autofahrer, der in den Seitengraben gerät und dessen Auto sich einmal um die eigene Achse dreht, gibt es immer mehrere, die harmlos quer über mehrspurige Autobahnen schlittern. Man hat vielleicht das Gefühl, der betrunkene Autofahrer im Graben hat dieses Ergebnis verdient, aber der Glücksfaktor in Bezug auf die Straßenverhältnisse und die An- oder Abwesenheit anderer Autofahrer spielte ebenfalls eine Rolle. Auch wenn wir alles richtig machen, wie völlig nüchtern über eine grüne Ampel zu fahren und zu überleben, gibt es da noch immer einen Glücksfaktor. Niemand anders hat simultan eine rote Ampel überfahren und uns gerammt. Es war *keine* Eisschicht auf der Straße, durch die wir die Kontrolle über unser Fahrzeug verloren. Wir sind *nicht* über einen Gegenstand auf der Straße gefahren, wodurch unser Reifen geplatzt ist.

Wenn wir unsere Ergebnisse zuordnen, während sich die Zukunft entfaltet, stoßen wir immer wieder auf dieses Problem: Wie die Dinge sich entwickelt haben, könnte das Ergebnis unserer Entscheidungen sein, von Glück oder irgendeiner Kombination aus beiden. Genau wie wir fast nie 100-prozentig recht oder unrecht haben, beruhen Ergebnisse fast nie auf 100 Prozent Glück oder Fähigkeiten. Das Lernen aus der Erfahrung bietet uns nicht die schöne Ordnung des Schachspiels oder wie beim Falten und Sortieren von Wäsche. Wenn wir erkennen, wie die Ungewissheit uns zum Straucheln bringt, ob die Fehler, die wir machen, einem Muster folgen (Tipp: Das tun sie) und welche Motivation hinter diesen Fehlern steckt, sollte uns das Hinweise geben, um erreichbare Strategien zu finden und die Wetten, die wir auf unsere Ergebnisse setzen, darauf abzustimmen.

»Wenn der Glücksfaktor nicht wäre, würde ich jedes Mal gewinnen«

Genau wie das Motivierte Denken sind unsere Zuordnungsfehler nicht willkürlich. Sie sind, um den Ausdruck des Psychologen und Verhaltensökonomen Dan Ariely[7] zu borgen, »vorhersagbar irrational«. Die Art, wie wir Ergebnisse zuordnen, folgt einem vorhersehbaren Muster:

---

7) Ariely, Professor für Psychologie und Verhaltensökonomie an der Duke University, ist zugleich führender Forscher im Bereich der Verhaltensökonomie wie auch verantwortlich dafür, dass Millionen Menschen die praktischen Aspekte der Verhaltensökonomie nähergebracht wurden, durch beliebte TED-Talks, Bestseller, einen Blog, ein Kartenspiel und sogar eine App. Sein bekanntestes Buch trägt den Titel *Predictably Irrational* (deutscher Titel*: Denken hilft zwar, nützt aber nichts; wörtlich: Vorhersagbar irrational*).

Wir übernehmen die Verantwortung für das Gute und geben für das Schlechte dem Pech die Schuld, damit es nicht unsere Schuld ist. Das Ergebnis ist, dass wir nicht gut aus der Erfahrung lernen.

»Eigennützige Voreingenommenheit« ist die Bezeichnung für dieses Muster der Zuordnung von Ergebnissen. Der Psychologe Fritz Heider untersuchte als einer der Ersten, wie Menschen den Ergebnissen ihres Verhaltens die Eigenschaften Glück oder Fähigkeit zuordnen. Er sagte, wir dächten über unsere Ergebnisse nach wie Wissenschaftler, aber wie »naive Wissenschaftler«. Wenn wir herausfinden wollen, warum etwas passiert ist, suchen wir nach einem plausiblen Grund, aber auch einem, der unseren Wünschen entspricht. Heider sagte: »Es ist meist ein Grund, der uns schmeichelt, uns in ein gutes Licht rückt, und er verleiht uns durch die Zuordnung zusätzliche Wirkkraft.«

Unsere Kapazität für Selbsttäuschung hat nur wenige Grenzen. Werfen wir nur einen Blick auf die Gründe, die die Menschen auf aktuellen Autoversicherungs-Formularen für ihre Unfälle angeben: »Ich bin mit einem geparkten Lastwagen zusammengestoßen, der mir entgegenkam.« – »Ein Fußgänger prallte mit mir zusammen und landete unter meinem Auto.« – »Der Kerl nahm die ganze Straßenbreite ein. Ich musste mehrmals ausweichen, bevor ich mit ihm zusammenstieß.« – »Ein unsichtbares Auto kam aus dem Nichts, rammte mein Auto und verschwand.« – »Der Fußgänger hatte keine Ahnung, in welche Richtung er laufen sollte, also überfuhr ich ihn.« – »Der Telegrafenmast kam näher. Ich versuchte ihm auszuweichen, als er mein Auto rammte.«[8)]

Der Professor für Rechtswissenschaften und Sozialpsychologe Robert MacCoun untersuchte Berichte über Autounfälle und fand heraus, dass die Opfer in 75 Prozent der Berichte jemand anderem die Schuld

---

8) Ich habe die Zitate einem Artikel von Robert MacCoun entnommen (der im folgenden Abschnitt beschrieben wird) und gebe sie ohne Schuldzuweisung wieder. Erstens sind sie unglaublich lustig und informativ; das größere Verbrechen wäre es, sie nicht zu teilen. Zweitens hat MacCoun eingeräumt, dass er sie aus dem Buch *Anguished English* hat, das mein Vater Richard Lederer geschrieben hat.

für ihre Verletzungen gaben. Bei Unfällen mit mehreren Fahrzeugen beschuldigten 91 Prozent der Fahrer jemand anderen. Bemerkenswerterweise fand MacCoun auch heraus, dass in Unfällen mit nur einem beteiligten Auto immer noch 37 Prozent einen Weg fanden, jemand anderem die Schuld zu geben.

Wir können das nicht dem Mangel an Selbsterkenntnis einiger weniger schlechter Autofahrer zuschreiben. John von Neumann, der als Schrecken der Straßen von Princeton, New Jersey, betrachtet wurde, lieferte einmal folgende Erklärung, nachdem er sein Auto zu Schrott gefahren hatte: »Ich fuhr die Straße entlang. Die Bäume auf der rechten Seite fuhren ordnungsgemäß mit 60 MPH an mir vorbei. Plötzlich trat mir einer von ihnen in den Weg. Bumm!« Et tu, John von Neumann? Et tu?

Dieser vorhersagbare Zuordnungsfehler ist wahrscheinlich das bedeutendste Problem für Pokerspieler. Ich habe es bei Nick, dem Griechen, in der Crystal Lounge aus erster Hand beobachtet. Als er mit Sieben-Zwei verlor, war es nur, weil er diesmal Pech gehabt hatte. Als er mit diesen Karten gewann, war es, weil sein Plan des Überraschungsangriffs so brillant aufgegangen war. Indem er die Verluste dem Pech zuschrieb und die Gewinne seinen Fähigkeiten, überschätzte er permanent die Wahrscheinlichkeit, mit Sieben-Zwei zu gewinnen. Er setzte weiterhin auf eine Zukunft, in der er nur verlieren konnte.

Und das ist nicht nur auf Typen wie Nick, den Griechen, in Billings beschränkt. Selbst Phil Hellmuth, der größte Gewinner in der Geschichte der World Series of Poker (14 Weltmeisterschafts-Armbänder und nach Punkten), fiel bekanntermaßen diesem Zuordnungsfehler zum Opfer. Nachdem er aus einem fernsehübertragenen Pokerturnier ausgeschieden war, sagte Hellmuth vor der Kamera bei ESPN: »Wenn der Glücksfaktor nicht wäre, würde ich jedes Mal gewinnen.« Diese Zeile wurde in der Pokerwelt legendär. (Man machte sogar einen Song daraus: »I'd Win Everytime [If It Wasn't for Luck]« in *All In: The Poker Musical*, einer Serie, die auf Phils Leben basiert.) Als die ESPN-Episode gesendet wurde, holte die Poker-Community kollektiv

Luft. Schließlich sagte Phil hier, wenn man den Glücksfaktor aus dem Pokerspiel eliminieren würde – also, wenn er Schach spielen würde –, seien seine Pokerfähigkeiten so überlegen, dass er jedes Turnier gewinnen würde, an dem er teilnehme. Also sind ganz klar alle negativen Ergebnisse dem Pech geschuldet und jedes positive Ergebnis seinen überlegenen Fähigkeiten.

Die Pokerspieler haben vielleicht nach Luft geschnappt, aber der einzige Unterschied zwischen Phil und allen anderen ist, dass er es *laut und im Fernsehen ausgesprochen* hat. Die meisten von uns haben das Feingefühl, dies für sich zu behalten, besonders vor laufenden Kameras und Mikrofonen. Aber glauben Sie mir, wir sind alle anfällig für genau dieses Denken.

Ich selbst bin da sicher keine Ausnahme. Als ich Poker spielte, habe ich mir die Gewinne ebenfalls selbst zugeschrieben und beklagte mich über mein Pech, wenn ich verlor. Das ist ein grundlegendes Bedürfnis. Ich habe diese Tendenz in allen Bereichen meines Lebens festgestellt. Sie wissen ja – auch wenn wir wissen, dass etwas eine optische Täuschung ist, hält uns das nicht davon ab, sie noch immer zu sehen.

Die Eigennützige Voreingenommenheit hat unmittelbare und offensichtliche Konsequenzen für unsere Fähigkeit, aus Erfahrung zu lernen.[9] Wenn wir die schlechten Ergebnisse in unserem Leben auf das Pech schieben, verpassen wir die Gelegenheit, unsere Entscheidungen zu überprüfen, um zu sehen, wo wir etwas besser machen könnten. Si-

---

9) Da die Eigennützige Voreingenommenheit eine falsche Sicht auf die Welt fördert, stellt sich die Frage, wie die Eigennützige Voreingenommenheit die natürliche Selektion überlebt hat. Es könnte eine evolutionäre Basis für diese potenziell kostenträchtige Selbsttäuschung geben. Menschen, die selbstbewusst sind, sind für bessere Partner attraktiv und erhöhen so die Chancen, dass ihre Gene weitergegeben werden. Weil wir gut sind im Aufdecken von Täuschung, mussten wir erst uns selbst täuschen, um andere mit unserem Selbstbewusstsein zu täuschen. Wie der Evolutionsbiologe Robert Trivers in seinem Vorwort zur Originalausgabe von Richard Dawkins *The Selfish Gene* von 1976 anmerkte, ist die Evolution der Selbsttäuschung viel komplexer als erwartet. »Somit muss die konventionelle Sichtweise, dass die natürliche Selektion Nervensysteme bevorzugt, die immer korrektere Bilder von der Welt produzieren, eine sehr naive Sichtweise der Evolution des Denkens sein.« Dawkins hingegen betrachtete Trivers für seine Arbeit als einen der Helden seines bahnbrechenden Buches und widmete vier Kapitel von *The Selfish Gene* der Darstellung von Trivers' Ideen.

cherlich ist manches Schlechte, das uns widerfährt, einfach Pech. Und sicherlich passiert manches Gute aufgrund unserer Fähigkeiten. Ich weiß aber, dass das eben nicht auf jeden Fall zutrifft. Nicht 100 Prozent unserer schlechten Ergebnisse resultieren daraus, dass wir Pech hatten, und nicht 100 Prozent unserer guten Ergebnisse daraus, dass wir so fantastisch sind. Aber das ist die Art und Weise, wie wir die Zukunft verarbeiten, während sie sich entfaltet.

Das vorhersagbare Muster, das Schlechte der Welt anzukreiden und das Gute sich selbst zuzuschreiben, beschränkt sich keineswegs nur auf Poker oder Autounfälle. Es ist omnipräsent.

Als Chris Christie vor den Präsidentschaftswahlen Anfang 2016 in Iowa an einer Debatte teilnahm, spielte er den Verhaltenspsychologen bei seiner Attacke gegen die Reaktion Hillary Clintons auf den tragischen Ausgang des Anschlags auf das US-amerikanische Konsulat in Bengasi: »Sie weigert sich, die Verantwortung zu übernehmen, wenn etwas schiefgeht. Wenn es gut gegangen wäre, glauben Sie mir, wäre sie überall herumgelaufen und hätte erzählt, es sei ihr Verdienst gewesen.« Ob dieser Vorwurf nun stimmt oder nicht, Christie hat sicherlich eine menschliche Neigung richtig erkannt: Wir übernehmen die Verantwortung für das Gute und lehnen sie für das Schlechte ab. Ironischerweise gab er selbst nur Minuten zuvor ein ziemlich gleichwertiges Beispiel dieser Voreingenommenheit. Als er vom Moderator gefragt wurde, ob die GOP (*Grand Old Party, die Republikaner; Anm. d. Übers.)* ihn vor dem Hintergrund des Bridgegate-Skandals nominieren sollte, antwortete er: »Sicher, denn es hat ja drei unterschiedliche Untersuchungen gegeben, die bewiesen haben, dass ich nicht davon wusste.« Dann fügte er hinzu: »Und ich sage Ihnen noch etwas. Ich habe mit New Jersey einen Staat übernommen, der von der liberalen Politik der Demokraten heruntergewirtschaftet war – hohe Steuern, hohe Regulierung. Und in diesem Jahr, 2015, hatte New Jersey die höchste Zunahme von Arbeitsplätzen, die es in unserem Staat in den letzten 15 Jahren gegeben hat. Und zwar, weil wir eine konservative Politik eingeführt haben.«

Das ist eine ziemlich rasante Kehrtwende von »dieses schlechte Ergebnis ist nicht meine Schuld« zu »und jetzt sage ich Ihnen, welches gute Ergebnis mein Verdienst ist«.

Ich beschrieb dieses Muster während einer Ansprache bei einem Meeting der International Academy of Trial Lawyers (IATL). Ein Anwalt im Publikum beeilte sich nach der Rede, mir von einem Senior Partner zu erzählen, unter dem er seine Ausbildung machte, nachdem er gerade von der Hochschule gekommen war. »Sie glauben ja gar nicht, wie genau das zutrifft, Annie. Ich war bei mehreren Prozessen der Assistent dieses Partners und am Ende jedes Tages analysierte er die Zeugenaussage auf dieselbe Weise. Wenn der Zeuge unserem Fall nützte, sagte er immer: ›Sehen Sie, wie gut ich diesen Zeugen vorbereitet habe? Wenn man weiß, wie man einen Zeugen vorbereitet, bekommt man die Ergebnisse, die man haben will.‹ Wenn der Zeuge unserem Fall schadete, sagte er mir: ›Dieser Typ hat sich geweigert, auf mich zu hören.‹ Es war immer dasselbe.«

Ich wette, jede Mutter und jeder Vater eines Kindes im Schulalter kennt das. Wenn meine Kinder bei einer Schulaufgabe schlecht abschnitten, schien es nie deshalb gewesen zu sein, weil sie nicht gelernt hatten. »Der Lehrer mag mich nicht. Jeder hatte eine schlechte Note. Der Lehrer hat Sachen geprüft, die wir gar nicht durchgenommen hatten. Da könnt ihr jeden fragen!«

Eigennützige Voreingenommenheit ist ein tief verwurzeltes und widerstandsfähiges Muster. Wenn wir verstehen, warum dieses Muster auftritt, ist das der erste Schritt, praktische Strategien zu entwickeln, um besser aus Erfahrung lernen zu können. Diese Strategien ermuntern uns, bei der Zuordnung von Ergebnissen rationaler vorzugehen und unser Denken für alle möglichen Ursachen eines Ergebnisses offen zu halten, nicht nur für diejenigen, die uns schmeicheln.

Das Schwarz-Weiß-Denken zeigt seine Fratze

Das Schwarz-Weiß-Denken, ohne die Schattierungen der Realität mit ihren Ungewissheiten, ist ein Treiber sowohl des Motivierten Denkens als auch der Eigennützigen Voreingenommenheit. Wenn wir nur die Wahl zwischen 100-prozentig richtig oder 100-prozentig falsch haben und nichts dazwischen liegt, dann erfordert eine Information, die einer Überzeugung widersprechen könnte, eine komplette Kehrtwende, von richtig zu falsch. In einer Welt des Alles oder Nichts gibt es nicht die Möglichkeit, »etwas weniger sicher« zu sein, also ignorieren oder diskreditieren wir die Information, um an unserer Überzeugung festhalten zu können.

Die beiden genannten Denkverzerrungen bewirken, dass wir unsere Ergebnisse wie durch einen Verzerrspiegel im Spiegelkabinett sehen. Dieses Spiegelbild verzerrt die Realität und vergrößert die Rolle unserer Fähigkeiten bei guten Ergebnissen. Bei schlechten Ergebnissen lässt es die Eigenbeteiligung praktisch verschwinden, während das Pech riesengroß erscheint.

Genau wie das Motivierte Denken kommt die Eigennützige Voreingenommenheit daher, dass wir uns ein positives Narrativ über uns selbst schaffen wollen. In diesem Narrativ ist sich selbst das Verdienst für etwas Gutes zuzuschreiben gleichbedeutend damit, zu sagen, wir haben richtig entschieden. Und etwas richtig zu machen, fühlt sich gut an. In gleicher Weise bedeutet es, wenn etwas Schlechtes unsere Schuld war, dass wir falsch entschieden haben, und etwas falsch zu machen, fühlt sich schlecht an. Wenn unser Selbstbild auf dem Spiel steht, machen wir unsere Zuordnung zu 100 oder zu null Prozent: richtig oder falsch, Fähigkeiten oder Pech, unsere Verantwortung oder außerhalb unserer Kontrolle. Es gibt keine Schattierungen.

Wenn wir Ergebnisse zuordnen mit dem Ziel, unser Narrativ über uns selbst zu unterstützen, und wenn wir das mit dieser Alles-oder-nichts-Haltung tun, dann beeinträchtigt das unsere Fähigkeit, kluge Wetten darüber zu schließen, warum sich die Zukunft auf eine bestimmte Weise entfaltet hat. Das Lernen aus Erfahrung ist schwierig – und manchmal unmöglich – mit dieser Art von voreingenommenem, grob vereinfachendem Denken. Ergebnisse sind nur selten das Ergebnis der Qualität unserer Entscheidungen allein oder von Glück oder Pech allein, und die Qualität des Ergebnisses ist kein sicherer Indikator dafür, ob es von Glück oder Fähigkeiten abhängig war. Aufgrund der Eigennützigen Voreingenommenheit handeln wir, als ob unsere guten Ergebnisse allein von unseren Fähigkeiten abhingen und unsere schlechten Ergebnisse allein vom Pech.[10)] Ob es nun eine Pokerhand ist, ein Autounfall, ein Spielzug im Football, das Ergebnis eines Prozesses oder ein Erfolgserlebnis im Beruf, es gibt Elemente von Glück und Fähigkeiten in praktisch jedem Ergebnis.

Die Tatsache, dass die Motivation, unser Selbstbild auf positive Weise zu aktualisieren, der Eigennützigen Voreingenommenheit unterliegt, gibt uns eine Vorstellung davon, wo wir nach Lösungen suchen könnten, um diese Verzerrung zu überwinden. Vielleicht könnten wir aufhören, uns an unser Ego zu klammern, und das Bedürfnis, ein positives Narrativ von uns selbst zu haben, aufgeben. Und vielleicht könnten wir dennoch ein positives Narrativ von uns selbst haben, aber anstatt es nur immer durch Verdienst oder Schuld zu aktualisieren, könnten wir versuchen, bei der Bewertung unserer Ergebnisse etwas objektiver

---

10) Diese Voreingenommenheit ist systematisch, es ist also nicht so, dass wir *immer* das Verdienst uns selbst zuschreiben oder *immer* die Schuld von uns weisen. Es gibt sicherlich auch Menschen, die genau das Gegenteil der Eigennützigen Voreingenommenheit zeigen, indem sie alles Schlechte, was passiert, als ihre Schuld betrachten, und alles Gute in ihrem Leben als Glück bezeichnen. Dieses Muster ist viel seltener (und häufiger bei Frauen). Mehrere Quellen und Literaturempfehlungen im Anhang beschreiben diese Aspekte der Eigennützigen Voreingenommenheit. Besonders James Shepperd und Kollegen haben die Literatur in ihrem Buch *Social and Personality Psychology Compass* nach den Motivationen und Erklärungen hinter der Eigennützigen Voreingenommenheit durchforstet. Ihre Untersuchungen enthalten auch Forschungen über die Eigennützige Voreingenommenheit bei Frauen. Abgesehen davon, dass es ein potenzielles Symptom einer Depression ist, ist dieses Muster in keiner Weise besser, denn es ist gleichermaßen inkorrekt. Es kann nicht alles Schlechte Ihre Schuld und es kann auch nicht alles Gute nur Glückssache gewesen sein, genau wie das Gegenteil nicht stimmen kann. Wenn wir nicht lernen, Ergebnisse richtig einzuordnen, verpassen wir eine Menge Gelegenheiten, zu lernen, egal welche Fehler wir machen.

und offener zu sein, was den Einfluss von Glück oder Fähigkeiten betrifft. Vielleicht könnten wir die Zeit und den Arbeitsaufwand, die wir in die Verarbeitung von Ergebnissen stecken, dahin lenken, die positive Aktualisierung unseres Selbstbildes aus einer korrekten Zuordnung zu gewinnen, aus der Suche nach der Wahrheit.

Oder vielleicht könnten wir die ganzen Hindernisse umschiffen, indem wir eine Umleitung finden, bei der es gar nicht nötig ist, die Eigennützige Voreingenommenheit überhaupt anzuwenden.

Leute beobachten

Man könnte überzeugend argumentieren, dass die Eigennützige Voreingenommenheit gar nicht so eine große Sache sei, weil wir ja aus den Erfahrungen anderer lernen können. Vielleicht ist die Lösung, die sich anbietet, die Hürden für das Lernen aus unseren eigenen Erfahrungen zu kompensieren, indem wir anderen zusehen, wie sie etwas tun. Es gibt mehr als sieben Milliarden andere Menschen auf dem Planeten, die die ganze Zeit etwas tun. Wie Yogi Berra schon sagte: »Man kann viel beobachten, wenn man zusieht.«

Anderen zuzusehen ist eine etablierte Lernmethode. Es gibt eine ganze Industrie, die sich dem Sammeln der Ergebnisse anderer Menschen widmet. Wenn Sie die *Harvard Business Review* oder irgendeine Art Unternehmens- oder Management-Fallstudie lesen, versuchen Sie, von anderen zu lernen. Bei der medizinischen Ausbildung ist es ein wichtiges Element, anderen Ärzten zuzusehen, wie sie medizinische Behandlungen durchführen oder wie andere Pflegekräfte ihre Aufgabe erfüllen. Erst sieht man zu, dann assistiert man – und dann, hoffentlich, hat man es gelernt. Wer will schon einen Chirurgen haben, der sagt: »Das ist jetzt das erste Mal, dass ich ins Innere eines lebenden menschlichen Körpers schaue«? Es ist möglich, dass wir diesem Beispiel folgen könnten, indem wir die Schule der Erfahrungen der Menschen um uns herum durchlaufen.

Im Poker ist eine der wichtigsten Dinge das Zuschauen. Ein erfahrener Spieler wird sich dafür entscheiden, nur etwa 20 Prozent der Hände zu spielen, die er ausgeteilt bekommt, und bei den übrigen 80 Prozent der Hände zu passen, noch bevor die erste Einsatzrunde vorbei ist. Das heißt, etwa 80 Prozent der Zeit wird damit verbracht, zuzusehen, wie andere spielen. Selbst wenn ein Pokerspieler nicht so effektiv aus den Ergebnissen der Hände lernt, die er selbst spielt, kann man immer noch eine ganze Menge lernen, indem man zusieht, was den anderen Spielern im Spiel widerfährt. Schließlich verbringt man viermal so viel Zeit damit, allen anderen zuzusehen, als seine eigene Hand zu spielen.

Abgesehen davon, dass die Ergebnisse der anderen im Überfluss vorhanden sind, sind sie auch noch *kostenlos* (abgesehen vom Pokereinsatz). Wenn ein Pokerspieler sich entscheidet, eine Hand zu spielen, setzt er sein eigenes Geld aufs Spiel. Wenn ein Pokerspieler dem Spiel nur zusieht, lehnt er sich zurück, während andere ihr Geld riskieren. Das ist eine Gelegenheit, ohne Extrakosten zu lernen.

Wenn irgendjemand von uns im Leben jenseits des Pokertisches Entscheidungen trifft, steht immer irgendetwas auf dem Spiel: Geld, Zeit, Gesundheit, Glück etc. Wenn es die Entscheidung von jemand anderem ist, müssen wir für das Lernen nicht bezahlen. Das tun die anderen. Es gibt eine Menge kostenloser Informationen auf der Welt.

Leider ist das Lernen durch Beobachtung anderer ebenso mit Voreingenommenheit belastet. Genau wie die Art, wie wir unsere eigenen Ergebnisse zuordnen, einem Muster folgt, ordnen wir auch die Ergebnisse unserer Mitmenschen auf vorhersehbare Weise zu. Wir wenden dasselbe Schwarz-Weiß-Denken an wie bei unseren eigenen Ergebnissen, aber jetzt drehen wir das Skript um. Wo wir zuvor unsere eigenen schlechten Ergebnisse als Pech bezeichneten, sind bei unseren Mitmenschen schlechte Ergebnisse nun ganz klar deren Schuld. Während unsere eigenen guten Ergebnisse von unseren fantastischen Entscheidungen kommen, bekommen andere Leute gute Ergebnisse, weil sie eben Glück hatten. Wie schon der Künstler und Autor Jean Cocteau sagte: »Wir müssen an das Glück glauben. Wie könnten wir sonst den Erfolg der Leute erklären, die wir nicht mögen?«

Wenn es darum geht, die schlechten Ergebnisse anderer Menschen zu beobachten, schieben wir diesen anderen schnell die ganze Schuld in die Schuhe. Dies zeigt einer der berühmten Momente in der Geschichte des Baseballs, bei dem 40000 Menschen im Baseballstadion und zig Millionen auf der ganzen Welt sofort einen ansonsten typischen Fan beschuldigten, die Chicago Cubs aus der World Series herausgehalten zu haben. Das Ereignis ist als das Bartman-Spiel bekannt.

Im Jahr 2003 waren die Chicago Cubs nur noch ein Spiel davon entfernt, ihre erste World Series seit 1945 zu gewinnen. Sie führten drei zu zwei Spiele gegen die Florida Marlind und führten im sechsten Spiel mit einem Punkt Rückstand im achten Inning. Ein Schläger der Marlins schlug einen Foulball in Richtung der linken Spielfeldbande. An der schrägen Wand, die die Zuschauer vom Spielfeld trennt, streckte Cups linker Fielder Moises Alou seinen Handschuh über den Kopf nach dem Ball, während mehrere Zuschauer auf der anderen Seite der Wand ebenfalls danach griffen. Einer der 40000 Zuschauer im Wrigley Field Stadion, Steve Bartman, lenkte den Ball ab, der danach hinter die Bande sprang und vor den Füßen eines anderen Zuschauers landete. Alou stürmte davon und schrie den Fan wütend an, der ihn von seinem Versuch abgehalten hatte, den Ball zu fangen.

Die Cubs lagen mit 3:0 in Führung, als Bartman, die Leute neben ihm und Moises Alou nach dem Foulball griffen. Hätte Alou ihn gefangen, wären die Cubs nur noch vier Outs vom Sieg der World Series entfernt gewesen. Und so entfaltete sich die Zukunft, nachdem Bartman den Ball berührt hatte: Die Cubs verloren das Spiel und Spiel sieben ebenfalls, dann scheiterten sie erneut bei den World Series. Bartman wurde die Schuld gegeben, zuerst von den 40000 Leuten im Stadion (die auf ihn zeigten und »Arschloch!« skandierten, Bierdosen und Müll auf ihn warfen und Todesdrohungen brüllten), dann von den Millionen Cubs-Fans, nicht nur in Sport- und Nachrichtensendungen, die den Zwischenfall zu der Zeit immer wieder zeigten, sondern über ein Jahrzehnt lang. Ein Mann, der Bartman tatsächlich angriff, während er von Stadion-Security-Leuten umringt war, sagte: »Ich wollte ihn öffentlich bloßstellen, weil er mir ein Erlebnis ruiniert hat, das eines hätte werden können, das man nur einmal im Leben hat.«

Steve Bartman bekam ein schlechtes Ergebnis. Er streckte sich nach dem Ball und die Cubs verloren am Ende. War das aufgrund seiner schlechten Entscheidung oder Pech? Eines ist sicher, er traf die Entscheidung, sich nach dem Ball zu strecken, also war das seine Eigenbeteiligung. Er hatte jedoch gleichzeitig ein überwältigend großes Pech. Und fast unisono wurde ihm von den Leuten dieses Pech abgesprochen, indem sie Bartman die Schuld gaben für den Verlust dieses Spiels und der Meisterschaft im Ganzen.

Die ESPN-Dokumentation *Catching Hell* von Alex Gibney über das Bartman-Spiel zeigt die Doppelmoral, indem sie die Szene aus verschiedenen Winkeln zeigt und die Zuschauer und Medienvertreter der Szene interviewt. Gibney bemerkte (und die Aufnahmen zeigten es klar): »Eine ganze Menge Leute griffen nach diesem Ball.« Ein Fan, der gleich rechts neben Bartman nach dem Ball sprang, konnte nicht leugnen, dass er versucht hatte, den Ball zu fangen, genau wie Bartman. »Ich habe nach dem Ball gegriffen. Ich kann einfach nicht … ich habe ganz offensichtlich nach dem Ball gegriffen.« Dennoch, das versuchte er zu beteuern, hätte er sich niemals wie Bartman ins Spiel eingemischt: »Als ich [Moises Alous] Handschuh sah, habe ich sofort vom Ball abgelassen.« Dieser Fan sprach sich plötzlich das Verdienst für sein gutes Ergebnis zu, weil er den Ball ja nicht berührt hatte, und schob die Schuld auf Bartmans Entscheidung anstatt auf Pech.

Während sich jeder, der sich in der Nähe befand, auf dieselbe Weise verhielt, war Bartman der Unglückliche, der den Baseball berührte. Doch die Fans sahen das nicht als Pech an. Sie betrachteten es als seine Schuld. Schlimmer noch, nichts, was danach im Spiel noch passierte – alles eindeutig außerhalb von Bartmans Kontrolle – konnte seine Schuld schmälern. Man muss sich vor Augen halten, dass die Cubs, nachdem der Ball hinter der Bande gelandet war, noch immer auf derselben Position waren, wo sie auch vor dem Bartman-Spiel gewesen waren. Sie hatten die Marlins auf ihren letzten fünf Outs, mit einer 3:0-Führung im Spiel, während ihr Ace-Pitcher einen Shutout brüllte, und eine Führung von 3:2 in einer Best-of-seven-Reihe. Dieser Batter, der den Foulball geschlagen hatte, war noch immer auf der Plattform, mit 3:2. Die Marlins erzielten im Folgenden *acht Runs* im Inning, sieben davon, nachdem (zwei Batter später) der Shortstop der Cubs, Alex Gonzalez, einen Doubleplay-Ball, der das Inning hätte beenden können, aus Versehen verdribbelte.

Bartman hatte eine Menge Pech, dieses Ergebnis zu bekommen, von dem vieles mit dem Spiel des Teams zu tun gehabt hatte, worüber Bartman ganz klar keine Kontrolle hatte. Die Fans aber luden die ganze Schuld auf Bartman, anstatt, sagen wir, auf Gonzalez. Die Fans um ihn herum brüllten: »Verrotte in der Hölle! Jeder in Chicago hasst dich! Du nervst!« Während er durch die Menge schritt, brüllten die Leute: »Wir bringen dich um! Du gehörst ins Gefängnis!« – »Steckt ihm eine Zwölfkaliber ins Maul und drückt ab!«

Es wäre schön, wenn sich die Erzählung in die Richtung weiterentwickeln würde, dass sie Steve Bartman das Verdienst für den Sieg der Cubs bei den World Series 2016 zuschreiben würde. Schließlich war Steve Bartman ein entscheidender Spieler in der Kette der Ereignisse, aufgrund derer man den Baseball-Turnaround-Spezialisten Theo Epstein als Präsidenten des operativen Baseballs und Joe Maddon als Manager einstellte – ein Vertrag, der dem Untergang Tor und Tür öffnete. Es überrascht wenig, dass diese Geschichte sich nicht durchsetzen konnte.[11)]

[11)] Die Cubs hatten 2015 eine herausragende Saison und gewannen die World Series 2016. Seit dem Tag nach dem Zwischenfall 2003 hatte Bartman sämtliche Gelegenheiten abgelehnt, einen Kommentar abzugeben oder Teil der nachfolgenden Geschichte zu werden – das heißt, bis August 2017, als die Cubs Bartman einen Ring der World Series anboten und er ihn annahm. Bartman nutzte die Gelegenheit, um ein Statement darüber abzugeben, wie wir einander behandeln sollten. Auf NPR.org wurde ein Teil seiner Rede zitiert: »›Auch wenn ich mich einer solchen Ehre nicht für würdig erachte‹, sagte Steve Bartman in einem Statement, ›bin ich zutiefst bewegt und aufrichtig dankbar … ich nehme den Ring demütig entgegen, nicht nur als Symbol einer historischen Leistung im Sport, sondern auch als wichtige Erinnerung dafür, wie wir einander in der heutigen Gesellschaft behandeln sollten.‹«

Wir sehen dieses Muster, andere für schlechte Ergebnisse verantwortlich zu machen und ihnen das Verdienst für die guten Ergebnisse zu verweigern, überall. Wenn in der Arbeit jemand anders befördert wird, geben wir zu, dass er härter gearbeitet hat und es mehr verdient als wir selbst? Nein, es war nur, weil der andere sich beim Boss eingeschmeichelt hat. Wenn jemand bei einer Schulaufgabe besser abschneidet, war es, weil der Lehrer ihn lieber mag. Wenn jemand die Umstände eines Autounfalls erklärt und dass es nicht seine Schuld war, rollen wir mit den Augen. Wir nehmen an, der Grund war, dass er eben schlecht Auto fährt.

Als ich mit dem Poker begann, folgte ich demselben Muster (und kämpfe immer noch gegen den Drang an, es in jedem Lebensbereich anzuwenden). Doch auch wenn ich mir schnell meine Erfolge selbst zuschrieb und die Verluste dem Pech, kehrte sich das um, als ich andere Spieler bewertete. Ich schrieb die Gewinne der anderen Spieler nicht gänzlich ihrem Können zu (oder, von der anderen Seite gesehen, gestand anderen Spielern nicht das Verdienst daran zu, dass ich verlor) und wenn sie verloren, sagte ich sofort, es sei wegen ihres mangelhaften Spiels gewesen.

Als ich anfing, gab mir mein Bruder eine Liste der Karten, die gut zu spielen waren. Er schrieb sie auf eine Serviette, als wir in einem Coffee Shop beim Binion's House Casino zum Essen waren. Ich nahm diese Serviette an mich wie Moses die Zehn Gebote. Wenn ich sah, dass Leute mit Händen gewannen, die nicht auf der Liste meines Bruders standen, tat ich es als reines Glück ab, denn sie wussten ja ganz offensichtlich nicht, wie man spielt. Ich war so verschlossen gegen den Gedanken, dass sie vielleicht verdient gewannen, dass ich meinem Bruder nicht einmal diese Hände beschrieb, um ihn zu fragen, ob es vielleicht einen guten Grund dafür gab, dass sie eine Hand spielten, die nicht auf der Liste stand.

Während mein Verständnis für das Spiel mit der Zeit größer wurde, wurde mir klar, dass die Hände auf der Liste nicht die einzigen waren, die man spielen konnte. Würde man nur die Hände auf der Liste spielen, würde das bedeuten, dass man niemals blufft. Mein Bruder gab mir diese Liste, um mir, einer totalen Anfängerin, größere Probleme zu ersparen. Er gab mir diese Liste, weil die Hände, von denen er mir sagte, man solle sie spielen, die Fehler begrenzen würden, die ein totaler Anfänger machen könnte. Ich wusste nicht, dass es, abhängig von allen möglichen Faktoren, manchmal Hände gibt, die nicht auf der Liste standen, die aber dennoch sehr gut zu spielen waren.

Obwohl ich mit dem Schreiber der Liste in Kontakt war, fragte ich meinen Bruder niemals, warum diese Typen Karten spielten, die nicht auf der Liste standen. Meine Voreingenommenheit darüber, warum sie gewannen, verlangsamte meinen Lernprozess erheblich. Ich verpasste eine Menge Gelegenheiten, Geld zu verdienen, weil ich andere Spieler als Glückspilze abtat, obwohl ich hätte lernen können, wenn ich ihnen zugesehen hätte. Sicher hätten manche von ihnen diese Hände nicht spielen sollen und sie waren tatsächlich schlechte Spieler. Doch, wie ich nach fast einem Jahr Spielpraxis feststellte, waren das nicht alle von ihnen.

Die systematischen Fehler, die wir beim Zuordnen der Ergebnisse unserer Mitmenschen machen, ziehen echte Kosten nach sich. Sie kosten uns nicht nur, dass wir unsere Ziele nicht erreichen, sondern auch das Mitgefühl für andere.

Die Ergebnisse der anderen wirken sich auf uns aus

Wir möchten uns alle im jetzigen Moment gut fühlen, selbst wenn es auf Kosten unserer langfristigen Ziele geht. Genau wie das Motivierte Denken oder die Eigennützige Voreingenommenheit unterliegt es auch dem Einfluss des Egos, wenn wir andere für ihre schlechten Ergebnisse selbst verantwortlich machen und ihnen bei guten Ergebnissen die Anerkennung ihres Verdienstes daran verweigern. Wenn wir uns einen Erfolg selbst zuschreiben, verbessert das das Narrativ über uns selbst. Dasselbe bewirken wir auch, wenn wir einen Mitmenschen abwerten, indem wir einen Misserfolg seinem Fehlverhalten zuschreiben. Das ist Schadenfreude: Vergnügen finden am Missgeschick anderer. Schadenfreude ist im Grunde das Gegenteil von Mitgefühl.

Idealerweise würde unser Gefühl von Glück davon abhängen, wie sich die Dinge für uns selbst entwickeln, ungeachtet dessen, wie sie sich für irgendjemand sonst entwickeln. Doch auf einer ganz grundlegenden Ebene gibt es uns ein gutes Gefühl, das schlechte Ergebnis eines anderen dessen Schuld zuzurechnen. Und auf derselben Ebene ist es unserem Narrativ zuträglich, das gute Ergebnis eines anderen dem Glück zuzuordnen.

Dieses Zuordnen der Ergebnisse folgt bei Nullsummenspielen wie Poker einem logischen Muster. Wenn ich mich bei einer Pokerhand in einem Kopf-an-Kopf-Duell befinde, *muss* ich diesem Zuordnungsmuster folgen, um die eigennützige Interpretation meines eigenen Ergebnisses mit den Ergebnissen meiner Gegner auszugleichen. Wenn ich eine Hand im Poker gewinne, verliert mein Gegner. Wenn ich eine Hand im Poker verliere, gewinnt mein Gegner. Gewinne und Verluste sind symmetrisch. Wenn ich meinen Gewinn meiner guten Spielweise zuordne, muss mein Gegner bei dieser Hand verloren haben, weil er weniger fähig spielt. Und genauso gilt, wenn ich meinen Verlust dem Pech zuordne, muss mein Gegner aufgrund von Glück gewonnen haben. Jede andere Interpretation würde eine kognitive Dissonanz hervorrufen.

Wenn wir so darüber nachdenken, erkennen wir, dass die Art und Weise, wie wir die Ergebnisse anderer zuordnen, Teil unserer Eigennützigen Voreingenommenheit ist. Wenn wir es aus diesem Blickwinkel betrachten, wird das Muster sinnvoll.

Doch dieser Vergleich unserer Ergebnisse mit anderen ist nicht beschränkt auf Nullsummenspiele, bei denen ein Spieler verliert und der andere gewinnt (oder wo ein Anwalt gegen die Gegenseite verliert oder ein Verkäufer einen Auftrag an einen Wettbewerber etc.). In Wahrheit konkurrieren wir mit allen anderen um Ressourcen. Das liegt in unseren Genen. Wie Richard Dawkins erklärt, schreitet die natürliche Auslese durch den Wettbewerb unter den genetisch bedingten Phänotypen voran, also haben wir uns buchstäblich zum Konkurrenzkampf hin entwickelt, ein Antrieb, der unserer Spezies das Überleben sicherte. Das Handeln in der Welt aus der Perspektive des Konkurrenzkampfs ist in unserem Reptiliengehirn tief verankert. Es genügt nicht, unser Selbstbild allein aufgrund unseres Erfolgs aufzuplustern. Wenn jemand, den wir als gleichwertig betrachten, Erfolg hat, haben wir das Gefühl, dass wir im Vergleich dazu weniger Erfolg haben. Wir vergleichen uns mit ihm. Wenn deren Kinder in der Schule besser sind als unsere, was machen wir dann falsch mit unseren Kindern? Wenn dieses Unternehmen in den Nachrichten kommt, weil es an die Börse geht, wieso wir dann nicht, warum arbeiten wir einfach nur weiter?

Wir glauben, wir wüssten, was uns glücklich macht. Sonja Lyubomirsky, Psychologie-Professorin an der University of California, Riverside, und bekannte Autorin zum Thema Glück, verfasste mehrere Beiträge über die Elemente, die wir im Allgemeinen dazuzählen: »Ein komfortables Einkommen, stabile Gesundheit, eine gute Ehe und die Abwesenheit von Tragödien oder Traumata.« Lyubomirsky merkte jedoch an: »Die allgemeine Schlussfolgerung aus fast einem Jahrhundert der Forschung über die Determinanten des Wohlergehens ist, dass objektive Umstände, demografische Variablen oder Lebensereignisse mit dem Glücksgefühl weniger stark in Verbindung stehen, als wir aus unserer Intuition und Alltagserfahrung heraus annehmen. Aus mehreren Einschätzungen geht hervor, dass all diese Variablen zusammengenommen nicht mehr als acht bis 15 Prozent Unterschied im Glücksgefühl ausmachen.« Was am meisten für unser Glücksgefühl zählt, ist, wie es uns *vergleichsweise* geht. (Die Breite und Tiefe all dieser Forschungen über das Glück und ihre Implikationen sind wichtig, aber es geht über das hinaus, was wir über unser Problem beim Zuordnen der Ergebnisse anderer wissen müssen. Ich empfehle Ihnen aber wärmstens, Lyobomirskys Arbeit über das Thema zu lesen sowie Daniel Gilberts *Stumbling on Happiness* und Jonathan Haidts *The Happiness Hypothesis*, die in den Literaturhinweisen und -empfehlungen aufgeführt sind.)

Ein stimmiges Beispiel dafür, wie wir unser eigenes Glück in Relation zu anderen einstufen, gibt eine Version des Partyspiels *Würden Sie lieber …?* Wenn man Menschen fragt, ob sie lieber 70 000 Dollar im Jahr 1900 oder 70 000 Dollar heute verdienen würden, wählt eine bedeutende Anzahl der Spieler das Jahr 1900. Tatsächlich betrug das jährliche Einkommen im Jahr 1900 etwa 450 Dollar. Es würde uns also phänomenal gut gehen im Vergleich zu unseren Mitmenschen von 1900. Doch mit keiner noch so großen Geldsumme konnte man 1900 Novocain oder Antibiotika kaufen, keinen Kühlschrank und keine Klimaanlage und auch keinen leistungsstarken Computer, den wir in der Hand halten können. So ziemlich das Einzige, was man 1900 mit 70 000 Dollar kaufen konnte, was man heute dafür nicht mehr bekäme, war die Möglichkeit, fast jedem damit überlegen zu sein. Wir wären also lieber bei einer durchschnittlichen Lebenserwartung von nur 47 Jahren im Jahr 1900 allen anderen überlegen als heute mit einer durchschnittlichen Lebenserwartung von über 76 Jahren (und einem Computer in der Hand) einer von vielen zu sein.

Vieles von unserem Selbstwertgefühl kommt davon, wie wir uns im Vergleich mit anderen einstufen. Diese allgegenwärtige Denkweise, die sich hartnäckig hält, hemmt den Lernvorgang. Zum Glück kann man Gewohnheiten ändern, ob das nun die Angewohnheit ist, Nägel zu kauen, oder sein übergroßes Pech zu beklagen, wenn man verliert. Wenn wir uns an anderen Dingen orientieren, die uns ein gutes Selbstwertgefühl geben, können wir uns dahin entwickeln, Ergebnisse rationaler zuzuordnen und mehr Mitgefühl für andere zu haben. Wir können besser lernen und sind offener, wenn wir an einem positiven Narrativ arbeiten, das von der Suche nach der Wahrheit und dem Streben nach Objektivität geprägt ist: anderen das Verdienst zuzugestehen, wenn es angebracht ist, zuzugeben, wenn unsere Entscheidungen hätten besser sein können, und anzuerkennen, dass fast nichts nur schwarz oder weiß ist.

Gewohnheiten ändern

Phil Ivey ist einer der Menschen, die leicht zugeben können, dass sie es besser hätten machen können. Ivey ist einer der besten Pokerspieler der Welt, ein Spieler, der fast überall von anderen Profi-Pokerspielern für seine außergewöhnlichen Fähigkeiten und das Vertrauen in sein Spiel bewundert wird. Er begann mit Anfang 20 zu spielen und baute sich einen Ruf als Top-Cash-Game-Spieler auf, als Top-Turnierspieler, Top-Heads-up-Spieler, Top-Mixed-Game-Spieler – als Top-Spieler in jeder Form und jedem Format des Pokerspiels. In einem Beruf, in dem, wie ich schon erklärte, die meisten blind sind vor Eigennütziger Voreingenommenheit, ist Phil Ivey eine Ausnahme.

2004 war mein Bruder Fernsehkommentator bei einem Turnier, in dem Phil Ivey eine Tischrunde von Stars einfach wegfegte. Nach seinem Sieg gingen die beiden in ein Restaurant zum Essen. Im Gespräch nahm Ivey jeden potenziellen Spielfehler, den er auf dem Weg zum Sieg möglicherweise gemacht hatte, auseinander und fragte meinen Bruder, was er über jede seiner strategischen Entscheidungen dachte. Ein durchschnittlicher Spieler hätte vielleicht die Zeit damit verbracht, darüber zu sprechen, wie großartig er gespielt hatte, und den Sieg ausgekostet. Nicht Ivey. Für ihn war die Möglichkeit, aus seinen Fehlern zu lernen, viel wichtiger, als dieses Abendessen zu einer Feier der Selbstzufriedenheit zu machen. Er hatte eine halbe Million Dollar und ein Pokerturnier gegen Weltklasse-Spieler gewonnen, aber alles, was er wollte, war mit einem Profi-Kollegen zu diskutieren, wo er hätte besser entscheiden können.

Ich habe auch von anderer Seite eine ähnliche Geschichte über Ivey bei einem anderen denkwürdigen Dinner gehört, ebenfalls nach einem seiner heute zehn World-Series-of-Poker-Siege. Und wieder verbrachte er wohl den Abend damit, mit ein paar anderen Profis die Punkte bei den Händen, wo er besser hätte entscheiden können, im Detail zu diskutieren. Phil Ivey hat ganz klar andere Gewohnheiten als die meisten

Pokerspieler – und die meisten Menschen in jedem Bereich – bei der Zuordnung seiner Ergebnisse.

Gewohnheiten funktionieren in einer neurologischen Schleife, die aus drei Teilen besteht: Auslöser, Routine und Belohnung. Eine Gewohnheit könnte sein, Kekse zu essen: Der Auslöser könnte Hunger sein, die Routine, zur Speisekammer zu gehen und sich einen Keks zu nehmen, und die Belohnung wäre dann ein Anstieg des Blutzuckers. Im Poker könnte der Auslöser eine Gewinnerhand sein, die Routine, den Sieg einzufahren, die Belohnung eine Stärkung des Egos. Charles Duhigg liefert in seinem Buch *The Power of Habit* (*deutscher Titel: Die Macht der Gewohnheit: Warum wir tun, was wir tun*) die Goldene Regel zur Veränderung von Gewohnheiten, nämlich dass die beste Art, eine Gewohnheit zu ändern, sei, die Gewohnheitsschleife einzuhalten: »Um eine Gewohnheit zu verändern, muss man den alten Auslöser beibehalten und die alte Belohnung liefern, aber eine neue Routine einfügen.«

Wenn wir ein gutes Ergebnis haben, löst es die Routine aus, das Ergebnis uns selbst und unseren fantastischen Entscheidungen zuzuschreiben, was uns die Belohnung eines positiven Updates unseres Narrativs über uns selbst gibt. Ein schlechtes Ergebnis löst die Routine aus, die Verantwortung dafür abzuwälzen, was uns die Belohnung gibt, dass wir ein negatives Update unseres Narrativs über uns selbst vermeiden. Mit denselben Auslösern wird auch die umgekehrte Routine in Bezug auf die Ergebnisse unserer Mitmenschen ausgelöst und die Belohnung bleibt gleich: Wir selbst fühlen uns gut.

Die gute Nachricht ist, dass wir daran arbeiten können, diese Denkgewohnheit zu verändern, indem wir das ersetzen, was uns das gute Gefühl gibt. Die Goldene Regel der Gewohnheitsveränderung besagt, dass wir die Belohnung des positiven Updates unseres Narrativs nicht aufgeben müssen und auch nicht sollten. Duhigg hat erkannt, dass das Beibehalten der Gewohnheitsschleife auch bedeutet, die Bauweise unseres Gehirns zu respektieren.

Unser Gehirn ist darauf ausgerichtet, nach positiven Updates unseres Selbstbildes zu suchen. Es ist auch so gebaut, dass wir unsere Mitmenschen als Konkurrenz sehen. Die Hardware können wir nicht ändern. Wir haben deshalb höhere Erfolgschancen, wenn wir der Bauweise unseres Gehirns gemäß vorgehen und nicht dagegen arbeiten. Man verändert also besser den Teil, der plastischer ist: die Routine, die uns für unser Narrativ das gute Gefühl gibt, sowie die Eigenschaften, in denen wir uns mit anderen vergleichen.

Zumindest in den weit zurückliegenden Zeiten eines Iwan Pawlow haben die Verhaltensforscher[12)] die Macht des Ersetzens von Elementen in physiologischen Schleifen erkannt. In seinen berühmten Experimenten bemerkten seine Kollegen, dass Hunde Speichelfluss entwickelten, kurz bevor sie gefüttert wurden. Weil sie einen bestimmten Pfleger mit der Fütterung verbanden, löste die Gegenwart dieses Pflegers bei den Hunden als Reaktion Speichelfluss aus. Pawlow entdeckte, dass die Hunde lernen konnten, praktisch jeden Auslöser mit Futter zu verknüpfen, darunter auch seine berühmte Glocke, die den Speichelfluss auslöste.

Wir können daran arbeiten, die Glocke zu verändern, die wir läuten, indem wir das ersetzen, was bei uns den Speichelfluss auslöst. Wir könnten daran arbeiten, die Belohnung, uns gut zu fühlen, zu bekommen, indem wir gut darin sind, anderen etwas zuzugestehen, gut darin, Fehler einzugestehen, Fehler in guten Ergebnissen zu finden, zu lernen und (dadurch) ein guter Entscheider, eine gute Entscheiderin zu werden. Wie wäre es, wenn wir, anstatt uns schlecht zu fühlen, dass wir einen Fehler zugeben müssen, das schlechte Gefühl mit dem Gedanken verknüpft wäre, dass wir eine Gelegenheit zum Lernen verpassen könnten, um auf diese Weise das schlechte Gefühl zu vermeiden? Oder dass wir wie Phil Ivey versuchen zu erkennen, wo wir etwas hätten besser machen können, anstatt uns das Verdienst für ein gutes Ergebnis einfach selbst zuzuschreiben? Wenn wir daran arbeiten, können wir die unproduktiven Denkgewohnheiten der Eigennützigen Voreingenom-

12) Iwan Pawlows Werk war so revolutionär, weil eine Verhaltensforschung, wie wir sie heute verstehen, damals noch nicht existierte. Pawlow war Arzt und Physiologe, der das Verdauungssystem von Hunden untersuchte.

menheit und des Motivierten Denkens in produktive Denkgewohnheiten transformieren. Wenn wir uns die Mühe machen, diese Routine zu üben, können wir mehr von unseren Ergebnissen auf offene, objektivere Weise zuordnen, motiviert durch die Suche nach der Wahrheit und das Streben danach, zu lernen. Unsere Denkweise wird sich ändern und unsere Entscheidungen werden besser auf unsere Langzeitziele ausgerichtet sein.

Es gibt Menschen, die wie Phil Ivey den ergebnisorientierten Instinkt, sich auf Erfolgserlebnisse und Schuldvermeidung zu fokussieren, durch die Routine der Wahrheitssuche ersetzt haben. Wenn wir uns die Leute ansehen, die in ihrem Bereich auf höchster Ebene arbeiten, stellen wir fest, dass die Eigennützige Voreingenommenheit, die das Lernen blockiert, oft zurückgegangen oder sogar verschwunden ist. Die Menschen, die am ehesten für sich in Anspruch nehmen können, ein absolut wahrheitsgetreues Narrativ über sich selbst zu haben, haben sich eine wahrheitsgetreue Selbstkritik angewöhnt.

Im Sport blicken die Spitzenathleten auf ihre Ergebnisse, um Bereiche zu finden, in denen sie sich weiter verbessern können. Die großartige amerikanische Fußballerin Mia Hamm sagte: »Viele Leute sagen, ich sei die beste Fußballerin der Welt. Ich glaube das nicht. Und genau deshalb könnte ich es einmal sein.« Solche Zitate kann man als höfliche Art und Weise werten, mit den Medien umzugehen. Es gibt jede Menge gegenteiliger Beispiele, die sich in unser Bewusstsein eingebrannt haben, wie John McEnroe, der die Entscheidungen der Linienrichter anzweifelte, oder Golfprofis, die es sich nach verschlagenen Putts zum Ritual gemacht haben, auf die Puttlinie zu starren und Phantom-Spikemarken herunterzutreten. Das sind nichts als Vorzeigeticks. Es ist praktisch ein Ritual auf der PGA-Tour, dass ein Spieler auf die Greenline starrt, wenn er einen machbaren Putt verpasst, als wäre dort irgendetwas nicht in Ordnung. Was man nicht sieht, sind Übungsrituale wie die von Phil Mickelson, in denen er zehn Bälle im Kreis legt, drei Fuß vom Loch entfernt. Er muss alle zehn einlochen und dann den Prozess noch *neunmal* wiederholen. Spieler von Phil Mickelsons Kaliber könnten sich nicht eine solche anspruchsvolle Übungsdisziplin auferlegen, wenn sie den Spikemarken die Schuld geben würden.

Eine Routine zu verändern ist schwierig und erfordert Arbeit. Doch wir können unsere natürliche Tendenz in den Griff bekommen, einen Teil unserer Selbstachtung aus dem Vergleich mit unseren Mitmenschen zu ziehen. Genau wie Duhigg empfiehlt, die Gewohnheitsschleife zu respektieren, können wir auch respektieren, dass das Konkurrenzdenken bei uns eingebaut ist und dass das Narrativ über uns selbst nicht im Vakuum existiert. Behalten Sie sich die Belohnung bei, dass Sie im Vergleich mit anderen ganz gut dastehen, aber verändern Sie die Kriterien, anhand derer Sie sich mit anderen vergleichen: Gestehen Sie anderen eher das Verdienst zu als Ihre Mitmenschen, seien Sie eher bereit als andere, Fehler zuzugeben, eher aufgeschlossen für mögliche Gründe für ein Ergebnis, selbst – und gerade dann –, wenn es Sie vielleicht in einem schlechten Licht erscheinen lässt oder jemand anderen in einem guten Licht. So bekommen wir das Gefühl, dass wir im Vergleich zu anderen ganz gut dastehen, weil wir etwas Ungewöhnliches und Schwieriges tun, was die meisten Menschen nicht tun. Das gibt uns das Gefühl, etwas Besonderes zu sein.

Wenn wir einmal darauf achten, beginnen wir die Stimmen in der Welt zu hören, wie ich sie in den Pausen während der Pokerturniere hörte: »Es läuft so gut, weil ich so gute Entscheidungen treffe.« – »Es hat nur deshalb nicht geklappt, weil ich solches Pech hatte.« Das war genau das, was der Anwalt jeden Abend von seinem Senior-Partner hörte, wenn dieser den Prozess Revue passieren ließ. Das ist auch genau das, was wir von Chris Christie in der Präsidentschafts-Debatte der Republikaner hörten. Und das ist auch das, was ich in jedem Pokerraum gehört habe, in dem ich jemals war. Es gab und gibt noch immer Zeiten, in denen ich in diesen Chor einstimme. Ich habe jedoch zunehmend gelernt, diesen Chor dafür zu nutzen, die Eigennützige Voreingenommenheit zu vermeiden, anstatt ihr nachzugeben. Als ich Fehler zugab, als ich den Glücksfaktor bei meinen Erfolgen anerkannte, als ich anderen Spielern zugestand, dass sie manche gute Entscheidung getroffen hatten, als ich unbedingt eine Hand, die ich schlecht gespielt hatte, mit jemand besprechen wollte, weil ich daraus vielleicht etwas lernen konnte, da erinnerte mich dieser Chor daran, dass das, was ich da tat, schwierig war, und dass andere so etwas nicht oft taten. Die Tatsache, dass ich die Chance erkannte, etwas zu lernen, das andere Spieler verpassten, gab mir ein gutes Gefühl und bestärkte mich in der Veränderung meiner Routinen.

Idealerweise sollten wir uns selbst nicht mit anderen vergleichen oder uns gut fühlen, wenn dieser Vergleich für uns günstig ausfällt. Wir könnten auch die Achtsamkeitsübungen der buddhistischen Mönche annehmen, die den inneren Fluss der Gedanken, Emotionen und Körperempfindungen beobachten, ohne sie als gut oder schlecht zu bewerten. Das ist ein großartiges Ziel und ich bin voll und ganz für regelmäßige Achtsamkeitsübungen. Forschungen deuten darauf hin, dass dadurch die Lebensqualität steigt. Aber dorthin zu kommen, ist ein hochgestecktes Ziel, wenn wir nicht unseren Job kündigen und nach Tibet ziehen wollen. Es ist der Art, wie sich unser Gehirn entwickelt hat, genau entgegengerichtet, gegen unseren Konkurrenztrieb. Als parallele Übung ist die praktikablere und naheliegendere Lösung, mit dem zu arbeiten, was wir haben, und den Vergleich mit anderen dazu zu nutzen, unseren Fokus auf die Richtigkeit und die Suche nach der Wahrheit zu stärken. Und außerdem müssen wir dann nicht unser Leben aufgeben und uns fortan auf einen fernen Berggipfel zurückziehen.

Wir müssen unsere Denkweise verändern. Wir brauchen einen Plan, um produktivere Denkgewohnheiten zu entwickeln. Das beginnt mit abwägendem Denken und erfordert Voraussicht und Übung, aber wenn es greift, kann es zur Gewohnheit werden, die automatisch abläuft und unsere Art, reflexiv zu denken, verändert.

Wir können diese Veränderung der Denkweise erreichen, indem wir uns verhalten, als riskierten wir etwas, wenn wir Ergebnisse in Glücks- oder Fähigkeiten-Schubladen stecken, denn wir riskieren ja tatsächlich eine Menge mit dieser Zuordnung. Das Denken in Wetten ist eine schlaue Art, Gewohnheiten aufzubauen, mit denen wir unsere Langzeitziele erreichen.

»Wollen wir wetten« reloaded

Wenn man die Zuordnung von Ergebnissen als Wette sieht, kann man damit die nötige Änderung in der Denkweise erreichen, um Gewohnheiten zu ändern. Wenn uns jemand zu einer sinnvollen Wette herausfordern würde in Bezug darauf, ob wir ein Ergebnis Glück beziehungsweise Pech oder den Fähigkeiten zuordnen, würden wir die Eigennützige Voreingenommenheit schnell überwinden. Wenn wir diese Wette gewinnen wollten, würden wir nicht die schlechten Ergebnisse als reines Pech und die guten als rein von den Fähigkeiten abhängig einstufen. (Wenn Sie einen Pokerraum betreten und mit Worten wie »immer« oder »nie« herumwerfen würden, hätten Sie sehr schnell einen ganzen Haufen Wetten am Hals. Es ist einfach, eine Wette gegen jemanden zu gewinnen, der extreme Positionen einnimmt.)

Stellen Sie sich vor, Sie hätten einen Unfall an einer Straßenkreuzung, nachdem Sie auf einem Eisfeld, das Sie nicht sehen konnten, die Kontrolle über Ihren Wagen verloren haben. Ihr erster Gedanke wäre wahrscheinlich, dass Sie Pech hatten. Aber was wäre, wenn Sie darauf wetten müssten? Abhängig von den Details gäbe es eine Menge Alternativen zum reinen Pech, über die Sie jetzt nachdenken würden. Je nachdem, wie das Wetter war, hätten Sie vielleicht mit Eis auf der Straße rechnen können. Vielleicht sind Sie für diese Wetterverhältnisse zu schnell gefahren. Als das Auto anfing zu rutschen, hätten Sie vielleicht anders lenken können, oder vielleicht haben Sie die Stotterbremstechnik angewandt und hätten das gar nicht tun dürfen. Sie hätten vielleicht auch eine sicherere Strecke wählen können, eine Hauptstraße, auf der gestreut gewesen wäre. Vielleicht hätten Sie den Mustang in der Garage lassen und dafür den Suburban nehmen sollen.

Manche Gründe, die wir anführen, sind vielleicht leicht zu entkräften. Andere vielleicht nicht. Wenn wir explizit anerkennen, dass die Art, wie wir ein Ergebnis zuordnen, eine Wette ist, dann ziehen wir eine größere Zahl an alternativen Ursachen ernsthafter in Erwägung, als wir es sonst getan hätten. Das ist die Suche nach der Wahrheit. Das ist genau das, was Phil Ivey tut.

Die Aussicht auf eine Wette lässt uns unsere Überzeugungen überprüfen und verfeinern, in diesem Fall die Überzeugung, dass Glück beziehungsweise Fähigkeiten den Haupteinfluss darauf hatten, wie die Dinge sich entwickelten. Wenn wir auf das wetten, wovon wir überzeugt sind, lässt uns das genauer hinsehen, weil wir dabei explizit machen, was bereits implizit ist: Wir riskieren eine Menge, wenn wir bewerten, warum irgendetwas so gelaufen ist, wie es gelaufen ist. Das hört sich wie eine Wette an, die es wert ist, ernst genommen zu werden.

Wenn wir das Zuordnen von Ergebnissen als Wette behandeln, bringt uns das dazu, Ergebnisse objektiver in die geeigneten Schubladen einzuordnen, denn so werden Wetten gewonnen. Zu gewinnen gibt uns ein gutes Gefühl. Gewinnen ist ein positives Update unseres persönlichen Narrativs. Gewinnen ist eine Belohnung. Mit genügend Übung und verstärkt durch die Belohnung, sich gut zu fühlen, wird es zur Denkgewohnheit werden, das Zuordnen von Ergebnissen als Wette zu sehen.

Das Denken in Wetten fordert eine offenere Erforschung der alternativen Hypothesen heraus, eine Erforschung der Gründe für die Schlussfolgerungen, die das *Gegenteil* der routinemäßigen Eigennützigen Voreingenommenheit sind. Es ist wahrscheinlicher, dass wir die gegenteilige Seite eines Arguments öfter und ernsthafter erforschen – und das wird uns näher an die Wahrheit der Sache bringen.

Das Denken in Wetten fördert auch das Einnehmen unterschiedlicher Perspektiven, indem wir den Unterschied wahrnehmen, wie wir unsere eigenen Ergebnisse und die der anderen zuordnen, und so näher an die objektive Wahrheit kommen. Wir wissen, dass wir dazu neigen, den Erfolg unserer Mitmenschen abzuwerten und ihnen die Verantwortung für ihre Misserfolge in die Schuhe zu schieben. Eine gute Strategie, um herauszufinden, wie wir wetten sollten, ist es, sich vorzustellen, dieses Ergebnis wäre unseres. Wenn ein Wettbewerber einen großen Verkauf erzielt, kennen wir unsere Tendenz, dessen Fähigkeiten herunterzuspielen. Aber wenn wir uns vorstellen, dass wir selbst es waren, die den Verkauf erzielten, finden wir viel wahrscheinlicher Umstände, die deren Verdienst waren, die sie gut gemacht haben und von denen wir lernen können. Und wenn wir es sind, die den großen Verkauf erzielen, sparen wir uns etwas von den Eigengratulationen und prüfen stattdessen dieses großartige Ergebnis auf die Art und Weise, wie wir es prüfen würden, wenn es jemand anderem so gegangen wäre. Wir finden dann eher die Dinge, die wir hätten besser machen können, und erkennen die Faktoren, über die wir keine Kontrolle hatten. Unterschiedliche Perspektiven einzunehmen bringt uns auch näher an die Wahrheit heran, weil diese Wahrheit im Allgemeinen in der Mitte von dem liegt, wie wir Ergebnisse für uns selbst zuordnen und wie wir sie für andere zuordnen. Indem wir die Perspektive eines anderen einnehmen, landen wir viel eher in diesem mittleren Bereich.

Wenn wir einmal aktiv angefangen haben, alternative Hypothesen zu prüfen und andere Perspektiven einzunehmen, wird klar, dass Ergebnisse nur selten 100 Prozent Glück beziehungsweise Pech oder 100 Prozent Fähigkeiten sind. Das bedeutet, wenn neue Informationen hereinkommen, haben wir mehr Möglichkeiten als unkritische Bestätigung oder Ablehnung. Wir können unsere Überzeugung innerhalb eines Spektrums modifizieren, denn wir wissen, dass es ein Spektrum *ist* und keine Wahl zwischen Gegensätzen ohne mittleren Bereich.

Das macht uns mitfühlender, sowohl uns selbst als auch anderen gegenüber. Wenn wir das Zuordnen von Ergebnissen als Wette behandeln, erinnert uns das permanent daran, dass Ergebnisse selten nur eine einzige Ursache haben und dass es fast immer schwierig ist, die verschiedenen Ursachen herauszufinden. Ein negatives Ergebnis ist nicht so schmerzlich, wenn man es in ein positives Ergebnis verwandelt, indem man etwas daran findet, woraus man lernen kann. Man muss dann nicht jedes negative Ergebnis verteidigen, denn zusätzlich zu Dingen, die man verbessern kann, kann man Dinge anerkennen, die man gut gemacht hat, und Dinge, die außerhalb der eigenen Kontrolle lagen. Man merkt, dass es in Ordnung ist, etwas nicht zu wissen.

Zugegeben, wenn man die Angst, für schlechte Ergebnisse verantwortlich zu sein, verliert, dann verliert man auch das reine Vergnügen, gute Ergebnisse zu 100 Prozent als selbst erzielt zu betrachten. Doch das ist ein Tausch, den man in Kauf nehmen sollte. Denken Sie daran: Zu verlieren fühlt sich etwa doppelt so schlecht an wie sich zu gewinnen gut anfühlt; unrecht zu haben fühlt sich etwa doppelt so schlecht an, wie recht zu haben sich gut anfühlt. Wir sind besser dran, wenn wir nicht in den Extremen leben müssen. Euphorie oder Misere – erkennt man nichts dazwischen an, ist das eine Art zu leben, die nicht von besonders viel Mitgefühl mit sich selbst zeugt.

Man wird auch mitfühlender mit anderen, wenn man das Zuordnen von Ergebnissen als Wetten behandelt. Wenn man auf die Ergebnisse anderer aus deren Perspektive blickt, muss man sich fragen: Wie wäre es, wenn mir das passiert wäre? Man gelangt dann zu mitfühlenderen Beurteilungen anderer, bei denen die schlechten Dinge nicht immer deren Schuld sind und die guten nicht immer Glück. Man versetzt sich eher in die anderen hinein. Stellen Sie sich vor, wie Bartmans Leben sich verändert hätte, wenn mehr Menschen daran arbeiten würden, so zu denken.

Auf die harte Tour

Das Denken in Wetten ist schwierig, vor allem am Anfang. Es muss als bewusster Prozess beginnen und wird sich dann schwerfällig, seltsam und langsam anfühlen. Sicher, es wird Zeiten geben, in denen es nicht sinnvoll erscheint. Wenn Sie etwa nicht befördert werden, fragen Sie sich wahrscheinlich, wie Sie sich besser fühlen sollen, wenn Sie zugeben, dass ein anderer es mehr verdient hat und Sie von ihm eine Menge lernen können. Man muss daran arbeiten, der Versuchung zu widerstehen, es dem Chef anzulasten, weil er angeblich ein Depp ist, der Ihr Talent nicht zu schätzen weiß.

Es ist ganz natürlich, dass man so empfindet. Ich habe meine Pokerkarriere auf diesen Prinzipien von Lernen und der Suche nach der

Wahrheit aufgebaut, und doch erwische ich mich immer wieder, wie ich in die Fallen der Eigennützigen Voreingenommenheit und des Motivierten Denkens tappe. Duhigg sagt uns, dass es Zeit, Vorbereitung, Übung und Wiederholung braucht, um eine Gewohnheit umzuformen.

Sehen wir uns einmal die Veränderung anderer Gewohnheiten an. Wenn ich die Gewohnheit hätte, um Mitternacht aufzustehen und einen Keks zu essen, erfordert es sowohl Arbeit als auch Willenskraft, diese Gewohnheit zu ändern. Ich muss die Gewohnheit, die ich ändern will, erkennen, herausfinden, welche Routine ich ersetzen muss, und diese Routine bewusst einüben, bis die Gewohnheit sich umgeformt hat. Ich müsste Äpfel im Haus lagern und sie leichter zugänglich machen als Kekse. Dann müsste ich um Mitternacht tatsächlich den Apfel essen, anstatt nach dem Keks zu greifen, und dann diese Routine so lange wiederholen, bis sie zu einer neuen Gewohnheit geworden ist. Das erfordert Arbeit, Willenskraft und Zeit.

Trotz der Schwierigkeiten lohnt es sich, sich die Routine aufzubauen, durch Wahrscheinlichkeitsdenken nach Wahrheit zu streben. Und es wird auch nicht immer so schwierig sein. Wir müssen es am Anfang bewusst und mit Anstrengung tun, aber irgendwann wird es zur Denkgewohnheit. Auch das Integrieren des Unsicherheitsfaktors in die eigenen Überzeugungen ist am Anfang ein komischer und zusätzlicher Aufwand, der sich aber zu einer integrierten Gewohnheit wandelt, wie Sie die Welt um sich herum sehen.

Sicher ist das Denken in Wetten kein Zaubermittel. Das Denken in Wetten wird die Eigennützige Voreingenommenheit oder das Motivierte Denken nicht in Luft auflösen. Aber es wird diese Dinge besser machen. Und nur ein bisschen besser ist alles, was wir brauchen, um unser Leben zu verändern. Wenn wir nur ein paar mehr Ergebnisse genauer und exakter zuordnen, wenn wir nur ein paar mehr Gelegenheiten zum Lernen wahrnehmen, wird das einen großen Unterschied dafür bedeuten, was wir lernen, wann wir lernen und wie viel wir lernen.

Die komprimierte Version der Entscheidungsfindung, die das Pokerspiel bietet, zeigte mir, dass es einen großen Unterschied machen kann, wenn man nur ein bisschen besser im Entscheiden ist. Ein Pokerspiel kann aus einigen Hundert Händen bestehen. Jede Hand kann bis zu 20 Entscheidungen erfordern. Wenn es im Verlauf eines Spiels 100 Ergebnisse gibt, die Gelegenheiten zum Lernen bieten, und wir nur zehn davon wahrnähmen, würden wir noch immer 90 Prozent unserer Lernchancen verpassen. Wir hätten damit die Art, wie unser Gehirn funktioniert, nicht transzendiert und uns selbst ein anderes Gehirn gebaut, aber das müssen wir auch gar nicht. Wenn unsere Gegner Menschen wie Nick, der Grieche, sind, verpassen sie nahezu jede Gelegenheit zum Lernen. Wir werden also offensichtlich besser sein als die anderen, wenn wir nur zehn Prozent davon wahrnehmen. Wenn ein anderer Ihrer Gegner ähnlich ist wie wir, aber nicht an den Verarbeitungsroutinen seiner Ergebnisse arbeitet, wird er (die frühere Version unserer selbst) vielleicht fünf Gelegenheiten wahrnehmen. Auch wenn wir 90 Prozent verpassen, werden wir also noch immer gegen jeden abräumen, der versucht zu lernen, aber nicht weiß, wie.[13)]

Die Vorteile davon, nur ein paar mehr Gelegenheiten zu erkennen und etwas aus ihnen zu lernen, summieren sich mit der Zeit auf. Der kumulative Effekt davon, dass man ein bisschen besser im Entscheiden ist, kann, genau wie bei Zinsen, auf lange Sicht eine riesige Wirkung auf alles haben, was wir tun. Wenn wir eine Gelegenheit mehr zum Lernen wahrnehmen, versetzt uns das in eine bessere Position für zukünftige Gelegenheiten derselben Art. Jede Verbesserung in der Qualität unserer Entscheidungen versetzt uns in der Zukunft auf eine bessere Position. Stellen Sie es sich vor wie ein Schiff, dass von New York nach London fährt. Wenn der Navigator des Schiffs sich um ein Grad verrechnet, würde man es am Anfang kaum merken. Wenn es aber keiner mehr überprüft, käme das Schiff immer weiter vom Kurs ab und würde

[13)] Diese Zahlen sind offensichtlich erfunden, aber sie sind zumindest eine ungefähre Annäherung an die Realität. Wenn der schlechteste Pokerspieler der Welt null von 100 Gelegenheiten zu lernen findet, ist der beste Pokerspieler der Welt nicht annähernd bei 100 von 100. Denken Sie daran, Phil Ivey (der über 20 Millionen bei Pokerturnieren gewonnen hat und potenziell noch höher in anderen Glücksspielen mit hohem Einsatz steht) ist noch immer besessen von den Fehlern, die er bei manchen seiner größten Triumphe machte.

London um Meilen verpassen, denn die falsche Berechnung würde sich mit jeder Meile aufsummieren. Das Denken in Wetten korrigiert Ihren Kurs. Und selbst eine kleine Korrektur wird Sie sicherer an Ihren Bestimmungsort bringen.

Der erste Schritt ist, die Denkgewohnheit zu erkennen, die wir umformen wollen und wie wir das tun wollen. Dieser erste Schritt ist schwierig und erfordert Zeit, Anstrengung und eine Menge falscher Schritte auf dem Weg. Der zweite Schritt ist dann zu erkennen, dass es leichter ist, diese Veränderungen vorzunehmen, wenn wir dabei nicht allein sind. Sich Hilfe ins Boot zu holen, ist entscheidend dafür, schneller und nachhaltiger eine Veränderung zu bewirken und unsere neuen Routinen bei der Suche nach der Wahrheit zu stärken und zu trainieren.

KAPITEL 4

Das Buddy-Prinzip

»Vielleicht sind Sie ja selbst das Problem, was meinen Sie?«

Als Lauren Conrad, ein Star aus der MTV-Serie *The Hills*, im Oktober 2008 in der *Late Show with David Letterman* auftrat, nahm ihr Interview eine unerwartete Wendung. Die erste Minute war Standardgeplänkel wie in jeder Talkshow mit einem 22-jährigen Star einer erfolgreichen Reality-Serie: Es ging darum, wie viel Drama es in ihrem Leben gab. Weniger als eine Minute später fragte Conrad Letterman, ob er sie eine Idiotin nenne.

Sie begann das Interview, indem sie ihre aktuelle Fehde mit ihrer ehemaligen Mitbewohnerin Heide Montag und Heidis Freund Spencer Pratt besprach. Falls Sie mit den Hintergründen nicht vertraut sind, hier ist die Story: Lauren und Heidis Freundschaft endete, als sie sich bei einer Geburtstagsparty stritten, nachdem Lauren Heide und Spencer beschuldigt hatte, sie hätten Gerüchte in die Welt gesetzt, dass sie ein Sextape aufgenommen habe. Außerdem entwickelte Lauren eine Freundschaft mit Stephanie (Spencers Schwester) und Holly (Heidis Schwester), was das soziale und familiäre Gefüge aller Beteiligten kompliziert machte. Lauren versuchte erfolglos, die Beziehung zwischen ihren Mitbewohnerinnen Audrina und Lo zu stärken. Das belastete Laurens Freundschaft mit Audrina, die ihre Freundschaft mit Heidi wiederbelebt hatte. Brody Jenner mischte auch noch mit, der mit Lauren ausging, ihr Date mit einem Teen-Vogue-Model infrage stellte, selbst mit jemand anderem ausging, mit Spencer über seine Freundschaft mit Lauren stritt, beschuldigt wurde, die Gerüchte über Laurens Sextape in die Welt gesetzt zu haben etc.

Auf dieses ganze Drama, das in Conrads Leben lief, bezog sich David Letterman, als er einwarf: »Da stellt sich doch die Frage, ob Sie vielleicht das Problem sind, was meinen Sie?« Diese scherzhafte Bemerkung gab dem Interview, das ursprünglich nur ein aufgeblasenes Werbegeplapper werden sollte, eine unangenehme Wendung.

Letterman bemerkte sofort, dass er das Gespräch auf eine viel tiefere, ernstere Ebene gebracht hatte, als sie beide erwartet hatten. Er versuchte, die Äußerung mit Selbstironie zu entschärfen, indem er hinzufügte, dass er etwas Ähnliches getan hatte, als er sich jahrelang geweigert hatte, die Lernschleife abzuschließen, und annahm, jeder um ihn herum sei ein Idiot.

»Lassen Sie mich ein Beispiel aus meinem eigenen Leben erzählen … Lange Zeit … dachte ich, ›Mein Gott, sind die Leute Idioten.‹ Dann dämmerte mir, ›Ist es möglich, dass alle Idioten sind? Vielleicht bin ja auch ich der Idiot‹, und es stellte sich heraus, dass ich das war.«

Das wollte Conrad sicher nicht hören und so war ihre Antwort: »Heißt das jetzt, dass ich eine Idiotin bin?« Webseiten über Reality-Fernsehen, Klatsch, Medien und Popkultur machten den Moment unsterblich und so sahen sie ihn: Letterman »… nennt Conrad quasi eine Idiotin« (Gawker.com), »… zerfetzte Conrad in der Luft« (Trendhunter.com) oder »… macht sich über Conrad lustig« (Starpulse.com).

Lettermans Kommentar war eigentlich ganz scharfsinnig. Sein Fehler war es gewesen, in einem unangemessenen Forum jemandem Einsichten zu gewähren, der sich mit dieser Art wahrheitssuchendem Austausch nicht einverstanden erklärt hatte.

Sicher gab es eine Menge Drama in Conrads Leben: genug, dass MTV *zwei* aufeinanderfolgende Sendungen darüber machte, um es zu dokumentieren. Aber wie die meisten Menschen sah sie das Drama als eine Reihe von Dingen, die ihr *zustießen*. Mit anderen Worten, das Drama lag außerhalb ihrer Kontrolle (Pech). Letterman deutete an, dass manches davon in die Fähigkeiten-Schublade eingeordnet werden konnte, ein Hinweis, der für Conrad in Zukunft vielleicht hilfreich gewesen wäre, wenn sie dafür offen gewesen wäre. Es überrascht wenig, dass sie das nicht war.

Letterman hatte die hilfreiche alternative Hypothese angeboten, unerwartet und in einer Talkshow am späten Abend, wo die Norm inhaltsloses Geplapper und PR sind. Vielleicht wäre Lettermans Ansatz in einem Primetime-Interview im Stile Oprah Winfreys eher angebracht gewesen. Oder in einer dieser Reality-Therapie-Shows, bei denen Stars sich auf einen solchen Austausch einlassen. So wie es war, verstieß er gegen die ungeschriebene soziale Vereinbarung, indem er Conrad herausforderte, auf ihre Ergebniszuordnung zu wetten, obwohl sie sich nicht bereit erklärt hatte, gemeinsam mit ihm nach der Wahrheit zu suchen.

Dieser Austausch war ganz ähnlich meiner Interaktion beim Pokerturnier mit dem Typen mit der Karo-Sechs und -Sieben. Ich dachte, er wollte meinen Rat, also reagierte ich, indem ich nach weiteren Informationen fragte, um eine Vorstellung davon zu bekommen, wie er die Tatsache, dass er verloren hatte, einordnete. Er erwartete aber von mir, die Norm zu erfüllen und eine mitfühlende Zuhörerin für eine Geschichte über erlittenes Pech zu sein. Als ich versuchte, nach den Details zu forschen, verstieß ich gegen diesen unausgesprochenen Vertrag. Ich habe ihn »gelettermant«.

Solche Interaktionen sind Erinnerungen daran, dass nicht alle Situationen für eine Wahrheitssuche geeignet sind und dass auch nicht alle Menschen daran interessiert sind. Abgesehen davon würde jeder von uns, der versucht, mehr in Wetten zu denken, davon profitieren, David Lettermans in seinem Leben zu haben. Aber wie schon der Original Letterman aus dem unangenehmen Austausch mit Lauren Conrad lernen musste, erfordert das »Lettermannen« das Einverständnis von beiden Seiten, um effektiv zu sein.

Die rote oder die blaue Kapsel?

In dem Science-Fiction-Klassiker *Matrix* bittet Neo (gespielt von Keanu Reeves) Morpheus (den Helden-Hacker, gespielt von Laurence Fishburne), ihm zu sagen, was »die Matrix« sei. Morpheus bietet Neo an, es ihm zu zeigen, und lässt ihn zwischen einer blauen und einer roten Kapsel wählen.

»Schluckst du die blaue Kapsel, ist alles aus. Du wachst in deinem Bett auf und glaubst an das, was du glauben willst. Schluckst du die rote Kapsel, bleibst du im Wunderland und ich führe dich in die tiefsten Tiefen des Kaninchenbaus.«

Während Neo nach einer der Kapseln greift, ermahnt ihn Morpheus: »Bedenke, alles, was ich dir anbiete, ist die Wahrheit. Nicht mehr.«

Neo entscheidet sich dafür, die Welt so zu sehen, wie sie wirklich ist. Er schluckt die rote Kapsel und wird mit einer Reihe von niederschmetternden Wahrheiten konfrontiert. Seine bequeme Welt ist ein Traum, geschaffen von Maschinen, die ihn als Energiequelle versklaven. Sein Job und sein Lebensstil, seine Kleidung, seine Erscheinung und das gesamte Gewebe seines Lebens sind nur eine Illusion, die man ihm ins Gehirn projiziert hat. In der realen Welt verursacht die rote Kapsel, dass sein Körper aus seinem Kokon gelöst, in einen Kanal gespült und von Morpheus' Piratenschiff, der *Nebukadnezar*, aufgenommen wird. Morpheus und seine Crew leben als Rebellen gegen die Maschinen in beengten Quartieren, schlafen in unbequemen Zellen, essen irgendeinen schleimigen Brei und tragen Lumpen. Die Maschinen verfolgen sie und wollen sie zerstören.

Der Lohn dafür ist, dass Neo die Welt so zu sehen bekommt, wie sie wirklich ist, und am Ende die Maschinen besiegen kann, die die Menschheit versklavt haben.

Im Film sollte die Matrix eine bequemere Version der Welt darstellen. Ganz ähnlich ist auch unser Gehirn entwickelt und bietet uns unsere Version der Welt an, die sie für uns bequemer macht: Unsere Überzeugungen sind fast immer richtig; günstige Ergebnisse beruhen auf unseren Fähigkeiten, es gibt plausible Gründe dafür, dass ungünstige Ergebnisse außerhalb unserer Kontrolle sind und wir schneiden im Vergleich mit unseren Mitmenschen gut ab. Wir leugnen die Botschaft oder schwächen ihre schmerzlichsten Teile ab.

Dies aufzugeben, ist keine leichte Entscheidung. Es ist bequem, in der Matrix zu leben. Und ebenso bequem ist die natürliche Art und Weise, wie wir Informationen verarbeiten, um unser aktuelles Selbstbild zu schützen. Indem wir uns dafür entscheiden, die Matrix zu verlassen, bestätigen wir, dass es uns auf lange Sicht glücklicher und erfolgreicher macht, nach einer objektiveren Darstellung der Welt zu streben.

Doch das ist ein Tausch, der nicht für jeden geeignet ist; er muss frei gewählt werden, um produktiv und nachhaltig zu sein. Morpheus spazierte nicht (wie Letterman) einfach herum und riss Leute gegen ihren Willen aus ihrer Matrix. Er bat Neo, die Entscheidung selbst zu treffen und mit ihm gemeinsam die Matrix zu verlassen.

Wenn Sie mit diesem Buch schon so weit gekommen sind, vermute ich, dass Sie die rote Kapsel wählen und nicht die blaue.

Als ich begann, Poker zu spielen, wählte ich die Suche nach der Wahrheit. Genau wie Neo tat ich das widerstrebend und wusste nicht genau, worauf ich mich einließ. Mein Bruder ging bei mir schonungslos vor. Mein Instinkt war, mich über mein Pech zu beklagen und mich zu wundern, wie schlecht andere spielten, und bei jeder Hand, die ich verlor, über die Ungerechtigkeit zu jammern. Er wollte aber mit mir darüber sprechen, wo ich Fragen zu meinen strategischen Entscheidungen hatte, wo ich fand, dass ich vielleicht Fehler gemacht hatte, und wo ich nicht wusste, was ich bei einer bestimmten Hand machen sollte. Ich erkannte, dass er mir die Herangehensweise weitergab, die er von seinen Freunden gelernt hatte, einer Gruppe von klugen, analytischen

Spielern von der Ostküste, von denen viele, wie Erik Seidel,[14] dabei waren, sich als Spielerlegenden zu etablieren. Er führte mich nicht nur in diese Herangehensweise ein, sondern ermunterte diese phänomenalen Profis auch dazu, mich als gleichrangige Kollegin zu behandeln, wenn sie über Poker sprachen.

Ich hatte Glück, dass ich in einem so frühen Stadium in meiner Laufbahn Zugang zu dieser Gruppe Weltklassespieler hatte, die für mich zum Lernfeld im Poker wurde. Und ich hatte Glück, dass ich, wenn ich diese Gruppe übers Pokerspielen befragen wollte, nach meinen strategischen Entscheidungen fragen musste. Ich musste meinem Drang widerstehen, mich über mein Pech zu beklagen, und mich stattdessen darauf konzentrieren, wo ich das Gefühl hatte, Fehler gemacht zu haben, und wo ich nicht wusste, was ich mit einer Hand machen sollte. Weil ich mich den Regeln der Gruppe unterwarf, musste ich lernen, mich auf die Dinge zu fokussieren, die ich kontrollieren konnte (meine eigenen Entscheidungen), die Dinge loslassen, die ich nicht kontrollieren konnte (Glück/Pech), und daran arbeiten, den Unterschied zwischen den beiden zu erkennen.

Ich lernte aus dieser Erfahrung, dass das Denken in Wetten leichter war, wenn ich andere Menschen um mich hatte, die mir dabei halfen. (Selbst Neo brauchte Hilfe, um die Maschinen zu besiegen.) Erinnern Sie sich noch an das Buddy-Prinzip bei Schulausflügen oder Jugendcamps? Lehrer oder Betreuer ordneten jedem einen Buddy zu. Der Buddy sollte uns davon abhalten, vom Weg abzukommen oder zu tief ins Wasser zu geraten, und wir taten dasselbe für unseren Buddy. Eine Gruppe, die gute Entscheidungen trifft, ist eine Erwachsenen-Version des Buddy-Prinzips. Sicher wird niemand von uns jemals in der Lage sein – selbst mit Hilfe nicht – unsere natürliche Voreingenommenheit

[14] Erik ist einer der besten und meistrespektierten Pokerspieler aller Zeiten. Er hat (zu der Zeit, da ich dies schreibe) acht World-Series-of-Poker-Armbänder und über 30 Millionen Dollar Preisgeld aus Pokerturnieren gewonnen. Als ich Anfang der Neunziger begann, in der World Series im Binion's Horseshoe zu spielen, hatte er bereits drei Jahre in Folge Events dort gewonnen.

bei der Informationsverarbeitung vollständig zu überwinden; ich habe das sicher nie geschafft. Aber wenn wir ein paar Leute auftreiben können, mit denen wir eine Gruppe zur Wahrheitsfindung bilden können, die uns bei der harten Arbeit hilft, die damit verbunden ist, wird das etwas verändern – nur ein kleines bisschen, aber mit ein paar Verbesserungen, die sich mit der Zeit aufsummieren und verstärken. Wir werden erfolgreicher darin sein, die Voreingenommenheit zu bekämpfen, die Welt objektiver zu sehen, und, im Ergebnis, werden wir bessere Entscheidungen treffen. Es allein zu tun, ist einfach schwieriger.

Die Mitglieder unseres Entscheidungsfeldes könnten unsere Freunde sein, Familienmitglieder oder eine informelle Gruppe von Kollegen, eine Strategiegruppe in einem Unternehmen oder eine professionelle Organisation, wo die Mitglieder darüber sprechen, wie sie Entscheidungen treffen. Wenn man eine Gruppe bildet oder einer Gruppe beitritt, in der der Fokus auf dem Denken in Wetten liegt, bedeutet das, dass man den normalen Sozialvertrag modifiziert. Es bedeutet die Bereitschaft, offen zu sein gegenüber denen, die nicht unserer Meinung sind, Anerkennung zu zollen, wo jemand eigentlich schuldig ist, und Verantwortung zu übernehmen, wenn es angebracht ist, selbst (und besonders) wenn es uns ein unangenehmes Gefühl gibt. Deshalb müssen wir, wenn wir andere miteinbeziehen, klarstellen, dass hier der Sozialvertrag modifiziert wird, Gefühle verletzt werden, Abwehr ihr hässliches Gesicht zeigt und, genau wie bei Lauren Conrad, Ihr Publikum nicht hören will, was Sie zu sagen haben. Wenn wir also ein paar Menschen finden, die mit uns gemeinsam in Wetten denken wollen, ist es im Allgemeinen besser, mit dem Rest der Welt den herrschenden Sozialvertrag zu wahren und nicht herumzulaufen und aufs Geratewohl zu sagen: »Wollen wir wetten?« (Das heißt nicht, dass wir außerhalb unserer Gruppe niemals die Wahrheitssuche betreiben könnten. Unser Ansatz muss nur einfach weniger frontal, weniger Letterman-mäßig sein. Mehr dazu später, nachdem wir die Kommunikation *innerhalb* der Gruppe untersucht haben.)

Draußen in der Welt bilden sich überall Gruppen, weil wir Menschen erkannt haben, dass uns andere helfen können; das Konzept, gemeinsam an individuellen Problemen zu arbeiten, ist weit verbreitet. Die Hilfe anderer bietet uns viele Vorteile beim Entscheiden, aber einer der offensichtlichsten ist, dass andere unsere Fehler besser erkennen können als wir. Wir können anderen in unserer Gruppe helfen, ihre blinden Flecke zu überwinden, genau wie sie das bei uns tun können.

Egal welche Schwierigkeiten es bedeutet, Leute für eine Entscheidungsgruppe zu finden (und dieses Kapitel beschreibt einige davon, aber auch Strategien, wie man sie überwindet), es ist es wert, einen Buddy zu bekommen, der uns den Rücken deckt – oder uns auf unseren blinden Fleck hinweist. Zum Glück müssen wir nur eine Handvoll Leute finden, die bereit sind, das nötige Forschungsdenken für die Wahrheitssuche aufzubringen. Wenn nur drei Leute in der Gruppe sind (zwei sind dagegen, einer dafür)[15)], kann die Gruppe zur Wahrheitssuche stabil und produktiv sein.

Es ist auch hilfreich anzuerkennen, dass die Menschen in unserem Leben unterschiedliche Funktionen haben. Selbst wenn wir viel Wert auf Wahrheitssuche legen, heißt das nicht, dass jeder in unserem Leben das ebenfalls übernehmen oder mit uns auf diese Weise kommunizieren muss. Wahrheitssuche ist kein Kult; wir müssen zu Menschen nicht den Kontakt abbrechen, die nicht diesen Weg verfolgen. Unsere Pilates-Freunde, unsere Fußball-Freunde oder irgendwelche anderen Freunde sollten nicht die rote Kapsel schlucken müssen, um unsere Freunde zu bleiben. Unterschiedliche Freunde erfüllen unterschiedliche Bedürfnisse und nicht alle von ihnen müssen aus demselben Holz geschnitzt sein. Die unterschiedlichen Gruppen können auch das dringend nötige Gleichgewicht in unserem Leben herstellen. Schließlich erfordert es einige Anstrengung, unsere Fehler zuzugeben und sie zu untersuchen, ohne uns deswegen schlecht zu fühlen, jemandem das Verdienst an einem großartigen Ergebnis zuzugestehen, oder offen zu

15) Danke an Phil Tetlock, dass er mir diese großartige Redewendung gegeben hat.

sein und zu erkennen, dass nicht all unsere Überzeugungen stimmen. Die Wahrheitssuche ist ein Schlag ins Gesicht für eine Menge bequemer Verhaltensweisen; sie ist harte Arbeit und wir brauchen Pausen davon, um wieder Willenskraft aufzutanken.

In meiner Poker-Strategiegruppe haben wir verstanden, dass man manchmal ausbrechen und intensive Emotionen abladen muss, bevor man sich an die Arbeit macht und ein Ergebnis korrekt zuordnet. Wenn einer von uns zum Beispiel aus einem Turnier geflogen war, war es hin und wieder akzeptabel zu sagen: »Ich muss jetzt einfach mal kurz über mein Pech jammern.« Der Punkt war, dass wir, wenn wir das taten, anerkannten, dass es eine temporäre Ausnahme von der harten Arbeit war, die wir zusammen leisteten und zu der wir wieder zurückkehrten, wenn die emotionale Intensität des Moments vorbei war.

Wir wissen, dass wir unsere Entscheidungsfähigkeit verbessern können, wenn wir andere Menschen finden, die bei der Wahrheitssuche mitmachen. Und dann brauchen wir eine Vereinbarung. Was enthält diese Vereinbarung? Welche Kriterien muss eine produktive Entscheidungsfindungs-Gruppe erfüllen? Das restliche Kapitel widmet sich den Antworten auf diese Fragen. Das folgende Kapitel baut darauf auf, indem es einen Entwurf für Regeln innerhalb von Gruppen für Wahrheitssuche liefert, aufzeigt, wie man verhindert, dass die Gruppe vom Kurs abkommt, und die produktiven Denkgewohnheiten aufführt, die die Gruppe bei jedem von uns verstärken kann.

Nicht alle Gruppen finden auf gleiche Weise zusammen

Eine gut zusammengestellte Gruppe kann besonders hilfreich sein bei Gewohnheiten, die schwer zu durchbrechen oder zu verändern sind. Diese Idee ist weder verrückt noch neu. Wir wissen alle, wie sehr der Gruppenansatz dabei helfen kann, Gewohnheiten wie Essen, Alkoholkonsum oder Sport zu verändern. Das bekannteste Beispiel für einen produktiven Gruppenansatz sind die Anonymen Alkoholiker (AA).

Der erste von den Gründern der AA, Bill W., kam vom Alkohol weg durch einen schwierigen Prozess mit jahrelangem Scheitern, Hoffnungslosigkeit, Klinikaufenthalten, Drogen und persönlichkeitsverändernden religiösen Erfahrungen. Um aber trocken zu *bleiben*, so wurde ihm klar, brauchte er einen anderen Alkoholiker. Bill W. heuerte auf einer Reise nach Akron, Ohio, Dr. Bob an, den zweiten Gründer der AA. Dr. Bob, der von Familie und Ärzten als hoffnungsloser und unheilbarer Alkoholiker betrachtet wurde, hielt Bill W. auf der Reise vom Trinken ab. Im Gegenzug half Bill W. Dr. Bob letztlich, das Trinken aufzugeben. Die Anonymen Alkoholiker haben danach Millionen Menschen geholfen, trocken zu werden und zu bleiben, und brachten Organisationen dazu, denselben Ansatz auch für andere schwer zu bekämpfende Gewohnheiten anzuwenden wie Betäubungsmittelmissbrauch, Rauchen, ungesundes Essverhalten oder Missbrauchsbeziehungen. All das entsprang dem Konzept, dass wir es mit der Hilfe anderer schaffen können.

Doch auch wenn eine Gruppe besser sein kann als die Summe ihrer Individuen, passiert das nicht immer automatisch. Teil einer Gruppe zu sein kann die Qualität unserer Entscheidungen verbessern, indem wir nach Alternativen forschen und erkennen, wo unser Denken voreingenommen sein könnte, aber eine Gruppe kann genauso unsere Tendenz verstärken, zu bestätigen, was wir bereits glauben. Philip Tetlock und Jennifer Lerner, führende Wissenschaftler im Bereich Gruppeninteraktion, beschrieben die beiden Arten von Gruppendenken in einer vielbeachteten Veröffentlichung von 2002: »Während das bestätigende Denken ein einseitiger Versuch ist, einen bestimmten Standpunkt rational zu begründen, ist das erforschende Denken eine ausgeglichene Betrachtung von alternativen Standpunkten.« Mit anderen Worten: Bestätigendes Denken verstärkt die Voreingenommenheit und fördert das Motivierte Denken, weil sein hauptsächliches Ziel die Rechtfertigung ist. Das bestätigende Denken fördert und feiert die eigenen Überzeugungen, verzerrt die Art und Weise, wie die Gruppe Informationen verarbeitet und funktioniert über Entscheidungen, deren Ergebnis das

Gruppendenken sein kann. Das erforschende Denken hingegen ermutigt zur offenen und objektiven Betrachtung alternativer Hypothesen und toleriert Uneinigkeit, um die Voreingenommenheit zu bekämpfen. Das erforschende Denken hilft den Mitgliedern einer Gruppe, mit ihrem Denken näher an einer korrekten Darstellung der Welt zu sein.

Ohne explizite Einigung auf das erforschende Denken und die Bindung an diese Einigung folgen unsere Interaktionen unseren individuellen Tendenzen, die in Richtung Bestätigung gehen. Der Begriff »Echoraum« schwört sofort ein Bild dessen herauf, was aus unserem natürlichen Hang zum bestätigenden Denken resultiert. Das war das Mantra, das ich in manchen Spielergruppen während der Pausen bei Pokerturnieren hörte. Wenn ein Spieler ausführte, wie viel Pech er gehabt habe, nickte ein anderer zustimmend, und das war die Einleitung für ihre jeweilige persönliche Pech-Geschichte, zu der wiederum vonseiten der Gruppe zustimmend genickt wurde.

Lerner und Tetlock geben Hinweise, was die Gruppenvereinbarung enthalten sollte, um das bestätigende Denken zu vermeiden und erforschendes Denken zu fördern. »Komplexes und offenes Denken wird am ehesten aktiviert, wenn Entscheider vor der Meinungsbildung lernen, dass sie sich vor einem Publikum verantworten müssen, (a) dessen Sichtweise nicht bekannt ist, (b) das ein Interesse an Korrektheit hat, (c) das relativ gebildet ist und (d) das einen legitimen Grund hat, die Gründe hinter den Beurteilungen/Entscheidungen der Teilnehmer zu hinterfragen.« Ihre Veröffentlichung von 2002 war eine von mehreren, die sie als Ko-Autoren verfassten und in denen sie den Schluss vertreten, dass Gruppen das Denken einzelner Entscheider verbessern können, wenn die Einzelnen sich vor einer Gruppe *verantworten* müssen, deren Interesse eine *korrekte* Darstellung ist.

Zusätzlich zu Verantwortlichkeit und Interesse an Korrektheit sollte die Vereinbarung auch zu einer Unterschiedlichkeit der Perspektiven ermutigen und diese wertschätzen, um voreingenommenem Denken bei einzelnen Mitgliedern zuvorzukommen. Jonathan Haidt, Professor an der Stern School of Business der Universität New York, ist führender Experte in der Erforschung von Gruppendenken in der Politik. Haidt baut in seinem Buch *The Righteous Mind: Why Good People Are Divided by Politics and Religion* auf Tetlocks Werk auf und verbindet es mit der Notwendigkeit von Diversität. »Wenn man Menschen auf die richtige Weise zusammenbringt, sodass manche Einzelne ihre Denkkräfte dazu nutzen können, die Behauptungen anderer zu widerlegen, und alle Individuen eine Verbundenheit oder sich als Schicksalsgemeinschaft empfinden, wodurch sie zivilisiert miteinander umgehen, kann man eine Gruppe schaffen, die am Ende gutes Denken als generiertes Eigentum des sozialen Systems produziert. Deshalb ist es so wichtig, intellektuelle und ideologische Diversität innerhalb jeder Gruppe oder Institution zu haben, deren Ziel es ist, die Wahrheit zu finden.«

In der Kombination bilden die Hinweise dieser Experten in Gruppeninteraktion eine ziemlich gute Vorlage für eine Vereinbarung einer Gruppe zur Wahrheitsfindung:

1. Ein Fokus auf Korrektheit (vor Bestätigung), dazu gehört die Belohnung von Wahrheitssuche, Objektivität und Offenheit innerhalb der Gruppe,
2. Verantwortlichkeit, der sich die Mitglieder im Vorfeld bewusst sind, und
3. Offenheit für eine Diversität der Gedanken.

Eine Vereinbarung, die sich danach orientiert, schafft eine Verbundenheit und eine Schicksalsgemeinschaft zwischen den Mitgliedern und das ermöglicht es der Gruppe, vernünftig zu denken.

Nichts von all dem sollte jemanden überraschen, der die Vorzüge des Denkens in Wetten erkennt. Wir gewinnen keine Wetten, indem wir in unsere eigenen Vorstellungen verliebt sind. Wir gewinnen Wetten, indem wir unaufhörlich danach streben, unsere Überzeugungen und Vorhersagen über die Zukunft anzupassen, um die Welt korrekter darzustellen. Auf lange Sicht wird die objektivere Person gegen die voreingenommenere Person gewinnen. So gesehen ist Wetten eine Form der Verantwortlichkeit zur Korrektheit. Ständiges Anpassen erfordert eine offene Betrachtung diverser Standpunkte und alternativer Hypothesen. All das in die Vereinbarung Ihrer Gruppe aufzunehmen, wäre sehr vernünftig.

Die Vereinbarung der Gruppe muss eindeutig kommuniziert werden, wie mir Erik Seidel klarmachte. Ich hatte Erik als Teenager kennengelernt, aber als ich ihm bei Pokerturnieren begegnete, tauschten wir uns zum ersten Mal auf geschäftlicher Ebene aus. Schon früh in meiner Karriere traf ich Erik in einer Pause bei einem Turnier und begann ihm etwas von meinem Pech und dem Verlust einer großen Hand vorzujammern. Er legte mir in drei Sätzen sämtliche Elemente einer produktiven Gruppenvereinbarung dar: »Das will ich nicht hören. Ich möchte deine Gefühle nicht verletzen, aber wenn du eine Frage zu einer Hand hast, kannst du mich den ganzen Tag lang zu Strategie befragen. Ich glaube nur, dass eine Pokergeschichte, bei der es um etwas geht, worüber du keine Kontrolle hast wie Pech, keinen Sinn macht.«

Wenn man sich eine Vereinbarung für Interaktionen vorstellt, die nach der Wahrheit suchen, hat Erik Seidel es damit auf den Punkt gebracht. Er erklärte mir die Regeln, die gelten, wenn man mit ihm in einer Gruppe ist. Er riet mir ab von bestätigendem oder voreingenommenem Denken wie »Ich hatte Pech«. Stattdessen riet er mir, nach Dingen zu suchen, die ich vielleicht kontrollieren kann, und zu überlegen, wie ich Entscheidungen in Bezug auf diese Dinge verbessern könnte. Ich wusste, er würde in zukünftigen Gesprächen von mir erwarten, dass ich diese Dinge berücksichtige. Wir würden verschiedene Ideen erforschen, denn er bestand darauf, dass das der Fokus unserer Interaktionen war.

Da ich das Glück hatte, Mitglied einer Gruppe mit einer Vereinbarung zur Wahrheitsfindung zu sein, war es klar, dass meine Poker-Entscheidungsfähigkeit sich verbesserte. Nachdem ich sie wegen Entscheidungen im Spielprozess konsultiert hatte, zum Beispiel mit der Frage, ob ich einen höheren Einsatz hätte setzen oder die Finanzierung hätte erhöhen sollen, oder in Bezug auf die Auswahl des Spiels, reduzierte sich durch ihre Beratung die Anzahl der Fehler, die ich machte. Im selben Zuge verbesserte der Zugang zu ihrem Spektrum an Strategien und Erfahrungen kontinuierlich die Qualität meines Denkens und meiner Entscheidungen. Wenn ich Fragen hatte oder nicht verstand, warum etwas passiert war, sahen sie Dinge, die ich nicht sah. Wenn sie Fragen hatten oder einen Rat mit einer Hand brauchten, half ich ihnen nicht nur, sich durch eine Entscheidung hindurchzuarbeiten, die sie getroffen hatten, sondern sie bekamen oft auch Einblicke in meine eigene Spielweise. Diese Interaktionen führten zu Verbesserungsmöglichkeiten meiner Spielweise, die ich sonst übersehen oder im besten Fall selbst herausgefunden hätte, nachdem ich eine Menge Fehler gemacht hätte, die mich teuer zu stehen gekommen wären.

Doch es ist noch besser. Die Interaktion mit ähnlich motivierten Menschen verbessert nicht nur während der direkten Interaktionen die Fähigkeit, die Voreingenommenheit zu bekämpfen, sondern auch dann, wenn wir allein Entscheidungen treffen und analysieren. Wir haben die Gruppe dabei im Kopf und formen vor diesem Hintergrund unsere Entscheidungsgewohnheiten – auf positive Weise – neu.

Die Gruppe belohnt Korrektheit

Jeder von uns wünscht sich, dass die anderen gut über ihn denken, besonders Menschen, die wir schätzen. Lerner und Tetlock haben erkannt, dass unser Bedürfnis nach Anerkennung unglaublich stark und motivierend ist. In den meisten Laborsituationen, so beschrieben sie, erwarteten die Teilnehmer, dass sie ihre Handlungen jemandem erklären sollten, den sie noch nie gesehen hatten und auch niemals wieder sehen würden. »An den Beschreibungen ist bemerkenswert, dass die Teilnehmer trotz dieser Manipulationen noch immer zuverlässig so reagieren, als ob die Anerkennung durch die Zuhörer wichtig wäre.« Es ist großartig, von Menschen, die wir schätzen, Anerkennung zu bekommen, aber wir sehnen uns dermaßen nach Anerkennung, dass wir uns auch bei einem Fremden darum bemühen. Eine produktive Entscheidungsgruppe kann sich dieses Bedürfnis zunutze machen, indem sie Korrektheit und intellektuelle Aufrichtigkeit durch soziale Anerkennung belohnt.

Motiviertes Denken und Eigennützige Voreingenommenheit sind zwei Denkgewohnheiten, die tief in der Arbeitsweise unseres Gehirns verwurzelt sind. Wir haben eine starke Neigung zum bestätigenden Denken und in diese Voreingenommenheit fallen wir ständig wieder zurück, ohne dass wir es bemerken. Bestätigendes Denken ist schwer zu erkennen, schwer zu verändern, und, wenn wir tatsächlich versuchen, es zu ändern, ist es schwer, diese Veränderung zu verankern. Es ist gut, wenn wir uns vornehmen, uns selbst dafür zu belohnen, in Wetten zu denken, aber es ist viel einfacher, wenn wir andere dazu bringen, uns dafür zu belohnen.

Gruppen wie die AA machen vor, wie eine unterstützende Gruppe ihre Mitglieder für die harte Arbeit, eine gewohnte Routine zu verändern, einzig durch Anerkennung belohnt. Um die schwierige Aufgabe des Trockenbleibens zu unterstützen, geben AA-Gruppen kleine Gegenstände oder Chips aus, um die Dauer der Trockenheit des einzelnen Mitglieds zu feiern. Die Gegenstände (die die Mitglieder oft wie Schmuck bei sich tragen) sind eine greifbare Erinnerung daran, dass andere anerkennen, dass man etwas Schwieriges geschafft hat. Es gibt Chips für ein bis zu 65 trockenen Jahren. Es gibt auch Chips für jeden trockenen Monat im ersten Jahr. Es gibt sogar einen Chip für die ersten 24 Stunden des Trockenbleibens.

Ich habe aus erster Hand erlebt, welche Kraft die Anerkennung einer Gruppe hat, um die Denkgewohnheiten eines Einzelnen neu zu formen. Ich erfuhr dies, indem ich *versuchte*, so gut wie möglich zu sein im Anerkennen des Verdienstes anderer, im Zugeben eigener Fehler, und darin, die Fehler an guten Ergebnissen zu finden. Der Lohn war die begeisterte Unterstützung der Gruppe und tiefe Einblicke in die feinen Nuancen der Pokerstrategie. Es war auch eine Belohnung, dass diese intelligenten, erfolgreichen Spieler meine Fragen ernst nahmen und mich zunehmend auch nach *meiner* Meinung fragten. Ich spürte jedoch im Gegenzug auch ihre Missbilligung, wenn ich gegen die Vereinbarung verstieß und mich über mein Pech beklagte oder von ihnen erwartete, dass sie bestätigten, wie großartig ich spielte, nur weil ich gewann.

Auch wenn ich niemals nur in die Nähe meines Ziels kam, meinen Fokus allein auf der Wahrheit zu haben, half mir meine Gruppe doch, anderen etwas mehr zuzugestehen, als ich es sonst getan hätte, ein paar mehr Fehler zu erkennen, als ich sie allein erkannt hätte, und offener für strategische Entscheidungen zu sein, denen ich nicht zustimmte. Das brachte mich, wenn auch jedes Mal nur ein kleines Stück, näher an mein Ziel, zur objektiven Wahrheit zu kommen. Und diese kleinen Stücke hatten langfristig eine enorme Auswirkung auf meinen Erfolg.

Als ich mit dem Pokerspielen begann, bestand das »Besprechen« der Hände zum größten Teil daraus, dass ich mich über mein Pech beklagte, wenn ich verlor. Mein Bruder hatte schnell die Nase voll von meinem Gemaule. Er führte die Regel ein, dass ich ihn nur zu Händen befragen durfte, die ich gewonnen hatte. Wenn ich wollte, dass er sich mit mir abgab, musste ich irgendeinen Punkt in der Hand finden, wo ich vielleicht einen Fehler gemacht hatte.

Über Gewinne zu sprechen (auch wenn wir die Fehler auf dem Weg zum Sieg suchen) ist weniger schmerzlich, als über Niederlagen zu sprechen, und neue Gewohnheiten können so leichter eingeübt werden. Das Erkennen von Fehlern in Händen, die ich gewonnen hatte, verstärkte die getrennte Wahrnehmung der Qualität der Ergebnisse und der Qualität der Entscheidungen. Diese Gespräche, bei denen ich meine Entscheidungen analysierte und hinterfragte, gaben mir auch wegen der Anerkennung ein gutes Gefühl, die ich von Howard und den anderen Spielern bekam, zu denen ich aufsah. Ich nutzte diese Anerkennung als Beweis dafür, dass ich das Spiel verstand und als Spielerin vielversprechend war. Wenn sie mir Komplimente machten, weil ich alternative Ansätze in meinen Gewinner-Händen gefunden hatte, oder wenn ich verstand, wo Glück oder Pech eine Rolle gespielt hatten, fühlte sich das fantastisch an. Nach einiger Zeit konnte ich diesen Ansatz dahingehend ausweiten, dass ich Lerngelegenheiten in jeder Hand fand, die ich spielte, nicht nur in den Händen, die gewannen.

Wenn wir einmal in einer Gruppe sind, die das erforschende Denken regelmäßig verstärkt, wird die Routine zum Automatismus und läuft praktisch von allein. Erforschendes Denken wird dann zur neuen Denkgewohnheit, der neuen Routine, die sich selbst verstärkt. Wie die Pawlowschen Hunde bekommen wir nach genügend Anerkennung von der Gruppe für die harte Arbeit des Denkens in Wetten auch ganz allein ein gutes Gefühl, wenn wir uns auf die Wahrheit fokussieren. Wir verinnerlichen die Anerkennung der Gruppe und beginnen aus Gewohnheit Dinge zu tun, die uns diese Anerkennung bringen würden, auch wenn wir gerade nicht in der Gruppe sind (was ja schließlich meistens der Fall ist).

»100 Burger – und einen großen Schoko-Shake«: wie Verantwortung Entscheidungen verbessert

David Grey ist ein hochrangiger Pokerspieler und professioneller Spieler sowie ein guter Freund von mir. Nach einer Nacht auf der Rennbahn und in der Bowling-Allee in New Jersey hatten David und eine Handvoll weiterer Spieler Hunger. Es war spät. Jemand schlug das White Castle vor. Es entspann sich eine Diskussion darüber, wie viele Burger der größte Esser in der Gruppe essen konnte, Ira, der Wal.

Als sie Ira, den Wal, dazu brachten zu sagen, er könne 100 Burger essen (erinnern Sie sich, die White-Castle-Burgers sind klein), wollten die meisten in der Gruppe gegen ihn wetten, was keine Überraschung war. David war die Ausnahme: »Ich war jung und fing gerade erst an. 50 Dollar waren für mich viel Geld zu gewinnen oder verlieren. Es standen 2000 Dollar gegen Ira, den Wal. Ich setzte 200 Dollar für ihn, weil ich glaubte, dass er es schaffen konnte.«

Als sie zum White Castle kamen, beschloss Ira, der Wal, die Burger zu jeweils 20 Stück zu bestellen. David wusste, dass er praktisch schon gewonnen hatte, als Ira, der Wal, die ersten 20 bestellt hatte, denn Ira, der Wal, bestellte sich noch einen Milchshake und Pommes Frites dazu.

Nachdem er die 100 Burger aufgegessen hatte und er und David ihren Gewinn eingesammelt hatten, bestellte Ira, der Wal, noch einmal 20 Burger zum Mitnehmen, »für Mrs. Wal«.

Verantwortung ist die Bereitschaft oder das Gefühl der Verpflichtung, vor anderen für unsere Handlungen und Überzeugungen einzustehen. Eine Wette ist eine Form von Verantwortung. Wenn wir in unsere eigenen Überzeugungen verliebt sind, kann uns das bei unseren Wetten teuer zu stehen kommen. Ira, der Wal, ließ die anderen Spieler für ihre Überzeugung einstehen, ob er 100 White-Castle-Burger essen konnte oder nicht. Verantwortung ist der Grund, aus dem John Hennigan (ganz kurz) nach Des Moines zog. Wenn man eine Zeit in einem solchen Umfeld verbracht hat, wird man hyperwachsam, was das Vertrauen in die eigenen Überzeugungen betrifft. Es wird niemand gezwungen, sich auf solche Wetten einzulassen, aber es erinnert einen daran, dass man immer für den Wahrheitsgehalt dessen verantwortlich gemacht werden kann, was man glaubt und sagt. Es bedeutet buchstäblich, sein Geld auf das zu setzen, was man sagt.

Ein Umfeld, in dem immer die Möglichkeit besteht, dass man zu einer Wette herausgefordert wird, reduziert Motiviertes Denken. Ein solches Umfeld verändert die Art, wie wir Informationen aufnehmen, die unseren Überzeugungen widersprechen, und verstärkt die Sichtweise, die unsere Gruppe zur Wahrheitssuche belohnen würde. Ein Beweis, der eine unserer Überzeugungen widerlegt, wird nun nicht mehr als schmerzlich betrachtet. Er wird vielmehr als hilfreich angesehen, denn er kann unsere Chancen erhöhen, eine bessere Wette abzuschließen. Und eine Wette zu gewinnen, verursacht eine verstärkende, positive Aktualisierung.

Genau wie Verantwortung den Wahrheitsgehalt unserer Überzeugungen verstärkt, verbessert sie auch unsere Entscheidungen und

Informationsverarbeitung, wenn wir nicht in der Gruppe sind, weil wir schon *im Voraus* wissen, dass wir unsere Entscheidungen vor der Gruppe rechtfertigen müssen. Zu Beginn meiner Pokerkarriere riet mir meine Pokergruppe, die Auswirkungen der Eigennützigen Voreingenommenheit zu vermeiden, wenn ich verlor, indem ich mir ein Verlustlimit setzte – wenn ich bei den Einsätzen, die ich spielte, 600 Dollar verloren hatte, musste ich das Spiel verlassen. Die klugen, erfahrenen Spieler, die mich berieten, wussten, dass ich in dem Moment, in dem ich verliere, vielleicht nicht besonders rational zu denken in der Lage wäre, um einzuschätzen, ob ich verlor, weil ich Pech hatte oder weil ich schlecht spielte. Ein vorgegebenes Verlustlimit wirkt als Barriere gegen irrationales Spiel, bei dem man immer weiter verliert, aber die Selbstverstärkung ist ein Problem. Wenn man noch Geld in der Tasche hat, könnte man es dennoch hervorholen. Wenn man kein Geld mehr hat, haben die Casinos Geldautomaten und Maschinen, die einem Bargeld als Kredit auf die Kreditkarte auszahlen. Pokerspieler sind außerdem ziemlich freizügig damit, verlierenden Spielern Geld zu leihen.

Bei mir war es sehr viel unwahrscheinlicher, dass ich ein Verlustlimit brechen würde, denn ich wusste, ich hatte mich gegenüber meiner Gruppe zu verantworten. Wenn ich mein Verlustlimit erreichte und meine innere Stimme sagte: Dieses Spiel ist so gut, dass ich mehr Geld setzen und weiterspielen sollte, erinnerte ich mich auch daran, dass ich diese Entscheidung vor einer Gruppe von Spielern würde rechtfertigen müssen, die ich schätzte. Diese Verantwortlichkeit ließ mich im Kopf das Gespräch vorwegnehmen, bei dem ich erklärte, dass ich gerade nur Pech hatte, und sie würden mir dann erklären, dass meine Einschätzung wahrscheinlich voreingenommen war, und diese Vorstellung half mir, dem Drang zu widerstehen, noch mehr Chips zu kaufen. Und wenn ich nach einem Spiel, bei dem ich verloren hatte, nach Hause ging, konnte ich etwas von dem Schmerz des Verlusts damit wettmachen, dass ich mir das Gespräch vorstellte, bei dem ich meiner Gruppe davon erzählen würde und wie sie meine Entscheidung befürworten würden, das Spiel zu verlassen.

Wenn wir uns vorstellen, wie das Gespräch verlaufen würde, hilft uns das, auch allein mehr Fehler zu finden und sie schneller zu korrigieren.

Die ideale Gruppe konfrontiert uns mit verschiedenen Sichtweisen

John Stuart Mill ist einer der Helden des Denkens in Wetten. Über 150 Jahre, nachdem er *On Liberty* (*deutscher Titel: Über die Freiheit, erschienen 1859*) geschrieben hat, ist seine Denkweise über soziale und politische Philosophie noch immer erstaunlich aktuell. Eines der Hauptthemen in *On Liberty* ist die Bedeutung der Verschiedenheit von Meinungen. Diversität und Uneinigkeit sind nicht nur Prüfsteine für die Fehlbarkeit, sondern auch die einzigen Mittel, um die ultimative Wahrheit einer Meinung zu überprüfen: »Die einzige Möglichkeit, wie ein Mensch sich dem ganzen Wissen über ein Thema annähern kann, ist durch das Anhören dessen, was darüber von Personen jeder Variation von Meinungen gesagt werden kann, und sämtliche Arten zu studieren, auf die es von jedem denkenden Menschen betrachtet werden kann. Kein weiser Mensch hat sich jemals seine Weisheit anders angeeignet als auf diese Weise; noch liegt es in der Natur des menschlichen Intellekts, auf irgendeine andere Weise zur Weisheit zu gelangen.«

Mills Gedanke ist von einfacher Schönheit. Wenn wir allein sind, haben wir nur eine Sichtweise. Das ist unsere menschliche Beschränktheit. Doch wenn wir eine Handvoll Menschen mit ebendieser Beschränkung in einer Gruppe zusammenbringen, werden wir mit verschiedenen Meinungen konfrontiert, können die alternativen Hypothesen überprüfen und gelangen näher an die Wahrheit. Allein ist es uns nahezu unmöglich, die Diversität der Standpunkte, die eine Kombination von Menschen einer gut zusammengestellten Entscheidungsgruppe liefert, zu erlangen. Um eine objektivere Sichtweise auf die Welt zu bekommen, brauchen wir ein Umfeld, das uns alternativen Hypothesen und unterschiedlichen Perspektiven aussetzt. Und das gilt nicht nur für die

Welt um uns herum: Um *uns selbst* realistischer einzuschätzen, brauchen wir andere, die unsere blinden Flecken füllen.

Eine Gruppe mit diversen Sichtweisen kann uns helfen, indem sie die in den vorangehenden zwei Kapiteln beschriebene Arbeit teilt, um das Motivierte Denken und die voreingenommene Zuordnung von Ergebnissen zu bekämpfen. Wenn wir in Wetten denken, gehen wir eine Reihe von Fragen durch, um den Wahrheitsgehalt unserer Überzeugungen zu prüfen. Zum Beispiel:

- Warum könnte es sein, dass meine Überzeugung nicht wahr ist?
- Welche anderen Beweise könnte es bezüglich meiner Überzeugung geben?
- Gibt es ähnliche Bereiche, die ich mir ansehen kann, um einzuschätzen, ob ähnliche Überzeugungen wie meine wahr sind?
- Welche Informationsquellen könnte ich bei der Bildung meiner Überzeugung übersehen oder unterschätzt haben?
- Aus welchen Gründen könnten andere eine andere Überzeugung haben als ich, was unterstützt deren Standpunkt und warum könnten sie recht haben und ich unrecht?
- Welche anderen Perspektiven gibt es, die erklären könnten, warum sich die Dinge so entwickelt haben, wie sie es taten?

Schon wenn wir uns diese Fragen stellen, kommen wir einer korrekteren Sichtweise einen großen Schritt näher. Doch wir können diese Fragen nur für uns selbst beantworten. Wir haben nur die Information, die wir zur Verfügung haben, nur die Erfahrungen, die wir gemacht haben, können uns nur die Hypothesen ausdenken, die wir denken können. Es ist schwierig herauszufinden, welche Gründe andere dafür haben könnten, etwas anderes zu glauben. Wir sind nicht diese anderen. Wir haben nicht deren Erfahrungen gemacht. Wir wissen nicht, welche andere Information sie zur Verfügung haben. Doch sie haben sie.

Viel von unserer Voreingenommenheit bei der Informationsverarbeitung ist dem Tribut geschuldet, den die Unsicherheit uns abverlangt. Die Diversität der Sichtweisen, die eine Gruppe liefert, kann die auf unvollständigen Informationen beruhende Unsicherheit reduzieren, indem sie unsere Wissenslücken schließt, und das bringt das Leben mehr in Richtung Schachspiel.

Andere sind nicht darum bemüht, unser eigenes Narrativ aufrechtzuerhalten und auch nicht verankert in unserer Voreingenommenheit. Es ist sehr viel einfacher, sich von jemand anderem dessen Perspektive erklären zu lassen als sich vorzustellen, jemand anders zu sein und sich zu überlegen, was dessen Perspektive sein könnte. Eine diverse Gruppe kann etwas von der schwierigen Arbeit übernehmen, uns von unserer Voreingenommenheit zu befreien. Ein Pokertisch ist ein auf natürliche Weise diverses Umfeld, denn meist suchen wir uns nicht aufgrund der Meinungen aus, mit wem wir spielen. Besser noch, wenn es aufgrund unterschiedlicher Meinungen am Pokertisch zu Unstimmigkeiten kommt, bewegt sich das Gespräch auf natürliche Weise in Richtung Wette. Das sind ideale Bedingungen, um die Wahrheitssuche zu unterstützen.

Zahlreiche Gruppen haben schon erkannt, dass man sich die Diversität und die Ermutigung zu unterschiedlichen Auffassungen, die natürlicherweise am Pokertisch herrschen, zunutze machen sollte. Das US-Außenministerium hat seit dem Vietnamkrieg den *Dissent Channel*, einen offiziellen Kanal für Meinungsäußerungen eingerichtet, auf dem Mitarbeiter ihre abweichende Sichtweise zu Gehör bringen und besprechen können, ohne dass sie eine Strafe fürchten müssten. Die American Foreign Service Association, die Organisation für Angestellte im Auslandsdienst, vergibt jedes Jahr *vier* unterschiedliche Awards an Mitglieder, »um konstruktive abweichende Meinungsäußerung und das Eingehen von Risiken im Auslandseinsatz anzuerkennen und zu fördern«. Der Dissent Channel hat sich um die Wende in der Politik verdient gemacht, die dazu beitrug, den völkermordenden Krieg in Bosnien zu beenden. Im Juni 2016 unterschrieben 51 Mitarbeiter des Auswärtigen Amtes der USA ein Memo, in dem Präsident Obama aufgefordert wurde, den Einsatz des amerikanischen Militärs in Syrien zu verstärken. Ende Januar 2017 unterschrieben etwa 1000 Mitarbeiter ein Protest-Telegramm als Reaktion auf die Verfügung von Präsident Trump, mit der er die Einwanderung aus sieben mehrheitlich muslimischen Staaten stoppte. Der Dissent Channel steht für etwas Hoffnungsvolles im Entscheidungsprozess unseres Landes. In einem Umfeld zunehmender Polarisierung können sich Mitarbeiter des Auswärtigen Amtes hier Gehör verschaffen, wenn sie mit der Politik nicht einverstanden sind, und sie können das tun, unabhängig davon, ob die Verwaltung gerade aus Demokraten oder Republikanern besteht. Das Zulassen unterschiedlicher Meinungen hat einen Wert, der über die Parteipolitik hinausgeht.

Nach dem 11. September schuf die CIA sogenannte Rote Teams, die laut einem Kommentar des Professors für Rechtswissenschaften Neal Katyal in Georgetown in der *New York Times* »sich bemühen, gegen das konventionelle Denken einer Gemeinde zu argumentieren und Fehler und Lücken in Logik und Analyse aufzuspüren«. Höhere Beamte der Obama-Regierung, die den Überfall verfolgten, bei dem Osama bin Laden getötet wurde, zählten die Analyse des Red Teams zu den Methoden, die eingesetzt wurden, um ohne visuelle oder auditorische Hilfsmittel den Grad der Wahrscheinlichkeit zu messen, dass bin Laden unter den Personen war, die Ziel des Überfalls waren.

Dissent Channels oder Red Teams sind wunderbare Anwendungen von Mills grundlegendem Prinzip, dass wir die Wahrheit über eine Sache nicht wissen können, ohne die andere Seite gehört zu haben. Es wäre klug, wenn wir dieses Prinzip der Diversität der Meinungen auch auf unsere eigenen Entscheidungsgruppen anwenden würden. Wenn zum Beispiel eine Strategiegruppe in einem Unternehmen herauszufinden versucht, wie das operative Geschäft nach einer Fusion zu implementieren ist, wäre es gut, jemanden in der Gruppe zu haben, der ursprünglich gegen die Fusion war. Vielleicht gibt es Gründe dafür, warum die beiden Vertriebsabteilungen nicht zusammenarbeiten können – ganz gleich, welches diese Gründe sind, könnten diese Leute der Mehrheit mit einem klügeren Ansatz helfen, voranzukommen, indem diese Gründe Berücksichtigung finden.

Diversität ist die Grundlage des produktiven Entscheidungsprozesses in der Gruppe, aber wir dürfen niemals unterschätzen, wie schwer es ist, diese Diversität aufrechtzuerhalten. Wir alle neigen dazu, uns Menschen zuzuwenden, die schon fast Klone von uns selbst sind. Denn schließlich gibt es uns ein gutes Gefühl, unsere eigenen Ideen auch von anderer Seite zu hören. Sollten wir noch immer daran Zweifel haben, wie leicht man in diese Strömung der Selbstbestätigung geraten kann, können wir diese Tendenz sogar bei Gruppen beobachten, die sich unserer Ansicht nach am meisten um die Wahrheitsfindung bemühen: Richter und Wissenschaftler.

Bundesrichter: Auch sie können abdriften

Cass Sunstein, heute Professor für Rechtswissenschaften in Harvard, führte gemeinsam mit Kollegen eine groß angelegte Studie über ideologische Diversität an US-Bundesberufungsgerichten durch, als er noch an der University of Chicago Law School war. Sunstein erkannte schon zu Beginn der Studie, dass die US-Bundesberufungsgerichte »ein außerordentliches und langanhaltendes Experiment« in Diversität seien. Berufungsgremien werden aus drei Richtern zusammengestellt, die per Zufallsprinzip aus diesem Kreis bestimmt werden. Jeder dieser Kreise besteht aus auf Lebenszeit berufenen Richtern, die vom amtierenden Präsidenten ernannt werden (wenn es eine Vakanz gibt oder der Kongress den Bedarf nach einem zusätzlichen Richter anerkennt). Für jedes Berufungsverfahren könnte man ein Gremium aus drei demokratischen, drei republikanischen oder eine Mischung aus je zwei der einen und einem der anderen Richtung bekommen.

In der Studie, die über 6000 Berufungsverfahren und fast 20 000 Einzelabstimmungen berücksichtigte, wurde die wenig überraschende Tatsache festgestellt, dass die Abstimmungen der Richter politischen Richtlinien folgten. Reine, unbeeinflusste Offenheit ist eben schwer, selbst für Richter, die auf Lebenszeit berufen sind und geschworen haben, das Gesetz zu schützen und zu wahren.

Wenn die Gremien politische Diversität aufwiesen, fanden die Forscher mehrere Bereiche, in denen diese Diversität für die Arbeit des Gremiums von Vorteil war. Auch wenn in den meisten Fällen zwei politisch auf einer Linie liegende Richter das Ergebnis des Gremiums bestimmen konnten, gab es deutliche Unterschiede zwischen heterogenen und homogenen Gremien. Ein einzelnes Gremiumsmitglied der anderen Partei hatte »eine stark disziplinierende Wirkung«.

So fand man zum Beispiel »starke Belege für ideologische Mäßigung« bei Prozessen zum Thema Umweltschutz. Demokratische Gremiumsmitglieder, die insgesamt in 43 Prozent der Fälle für den Kläger stimmten, stimmten in nur zehn Prozent der Fälle für den Kläger, wenn sie mit zwei republikanischen Gremiumsmitgliedern zusammenarbeiteten. Republikanische Gremiumsmitglieder, die insgesamt in 20 Prozent der Fälle für den Kläger stimmten, stimmten in 42 Prozent der Fälle für den Kläger, wenn sie mit zwei demokratischen Gremiumsmitgliedern zusammenarbeiteten. Dies zog sich durch die meisten der 25 Fallkategorien, mit denen sie eine ausreichend große Menge an Daten sammelten, um zu einer Schlussfolgerung zu kommen.

Die Autoren schlussfolgerten, dass das Ergebnis die Bedeutung diverser Sichtweisen unterstrich: »Nötig ist eine vernünftige Diversität, oder eine Diversität aus vernünftigen Ansichten … und das ist wichtig, um sicherzustellen, dass Richter, ebenso wie jeder andere auch, dieser Diversität ausgesetzt sind, und zwar nicht nur durch die Argumente der Anwälte.«

Sunsteins Forschungsgruppe stellte fest, dass Bundesberufungsrichter die abweichende Sichtweise eines Gremiumsmitglieds der gegnerischen Partei brauchen. Die Richter, so wiesen sie nach, folgten dem menschlichen Instinkt, sich dem Gruppendenken zu unterwerfen. »Unsere Daten liefern starke Beweise dafür, dass ähnlich denkende Richter auch zu Extremen neigen: Die Wahrscheinlichkeit, dass ein Richter in die eine oder andere Richtung entscheidet, wird durch die Anwesenheit von Richtern derselben politischen Partei, die vom Präsidenten ernannt wurden, stark erhöht. Zusammengefasst finden wir sowohl starke Konformitätseffekte als auch Gruppenpolarisierung innerhalb der Bundesberufungsgerichte.«

Die wachsende Polarisierung am Supreme Court ist einer dieser Fälle. Jeder Richter hat vier Gerichtssekretärinnen, von denen alle ähnliche Qualifikationen haben: Leute mit Top-Abschlüssen von den besten juristischen Fakultäten, Redakteure von Legislativtexten und Leute mit Erfahrung als Referendare bei Richtern am Supreme Court. Diese Sekretärinnen sind mit der Zeit immer wichtiger für die Entlastung der Richter geworden, indem sie die Details der Fälle diskutieren und erste Versionen von Meinungen erstellen.

Bevor John Roberts 2005 zum Chief Justice (*Leiter der Bundesgerichte und Vorsitzender des Supreme Court, also des Obersten Gerichtshofs; Anm. d. Übers.*) berufen wurde, galt es als unausgesprochene Ehrensache, besonders bei manchen konservativen Mitgliedern am Gericht, sich Mitarbeiter mit einem anderen ideologischen Hintergrund als dem eigenen zu holen. Bob Woodward und Scott Armstrong beschrieben in *The Brethren*, wie Richter Powell »sich damit brüstete, liberale Mitarbeiter einzustellen. Er erzählte seinen Mitarbeitern, dass ihm die konservative Sicht auf die Dinge sowieso klar war. Ihr Job sei es, die andere Seite zu repräsentieren, um ihn herauszufordern. Er wollte ein herausforderndes Argument der anderen Seite lieber erst im geschützten Umfeld seiner eigenen Büros zu hören bekommen, als bei einer Konferenz oder in einer Auseinandersetzung unvorbereitet damit konfrontiert zu werden.«

Chief Justice Burger rekrutierte seine Sekretärinnen ebenfalls aus den Rängen früherer Mitarbeiter von Richtern, die durch demokratische oder republikanische Präsidenten ernannt wurden. Oberster Richter Rehnquist, der gemeinsam mit Burger am Gericht tätig war und sein Nachfolger wurde, war zunächst skeptisch gegenüber der Rolle liberaler Gerichtssekretärinnen und befürchtete, sie könnten seine Meinung beeinflussen. Doch wie in *The Brethren* beschrieben verflüchtigte sich diese Einstellung sehr schnell. Rehnquist war nun überzeugt, dass »der rechtliche und moralische Austausch, durch den sich liberale Mitarbeiter entwickelten, für die Richter und das Gericht gut waren«. Als Richter Scalia am Berufungsgericht im District of Columbia tätig war und in seinen ersten Jahren am Supreme Court, war er dafür bekannt, dass er bewusst nach Mitarbeitern mit liberaler Einstellung suchte.

Heute ist der Supreme Court gespaltener und damit hat auch diese Praxis aufgehört. Einem Artikel der *New York Times* von 2010 zufolge beschäftigte lediglich Richter Breyer regelmäßig Berater, die für Richter am Berufungsgericht gearbeitet hatten und von Präsidenten beider Parteien ernannt worden waren. Seit 2005 hat Scalia keine Mitarbeiter*innen mehr mit Erfahrung in der Arbeit für demokratische Richter eingestellt. Vor dem Hintergrund dieses Wandels in der Einstellungspraxis sollte es nicht überraschen, dass das Gericht heute stärker polarisiert ist. Die Richter tendieren immer mehr dazu, sich ihre eigenen Echokammern zu schaffen.

Richter Thomas stellte von 1986 bis zur Entstehung des Artikels ausschließlich Mitarbeiter ein, die für republikanisch ernannte Richter gearbeitet hatten. Es überrascht nicht, dass er laut Informationen des *Journal of Law, Economics, and Organization* der Richter ist, der von der ideologischen Mitte des Gerichts am weitesten entfernt ist und deutlich weiter rechts steht als der am weitesten links orientierte Richter (Sotomayor) links steht.

Thomas sagte einmal: »Ich stelle keine Mitarbeiter ein, die eine völlig andere Meinung haben als ich. Das ist doch, wie wenn man versucht, ein Schwein zu dressieren. Es ist Zeitverschwendung für einen selbst und das Schwein macht es wütend.«[16] Das ergibt jedoch nur dann einen Sinn, wenn man glaubt, das Ziel einer Entscheidungsgruppe sei, die Leute dahin zu bringen, dass sie der eigenen Meinung zu-

[16] Thomas lehnte sich hier an ein oft genutztes Zitat an, das man Mark Twain zuschreibt: »Versuche nie, einem Schwein das Singen beizubringen. Es ist Zeitverschwendung für dich und das Schwein macht es wütend.«

stimmen. Wenn aber das Ziel ist, den besten Entscheidungsprozess zu entwickeln, ist das wirklich eine seltsame Einstellung.

Diese Polarisierung ist eine Warnung davor, eine Entscheidungsgruppe aus einer Versammlung von Klonen zu bilden, die alle dieselbe Meinung haben und auf dieselben Informationsquellen zurückgreifen wie wir selbst. Je homogener wir werden, desto mehr wird die Gruppe das bestätigende Denken fördern und ausbauen. Leider ist das genau die Tendenz, die derzeit herrscht. Selbst die Richter am Supreme Court folgen ihr. Wir kennen diese Tendenz in der Politik sehr gut; jeder der politischen Flügel beklagt das beim anderen. Konservative beklagen sich, dass die Liberalen in einer Echokammer wohnen, wo sie nur kontinuierlich ihren eigenen Standpunkt wiederholen und bestätigen. Sie seien nicht offen für neue Informationen oder Ideen, die nicht mit dem zusammenpassen, wovon sie bereits überzeugt sind. Dasselbe werfen die Liberalen den Konservativen vor.

Auch wenn das Internet und die riesige Bandbreite der Multimedia-Nachrichten uns mit grenzenlosem Zugang zu verschiedenen Standpunkten versorgen, so geben sie uns doch auch nie dagewesene Möglichkeiten, in eine Blase abzutauchen und unsere Informationen aus Quellen zu beziehen, von denen wir wissen, dass sie unsere Weltanschauung teilen. Oft ist uns gar nicht klar, dass wir uns selbst in einer Echokammer befinden, weil wir so in unsere eigenen Ideen verliebt sind, dass sich alles einfach vernünftig und richtig anhört. Im politischen Diskurs wird praktisch jeder, auch jene, die mit dem Gruppendenken vertraut sind, versichern: »Ich bin in der rationalen Gruppe, die Ideen austauscht und diese Dinge durchdenkt. Die Leute von der anderen Seite sind dagegen in einer Echokammer.«

Wir müssen wachsam sein und dieser Tendenz in unseren Gruppen entgegenwirken. Ob es darum geht, eine Gruppe von Freunden oder eine Arbeitsgruppe zu bilden – oder ob wir vielleicht in der Position sind, die Kultur eines Unternehmens in Richtung Toleranz und Wahrheitsfindung zu führen, indem wir Mitarbeiter mit unterschiedlichen Standpunkten einstellen –, wir sollten in jedem Fall auf der Hut davor sein, uns immer mehr den Klonen unserer selbst zuzuwenden. Wir sollten aber auch wissen, dass das sehr schwierig ist: Die Norm geht in Richtung Homogenität; in diesem Sinne sind wir alle schuldig und wir merken noch nicht einmal, dass wir das sind.

Unter Sozialpsychologen: Bestätigungstendenz und Heterodox Academy

Im Jahr 2011 wies Jon Haidt bei einer Rede vor einem Publikum aus 1000 Sozialpsychologen darauf hin, dass es in ihrem Feld einen Mangel an Diversität der Standpunkte gab. Er berichtete, er könne nur einen einzigen konservativen Sozialpsychologen ausmachen, der in irgendeiner Weise auf diesem Feld anerkannt war.

In Umfragen der Berufsverbände von Soziologen wurde festgestellt, dass 85 bis 96 Prozent ihrer Mitglieder, die sich selbst als links von der Mitte bezeichneten, 2012 für Obama stimmten oder aufgrund eines Fragebogens mit politischen Ansichten links eingeordnet werden konnten. (Die meisten der verbleibenden vier bis 15 Prozent stuften sich eher als politisch in der Mitte oder moderat ein als konservativ.) Der Trend hat eine lange Geschichte, aber er hat sich in letzter Zeit beschleunigt. In den 1990er-Jahren stellten die Liberalen unter den Sozialpsychologen gegenüber den Konservativen eine Mehrheit von vier zu eins. Neuere Umfragen zeigen, dass das Verhältnis sich auf mehr als zehn zu eins verschoben hat, in manchen Bereichen sogar noch wesentlich weiter. Eine Tendenz, Mitarbeiter entsprechend der Bestätigung dieser Weltanschauung einzustellen, in Kombination mit der entmutigenden Tatsache, ideologisch so deutlich in der Unterzahl zu sein, legt nahe, dass sich diese Situation ohne bewusstes Eingreifen nicht verbessern wird. Umfragen zufolge, die diesen Trend zur Homogenität dokumentierten, bezeichneten sich etwa zehn Prozent der Fakultätsverantwortlichen als konservativ, von den Studierenden im Hauptstudium und Doktorand*innen sogar nur zwei Prozent.

Haidt gründete zusammen mit Philip Tetlock und vier anderen (den Sozialpsychologen José Duarte, Jarret Crawford und Lee Jussim sowie der Soziologin Charlotta Stern) eine Organisation namens *Heterodox Academy*, um dieser Tendenz zur Homogenität des Denkens in der Wissenschaft und der akademischen Welt insgesamt entgegenzuwirken. 2015 veröffentlichten sie ihre Ergebnisse in dem Magazin *Behavioral and Brain Sciences (BBS)*, zusammen mit 33 offen vergleichenden und begutachtenden Kommentaren aus der Fachwelt. Der Beitrag in der *BBS* erklärte und dokumentierte die politische Unausgewogenheit im Bereich Sozialpsychologie, beschrieb, dass dies die Qualität der Forschungen beeinträchtige und was man tun könne, um die Situation zu verbessern.

Die Sozialpsychologie ist besonders anfällig für die Auswirkungen politischer Unausgewogenheit. Sozialpsychologen erforschen viele der heiß umstrittenen Themen, die die politische Linke und Rechte voneinander trennen: Rassismus, Sexismus, Stereotype und Reaktionen auf Macht und Autorität. Wenn dies aus einer Gemeinschaft heraus geschieht, die fast zur Gänze aus liberal eingestellten Wissenschaftlern besteht, können Qualität und Wirkung dieser Forschungen darunter leiden.

Die Autoren fanden Beispiele, in denen politische Werte »in Forschungsfragen derart eingebettet wurden, dass manche Phänomene nicht mehr beobachtbar und nicht messbar waren, womit jeder Versuch, Hypothesen zu überprüfen, obsolet wird«. Dies kam bei mehreren Experimenten vor, bei denen es um die Haltung in Umweltfragen und Versuche, unethisches Verhalten mit Ideologie zu verknüpfen, ging. Sie entdeckten auch das Risiko, dass Forscher sich auf Themen konzentrierten, die ihr gemeinsames Narrativ unterstützten, und Themen vermieden, die zu diesem Narrativ im Widerspruch standen, wie die Wahrheit hinter Stereotypen oder das Vorkommen und die Ausrichtung von Vorurteilen. Zum Schluss wiesen sie noch auf das offensichtliche Problem der Legitimierung einer Forschung hin, die die Konservativen als dogmatisch und intolerant charakterisiert, deren Ausführende jedoch mit einer Mehrheit von zehn zu eins Liberale sind.

Zunächst zeigt der Ansatz der *Heterodox Academy*, dass es eine natürliche Tendenz hin zu Homogenität und bestätigendem Denken gibt. Wir alle kennen diese Neigung zu Menschen, die ebenso denken wie wir. Auch Wissenschaftler, die besonders geschult und dafür prädestiniert sind, die Wahrheit zu finden, sind dagegen nicht immun. Die Autoren des *BBS*-Beitrags stellten fest: »Selbst Forschungsgruppen aus hochintelligenten und wohlmeinenden Menschen können der bestätigenden Voreingenommenheit anheimfallen, da der IQ absolut damit zusammenhängt, wie viele Gründe Menschen in einer Auseinandersetzung für ihre eigene Seite finden.« So fest ist diese Voreingenommenheit verankert. Wir beobachten, dass ihr selbst Richter und Wissenschaftler unterliegen. Wir sollten also kein Problem damit haben – unabhängig davon, – wer oder was wir sind – zuzugeben, dass auch wir Hilfe brauchen.

Zweitens sind Gruppen mit unterschiedlichen Sichtweisen der beste Schutz gegen bestätigendes Denken. Das Peer-Review-Verfahren, der Goldstandard, der *die* Methode zur Garantie für Offenheit und Überprüfung von Hypothesen in der Wissenschaft ist, »bietet sehr viel weniger Schutz gegen Irrtümer, wenn die Peer-Gemeinschaft politisch homogen ist.« Mit anderen Worten, die Meinungen der Gruppenmitglieder sind nicht sonderlich hilfreich, wenn es sich um eine Gruppe von Klonen handelt. In experimentellen Studien, die in dem *BBS*-Beitrag angeführt wurden, wurde festgestellt, dass die bestätigende Voreingenommenheit die Prüfer dazu brachte, »sich besonders anzustrengen, um Fehler in Beiträgen zu finden, deren Schlussfolgerungen sie ablehnten, und eher großzügig gegenüber methodischen Problemen zu sein, wenn sie deren Schlussfolgerungen unterstützten«. Die Autoren des *BBS*-Beitrags schlussfolgerten, dass »noch niemand einen Weg gefunden hat, wie man die bestätigende Voreingenommenheit von Einzelnen ausmerzen könnte, aber wir können das Feld so weit diversifizieren, dass die Voreingenommenheit der Einzelnen einander gegenseitig aufhebt.«

Der *BBS*-Beitrag und die weiterführende Arbeit der Heterodox Academy geben spezifische Empfehlungen, die Diversität und abweichende Meinungen fördern sollen. Ich würde Ihnen empfehlen, diese spezifischen Empfehlungen einmal zu lesen. Darunter sind Dinge wie eine erklärte Politik der Anti-Diskriminierung (gegen gegensätzliche Standpunkte), die Entwicklung von Methoden, um Menschen mit gegensätzlichen Standpunkten zu ermuntern, sich einer Gruppe anzuschließen und sich am Prozess aktiv zu beteiligen, oder Umfragen innerhalb der Gruppe durchzuführen, um die aktuelle Hetero- oder Homogenität der Meinungen zu ermitteln. Es wäre gut, wenn wir genau diese Dinge für die Gruppen in unserem Privatleben und am Arbeitsplatz übernehmen (und, wo nötig, anpassen) würden.

Selbst bei jenen, die sich der Wahrheitssuche verschrieben haben – Richter und Akademiker – können wir beobachten, wie stark die Tendenz ist, nach Bestätigung für die eigenen Überzeugungen zu suchen. Wenn Sie bezweifeln, dass dies für uns alle gilt, legen Sie dieses Buch einmal kurz zur Seite und checken Sie Ihren Twitter-Account dahingehend, wem Sie folgen. Es ist eine ziemlich sichere Wette, dass die Mehrzahl davon mit Ihnen ideologisch auf einer Linie ist. Wenn das so ist, fangen Sie doch einfach einmal an, ein paar Leuten vom anderen Flügel zu folgen.

Wollen wir wetten (auf die Wissenschaft)?

Wenn das Denken in Wetten dazu beiträgt, uns von unserer Voreingenommenheit zu befreien, könnten wir es dann nicht auch beim Problem der *Heterodox Academy* anwenden? Man könnte vermuten, dass Wissenschaftler objektiver wären, wenn sie auf die Wahrscheinlichkeit wetten müssten, dass immer wieder dieselben Ergebnisse herauskämen, wie beim traditionellen Peer-Review-Verfahren, das ja für voreingenommene Sichtweisen anfällig ist. Besonders in einem anonymen Wettumfeld ist es gar nichts wert, nur die eigene vorgefasste Ideologie zu bestätigen oder allein auf der Basis zu wetten, dass bei einer Wiederholung einer Studie die eigene Arbeit oder Überzeugungen bestätigt werden. In einem solchen Wettumfeld hätten die Wissenschaftler »recht«, wenn sie ihre Fähigkeiten auf höherer Ebene einsetzten, um die objektivste Wette darüber abzuschließen, ob sich die Ergebnisse wiederholen werden oder nicht. Forscher, die im Voraus wüssten, dass ihre Arbeit einem Markttest unterzogen wird, würden ebenfalls eine zusätzliche Verantwortlichkeit entwickeln, die die Darstellung ihrer Ergebnisse wahrscheinlich beeinflussen würde.

Zumindest in einer Studie wurde festgestellt, dass die Vorgehensweisen tatsächlich in einem Wettumfeld, in dem die Wissenschaftler auf die Wahrscheinlichkeit setzen, dass sich die Ergebnisse von Experimenten wiederholen, korrekter waren als anhand der Expertenmeinungen allein. In der Psychologie gab es im letzten Jahrzehnt eine Kontroverse über eine potenziell hohe Anzahl von veröffentlichten Studien mit Ergebnissen, die die Wissenschaftler im Nachhinein nicht wiederholen konnten. Dieses Phänomen wurde im *Reproducibility Project* untersucht: Die Psychologie hat es sich zur Aufgabe gemacht, die Studien der führenden Psychologie-Zeitschriften zu replizieren. Anna Dreber, Verhaltensökonomin an der School of Economics Stockholm, erstellte mit mehreren Kollegen zusammen ein Wettumfeld auf der Basis dieser Replikationsversuche. Man rekrutierte eine Handvoll Experten aus den relevanten Themenfeldern und bat sie um ihre Einschätzung der Wahrscheinlichkeit, ob das *Reproducibility Project* die Resultate von 44 Studien replizieren würde. Man gab diesen Experten Geld, das sie im Vorfeld auf die Replikationsfähigkeit jeder Studie setzen konnten.

Experten, die nach der traditionellen Peer-Review-Methode vorgingen und ihre Einschätzung lieferten, ob ein Resultat eines Experiments repliziert werden könnte, lagen in 58 Prozent der Fälle richtig. In einem Wettmarkt mit denselben Experten als Beteiligten, in dem sie diesmal Geld setzten, waren die Vorhersagen in 71 Prozent der Fälle richtig.

Viele waren überrascht zu erfahren, dass die Expertenmeinung, die als Wette geäußert wurde, häufiger korrekt war als die Expertenmeinung, die als Peer-Review geäußert wurde, da der Peer-Review stets als bombensichere Grundlage der wissenschaftlichen Methode betrachtet wird. Dieses Ergebnis sollte natürlich für die Leser dieses Buches keine Überraschung sein. Wir wissen, dass Wissenschaftler sich der Wahrheitssuche verschrieben haben und den Peer-Review ernst nehmen. Es liegt wohl bereits ein impliziertes Wett-Element im wissenschaftlichen Prozess, weil Forscher wie Prüfer mit der Qualität ihrer Prüfungen ihren Ruf aufs Spiel setzen. Aber wir wissen, dass Wissenschaftler wie Richter – und genau wie wir selbst – auch nur Menschen sind und den Mustern des bestätigenden Denkens unterliegen. Wenn wir jedoch das Risiko ansprechen, anstatt es implizit zu lassen, lenkt das den Fokus aller darauf, objektiver zu sein.

Eine wachsende Anzahl von Wirtschaftszweigen implementiert inzwischen Wettmärkte, um gegensätzliche Meinungen zu bekommen und zu fördern. Unternehmen, die Vorhersagemärkte implementieren, um Entscheidungen zu testen, sind zum Beispiel Google, Microsoft, General Electric, Eli Lilly, Pfizer oder Siemens. Menschen sind eher bereit, ihre Meinung einzubringen, wenn es das Ziel ist, eine Wette zu gewinnen, als wenn es darin besteht, mit anderen Leuten in einem Raum gut auszukommen.

Korrektheit, Verantwortlichkeit und Diversität, eingebettet in die Vereinbarung einer Gruppe, tragen alle dazu bei, dass bessere Entscheidungen getroffen werden, besonders, wenn die Gruppe das Denken in Wetten unterstützt. Da wir nun die Elemente einer guten Vereinbarung verstehen, schreiten wir weiter fort in den Verhaltensregeln für eine produktive Entscheidungsgruppe, wie man miteinander am effektivsten kommuniziert. Ein Pionier der Soziologie entwarf eine Sammlung von Normen der Wahrheitsfindung für Gruppen (Wissenschaftler), die eine ziemlich gute Vorlage abgeben. Ich weiß nicht, ob er gerne wettete, aber er stand unter dem Einfluss von etwas sehr Relevantem für das Denken über Voreingenommenheit, Rationalität und die potenzielle Kluft zwischen Wahrnehmung und Realität: Er war ein Zauberer.

KAPITEL 5
Uneinigkeit gewinnt

CUDOS für einen Zauberer

Meyer R. Schkolnick wurde am 4. Juli 1910 in South Philadelphia geboren. Er gab als Jugendlicher Zaubervorstellungen auf Geburtstagspartys und überlegte sich, eine Karriere als professioneller Zauberkünstler anzugehen. Er legte sich den Künstlernamen Robert Merlin zu. Dann überzeugte ihn ein Freund, dass es für einen Zauberkünstler im jugendlichen Alter zu anmaßend sei, sich Merlin zu nennen, also gab er Vorstellungen unter dem Namen Robert Merton. Als Robert K. Merton (um ihn von seinem Sohn zu unterscheiden, dem Wirtschaftswissenschaftler und Nobelpreisträger Robert C. Merton) 2003 starb, nannte ihn die *New York Times* »einen der einflussreichsten Soziologen des 20. Jahrhunderts«.

Die Gründer der Heterodox Academy hoben dabei in dem *BBS*-Beitrag besonders Mertons Arbeiten von 1942 und 1973 hervor, in denen er Normen für die wissenschaftliche Gemeinschaft erstellte, die heute unter dem Akronym CUDOS bekannt sind: »Eine ideologisch ausgewogene Wissenschaft, die routinemäßig auf Zusammenarbeit mit entgegengesetzten Ansätzen zurückgreift, um empirische Dispute zu lösen, hätte eine verblüffende Ähnlichkeit mit Robert Mertons idealtypischem Modell einer selbstkorrigierenden erkenntnistheoretischen Gemeinschaft, die rund um die Normen von CUDOS organisiert ist.« Laut dem Beitrag der *BBS* steht CUDOS für

Communism/Kommunismus (die Daten gehören der Gruppe)
Universalismus (Behauptungen und Beweise werden nach denselben Standards behandelt, egal von welcher Seite sie kommen)
Disinterestedness/Kein Eigeninteresse (Wachsamkeit für potenzielle Konflikte, die die Bewertung der Gruppe beeinflussen könnten) und
Organisierter **S**keptizismus (Diskussion in der Gruppe, um das Einbringen von anderen Meinungen und die Uneinigkeit zu fördern).

Wenn man sich ein Rollenvorbild für die Bildung von praktischen Umgangsregeln innerhalb einer Gruppe nehmen möchte, gibt es niemand Besseren als Merton. Zunächst prägte er den Begriff »Rollenvorbild« ebenso wie »selbsterfüllende Prophezeiung« oder »Fokusgruppe«. Er gründete die Soziologie als Wissenschaft und war der erste Soziologe, der mit der National Medal of Science ausgezeichnet wurde.

Merton begann seine akademische Laufbahn in den 1930er-Jahren, indem er die Geschichte des Einflusses der Institutionen auf die wissenschaftliche Gemeinschaft untersuchte. Für ihn war das eine Geschichte zahlreicher Perioden wissenschaftlichen Fortschritts, der durch geopolitische Einflüsse gefördert wurde, aber auch von Perioden, in denen um die Unabhängigkeit von diesen Einflüssen gekämpft werden musste. Sein Leben umspannte beide Weltkriege und den Kalten Krieg, wobei er nationalistische Bewegungen aufkommen sah und untersuchte, in denen Menschen »ihr politisches Selbst im Gewand der Wissenschaft aufmarschieren ließen«, womit er Forschungswissen auf der Basis von politischer und nationaler Gesinnung explizit verurteilte.

1942 schrieb Merton über die normative Struktur der Wissenschaft. Er bastelte über die folgenden 31 Jahre hinweg an dem Beitrag herum und veröffentlichte die finale Version 1973 in einem Buch. Dieses zwölfseitige Dokument ist eine ausgezeichnete Anleitung zur Entwicklung von Verhaltensregeln für jede wahrheitssuchende Gruppe. Ich habe mich dafür eingesetzt, dass es auch in meiner Pokergruppe und in Arbeitsgruppen, vor denen ich gesprochen habe oder die ich beraten habe, angewandt wird. Jedes einzelne Element von CUDOS – Kommunismus, Universalismus, Ausschluss von Eigeninteresse und organisierter Skeptizismus – kann weitestgehend angewandt und angepasst werden, um eine Gruppe in Richtung Objektivität weiterzubringen. Wenn es eine Tendenz zu bestätigendem Denken gibt und wenn man von der Genauigkeit und dem Erforschen abkommt, liegt das wahrscheinlich daran, dass eine von Mertons Normen vernachlässigt wurde. Es überrascht nicht, dass Mertons Beitrag auch eine ausgezeichnete Anleitung für jeden wäre, der profitabel wetten möchte oder eine Zeitlang profitable Entscheidungen treffen will.

Der Mertonsche Kommunismus: mehr ist mehr

Die Mertonsche Norm des Kommunismus (natürlich nicht das politische System) bezieht sich auf den gemeinschaftlichen Besitz von Daten innerhalb einer Gruppe. Merton argumentierte, dass in der akademischen Welt die Daten eines einzelnen Forschers irgendwann mit der wissenschaftlichen Gemeinschaft im Ganzen geteilt werden müssen, damit sich das Wissen weiterentwickeln kann. »Geheimhaltung ist die Antithese dieser Norm; vollständige und offene Kommunikation ihre Umsetzung.« In der Wissenschaft bedeutet das, dass die Gemeinschaft sich darauf geeinigt hat, dass Forschungsergebnisse ohne Zugang zu den Daten und eine detaillierte Beschreibung des Aufbaus und der Methoden des Experiments nicht angemessen geprüft werden können. Forscher sollen zwar ihre Daten geheim halten, bis sie veröffentlicht werden, aber wenn das einmal geschehen ist, sollten sie die Türen weit aufstoßen und der Gemeinschaft jede Gelegenheit geben, eine angemessene Prüfung vorzunehmen. Jeder Versuch von Korrektheit ist zum Scheitern verurteilt, wenn die wahrheitssuchende Gruppe nur beschränkten Zugriff auf potenziell wichtige Informationen hat. Wenn man nicht über sämtliche Fakten verfügt, leidet die Korrektheit.

Dieses Ideal der wissenschaftlichen Offenheit wurde von dem Physiker Richard Feynman 1974 in einer Vorlesung ganz ähnlich beschrieben als »eine völlige Offenheit – eine Art des Sich-Zurücklehnens. Zum Beispiel, wenn man ein Experiment durchführt, sollte man alles, wovon man denkt, dass es dasselbe ungültig machen könnte, dokumentieren – nicht nur das, wovon man glaubt, dass es richtig ist: andere Gründe, die möglicherweise die eigenen Ergebnisse erklären könnten …«

Es wäre unrealistisch, zu glauben, dass wir Feynmans Ideal vollkommen erreichen können; selbst Wissenschaftler haben damit zu kämpfen. Innerhalb unserer eigenen Entscheidungsgruppe sollten wir jedoch danach streben, die Regel »mehr ist mehr« zu beachten. Geben Sie alle Informationen heraus. Seien Sie so umfassend wie möglich bei der Definition dessen, was nur irgendwie relevant sein könnte. Belohnen Sie den Prozess, das Knochengerüst unseres eigenen Denkens aus der Kiste zu ziehen. Als Faustregel sollte man darauf achten, wenn wir einen Drang verspüren, ein Detail auszulassen, weil wir uns damit unwohl fühlen oder weil es dann zu viele Erklärungen erfordert – dies sind genau die Details, die wir anderen mitteilen müssen. Allein schon die Tatsache, dass wir zögern oder uns unwohl fühlen, ist ein Zeichen dafür, dass eine solche Information vielleicht entscheidend sein kann, um eine vollständige und ausgeglichene Sicht zu liefern. Und genauso sollten wir als Mitglieder einer Gruppe, die eine Entscheidung überprüft, solches Zögern als Signal verstehen, weiterzuforschen.

Da wir die Selbstverwaltung in den Vereinigten Staaten als Experiment der Wahrheitssuche verstehen, haben wir festgelegt, dass der offene Umgang mit Informationen ein Eckstein für den Entscheidungsprozess und die dazugehörige Verantwortlichkeit durch die Regierung sein muss. Die Gewährung der Presse- und der Redefreiheit in der Verfassung erkennt die Bedeutung des Rechts auf freie Meinungsäußerung an, aber sie sind für uns auch notwendige Mechanismen, um sicherzustellen, dass die Informationen die Öffentlichkeit erreichen. Die Regierung dient dem Volk, also gehören die Daten dem Volk, und es hat das Recht darauf, dass die Daten mit ihm geteilt werden. Statuten wie der *Freedom of Information Act* haben denselben Zweck. Ohne freien Zugriff auf Informationen ist es unmöglich, unsere Regierung vernünftig zu bewerten.

Das Teilen von Daten und Informationen, genau wie die anderen Elemente einer Vereinbarung zur Wahrheitsfindung, muss aufgrund von gegenseitigem Einverständnis erfolgen. Akademiker erklären sich einverstanden, ihre Ergebnisse anderen mitzuteilen. Die Regierung teilt Informationen aufgrund des Einverständnisses des Volkes. Ohne deren Einverständnis können und sollten wir andere nicht dazu zwingen, Informationen zu teilen, die sie nicht teilen wollen. Wir haben alle ein Recht auf Privatsphäre. Unternehmen und andere Organisationen haben das Recht, mit Geheimnissen zu handeln und ihr geistiges Eigentum zu schützen. Aber innerhalb unserer Gruppe gehört die Vereinbarung, Details zu teilen, die für die Einschätzung der Qualität einer Entscheidung relevant sind, zu einer produktiven Vereinbarung der Wahrheitsfindung.

Wenn die Gruppe eine Entscheidung diskutiert und nicht alle Details vorliegen hat, könnte es daran liegen, dass der Person, die sie liefert, nicht klar ist, dass manche der Daten wichtig sind. Oder es könnte daran liegen, dass die Person, die die Geschichte erzählt, eine bestimmte Version bevorzugt und sich darüber gar nicht klar ist. Schließlich, wie Jonathan Haidt schon herausstellte, ist jeder von uns sein eigener bester PR-Agent, der ein Narrativ zusammenspinnt, das uns im schmeichelhaftesten Licht erscheinen lässt.

Wir haben es alle schon erlebt, dass wir zwei verschiedene Darstellungen desselben Ereignisses bekommen, aber die Versionen sind diametral entgegengesetzt, weil sie auf unterschiedlichen Fakten und Perspektiven beruhen. Dieses Phänomen ist unter dem Namen Rashomon-Effekt bekannt, benannt nach dem Kinoklassiker *Rashomon* von 1950 unter der Regie von Akira Kurosawa. Das zentrale Element des ansonsten simplen Plots war, dass Unvollständigkeit ein Instrument der Voreingenommenheit ist. Im Film liefern vier verschiedene Personen getrennt voneinander gänzlich unterschiedliche Berichte über ein und dieselbe Szene, die sie alle beobachtet haben: die Verfolgung (oder Vergewaltigung) einer Frau durch einen Banditen, den Zweikampf des Banditen mit ihrem Ehemann (falls es einen Kampf gab) und den Tod des Ehemanns (weil er im Kampf unterlag, ermordet wurde oder Selbstmord beging).

Selbst ohne die einander widersprechenden Versionen erinnert uns der Rashomon-Effekt daran, dass wir nicht annehmen können, dass die Version einer Geschichte wahr oder vollständig ist. Wir können uns nicht darauf verlassen, dass jemand anders die andere Seite der Geschichte liefert oder die Version von irgendjemandem einen vollständigen und objektiven Bericht mit allen relevanten Informationen liefert. Deshalb ist es innerhalb einer Entscheidungsgruppe hilfreich, wenn sich beide Seiten zu einer Diskussion über die Mertonschen Normen bekennen. Wenn wir eine Entscheidung zur Diskussion stellen, sollten wir auf die Details achten, die wir vielleicht weglassen könnten, und besonders genau sein mit allem, was irgendwie relevant sein könnte. Aufseiten der Bewerter müssen wir einander gegenseitig befragen, um diese Details zu bekommen, wenn nötig.

Meine Beratung des CEO, der die Probleme seines Unternehmens lösen wollte, indem er den Präsidenten entließ, zeigt, wie wertvoll es ist, sich an das Teilen von Daten zu halten. Nachdem er beschrieben hatte, was passiert war, forderte ich eine Menge mehr Informationen ein. Als er die Details zum Einstellungsprozess dieser Führungskraft und die Umgangsweise mit den Job-Defiziten des Präsidenten beschrieb, führte das zu weiteren Fragen zu diesen Entscheidungen, was wiederum dazu führte, dass mehr Detailinformationen geliefert wurden. Er meinte zu erkennen, dass es eine schlechte Entscheidung war, und rechtfertigte dies durch seine anfängliche Beschreibung der Situation. Nachdem wir jedes Detail in jeder Dimension der Entscheidung herausgeschält hatten, kamen wir zu einer anderen Schlussfolgerung:

Die Entscheidung, den Präsidenten zu entlassen, war strategisch gesehen ganz vernünftig gewesen. Es ging nur einfach zufällig schief.

Teilen Sie Ihre Daten mit anderen. Das tun alle Experten. Das ist sogar einer der Gründe, warum Experten zu Experten werden. Sie verstehen, dass das Teilen von Daten die beste Art ist, zur Wahrheit zu gelangen, denn dadurch bekommt man Einsichten von den Zuhörern, die den höchsten Wahrheitsgehalt haben.

Sie sollten einmal hören, wie viele Details ein Top-Pokerspieler bei der Beschreibung einer Hand angibt, wenn er diese Hand mit einem anderen Spieler bespricht. Ein Laie würde denken: »Das scheinen doch eine Menge irrelevante, nebensächliche Details zu sein. Warum sagen sie das alles überhaupt?« Wenn zwei Pokerexperten zusammenkommen, um Sichtweisen und Meinungen über Hände auszutauschen, geht es um außergewöhnlich viele Details: die Positionen aller an der Hand Beteiligten; die Höhe der Einsätze und die Höhe des Pots nach jedem Einsatz; was sie darüber wissen, wie ihr(e) Gegner bei vergangenen Spielbegegnungen spielten; wie sie in dem betreffenden Spiel spielten, um das es ging; wie sie in den letzten Händen in diesem Spiel gespielt haben (besonders ob sie vor Kurzem gewonnen oder verloren haben); wie viele Chips jeder Einzelne während der Hand hatte; was deren Gegner über sie wissen etc. etc. Experten wissen und beachten, dass man die Qualität der Entscheidung umso besser einschätzen kann, je mehr Details man hat. Und weil man immer dieselben Details erwartet, arbeiten Experten im Wesentlichen mit Schablonen, sodass es weniger Gelegenheit gibt, nur die Information weiterzuleiten, die den Zuhörer auf einem ausgetretenen Pfad zur erwünschten Schlussfolgerung führt.

Der Hall-of-Fame-Trainer John Madden erzählte in einer Dokumentation über Vince Lombardi, wie er als junger Assistenztrainer in einer Trainingsklinik einen Vortrag von Lombardi über eine Spielweise hörte, nämlich über den Power Sweep, eine Spieltechnik im American Football, die er mit den Green Bay Packers in den 1960ern berühmt machte. Die Leute hingen Lombardi förmlich an den Lippen, während er diese eine Spielweise acht Stunden lang beschrieb. Madden sagte:

»Ich bin dort mit geschwellter Brust hingegangen und dachte, ich wüsste alles, was es über Football zu wissen gab, und dann verbrachte er acht Stunden damit, nur über diese eine Spielweise zu reden ... da wurde mir klar, dass ich eigentlich gar nichts über Football wusste.«

Wir neigen von Natur aus dazu, Informationen lieber nicht zu teilen, die es anderen ermöglichen könnten, einen Fehler in unseren Entscheidungen zu finden. Meine Gruppe machte es mir damit leichter, dass sie mir ein gutes Gefühl gaben, wenn ich mich verbessern wollte. Wenn ich Details erzählte, die mich meiner Einschätzung nach in ein schlechtes Licht rückten, bekam ich durch die Zustimmung der Spieler, die ich schätzte, ein positives Update für mein Selbstbild. In meinen Beratungen ermuntere ich Unternehmen, dafür zu sorgen, dass sie *Erfolg* nicht nur über Ergebnisse definieren oder dadurch, dass man eine Geschichte erzählt, die einen selbst aufwertet. Wenn Erfolg in einem Unternehmen darin besteht, die korrekteste, objektivste und detaillierteste Einschätzung dessen zu liefern, was vor sich geht, werden die Mitarbeiter sich anstrengen, um in diesem Bereich erfolgreich zu sein. Das wird eine bessere Denkweise belohnen.

Erklären Sie sich bereit, Daten zu teilen, und belohnen Sie andere in Ihrer Entscheidungsgruppe, wenn sie mehr über eine Geschichte erzählen.

Universalismus: Erschießen Sie die Botschaft nicht

Der bekannte Rat »Erschieß nicht den Boten« ist eine gute Kurzform für die Gründe, aus denen wir abweichende Gedanken schützen und zu solchen ermuntern möchten. Mit dem *Leben des Lukullus* lieferte Plutarch ein frühes literarisches Beispiel: Der König von Armenien erhielt eine Vorankündigung, dass die Truppen des Lukullus sich näherten. Er tötete den Boten und von da an überbrachte kein Bote mehr solche Nachrichten. Offensichtlich sollte man es nicht am Boten auslassen, wenn man die Nachricht nicht mag.

Die Mertonsche Norm des Universalismus ist das genaue Gegenteil. »Behauptungen, egal woher sie kommen, müssen feststehenden sachlichen Kriterien entsprechen.« Das heißt, die Akzeptanz oder Ablehnung eines Gedankens darf nicht »von den persönlichen oder sozialen Eigenschaften ihres Protagonisten abhängen«. Der Spruch »Erschieß nicht die Botschaft« hat aus gutem Grund nicht dieselbe historische oder literarische Aufmerksamkeit erlangt, aber er wendet sich einem ebenso wichtigen Problem der Entscheidungsfindung zu: Lehne einen Gedanken nicht ab oder ignoriere ihn nicht, nur weil dir nicht gefällt, von wem oder woher er kommt.

Wenn wir eine negative Meinung über den Menschen haben, der eine Botschaft überbringt, verschließen wir uns dem, was er sagt, und verpassen so viele Gelegenheiten, um zu lernen. Dementsprechend neigen wir dazu, die Botschaft zu akzeptieren, ohne sie groß zu hinterfragen, wenn wir von einem Boten eine gute Meinung haben. Beides ist schlecht.

Ob es dabei um Fakten geht, um Gedanken, Überzeugungen, Meinungen oder Vorhersagen, die Substanz der Information besitzt einen Wert an sich (oder nicht), ungeachtet dessen, woher sie kommt. Wenn Sie darüber entscheiden, ob es wahr ist, dass die Erde rund ist, ist es egal, ob der Gedanke von Ihrem besten Freund stammt, von George Washington oder Benito Mussolini. Die Korrektheit der Aussage sollte unabhängig von ihrer Quelle bewertet werden.

Ich habe zu Beginn meiner Pokerkarriere eine Lektion über Universalismus gelernt. Ich begann Poker zu spielen, indem ich diese Liste der Hände benutzte, die mir mein Bruder Howard auf eine Serviette geschrieben hatte. Ich behandelte diesen ersten Rat wie eine heilige Schrift. Deshalb stempelte ich jeden, den ich eine Hand spielen sah, die nicht auf der Liste stand, sofort als schlechten Spieler ab. Wenn ich dann einen solchen Spieler später eine Strategie anwenden sah, die ich noch nicht in meinem Spiel hatte, ignorierte ich sie. Dass ich das auf ganzer Linie machte (besonders, wenn ich die Spieler aufgrund eines einzigen Blickwinkels, dem einer soliden Anfängerstrategie, als

»schlecht« abgestempelt hatte), war eine teure Lektion in Universalismus. Es gingen in den ersten Jahren meiner Pokerkarriere so viele Dinge am Tisch vor, aber ich erschoss die Botschaft.

Ich machte mich derselben Sache schuldig, die David Letterman in seiner Erklärung an Lauren Conrad gestand: Er hatte lange Zeit angenommen, dass die Leute um ihn herum Idioten seien, bis er die alternative Hypothese in Betracht zog: »Vielleicht bin ich ja der Idiot.« Im Poker war jedenfalls ich der Idiot.

Als ich erkannte, dass Howards Liste nur ein sicherer Weg war, um ins Spiel zu kommen, und nicht die Magna Charta, die mit Bleistift auf eine Serviette gekritzelt worden war, entwickelte ich eine Übung, um den Universalismus zu trainieren und zu fördern. Wenn ich den Impuls hatte, jemanden als schlechten Spieler abzutun, zwang ich mich dazu, etwas zu finden, was dieser Spieler gut konnte. Es war eine Übung, die ich ganz für mich allein tun konnte, aber ich konnte mir bei der Analyse der Strategien, die diese Spieler vielleicht gut anwandten, Hilfe aus meiner Gruppe holen. Diese Übung brachte mich wirklich weiter.

Natürlich lernte ich einige neue und profitable Strategien und Taktiken. Ich entwickelte auch ein vollständigeres Bild von den Strategien anderer. Selbst wenn ich fand, dass die strategischen Entscheidungen des Spielers am Ende nicht profitabel waren, bekam ich ein tieferes Verständnis von der Spielweise meines Gegners, und das half mir dabei, Gegenstrategien zu entwerfen. Ich begann, tiefer darüber nachzudenken, wie meine Gegner dachten. Und in manchen Momenten erkannte ich, dass ich die Fähigkeiten bestimmter anderer Spieler unterschätzt hatte, von denen ich anfangs dachte, es wäre profitabel für mich, gegen sie zu spielen. Dadurch traf ich objektivere Entscheidungen über die Auswahl der Spiele. Und meine Pokergruppe profitierte von dieser Übung ebenfalls, denn indem wir die Strategien miteinander überarbeiteten, vervielfachten wir die Anzahl der Spieltechniken, die wir beobachten und besprechen konnten. Es war schwer, zuzugeben, dass die Leute, gegen die ich spielte, mir etwas beibringen konnten, und meine Gruppe half mir, stolz auf mich zu sein, wenn ich dem Drang widerstand, mich einfach darüber zu beklagen, wie viel Glück meine Gegner hatten.

Fast jede Gruppe kann eine Übung erarbeiten, um die Offenheit zu entwickeln und zu fördern, die der Universalismus erfordert. Zum Beispiel vergessen wir bei der aktuellen polarisierenden Politik die einfache Wahrheit, dass niemand immer nur gute Gedanken oder immer nur schlechte Gedanken hat. Liberale täten besser daran, sich Zeit zu nehmen, um mehr konservative Nachrichtenquellen zu lesen und anzusehen, und Konservative täten besser daran, sich Zeit zu nehmen, um mehr liberale Nachrichtenquellen zu lesen und anzusehen – und zwar nicht mit dem Ziel, die Bestätigung zu finden, dass die andere Seite ein Haufen von Idioten ist, die nichts von Wert zu sagen haben, sondern um bewusst und gezielt Dinge zu finden, denen man *zustimmt*. Wenn wir das tun, erfahren wir Dinge, die wir ansonsten nie erfahren hätten. Unsere Sichtweise wird wahrscheinlich etwas moderater, genau wie Richter von entgegengesetzten politischen Seiten aufeinander eine mäßigende Wirkung haben. Und selbst wenn wir am Ende nicht viel finden, dem wir zustimmen können, werden wir doch die gegnerische Position besser verstehen – und unsere eigene ebenfalls. Wir werden das in die Praxis umsetzen, was John Stuart Mill predigte.

Eine weitere Möglichkeit, die Botschaft vom Boten zu entkoppeln, ist es sich vorzustellen, dass die Botschaft von einer Quelle kommt, die wir viel mehr oder viel weniger schätzen. Wenn wir einen Bericht von jemandem hören, den wir mögen, stellen wir uns vor, dass uns jemand, den wir nicht mögen, dieselbe Geschichte erzählt hätte und umgekehrt. Das kann man auch in einer versuchsweisen Gruppenarbeit anwenden, indem man einander fragt: »Was für ein Gefühl hätten wir, wenn wir das von einer ganz anderen Quelle erfahren hätten?« Diesen Prozess der Informationsprüfung in der Gruppe kann man noch weiterführen, indem man gleich zu Beginn absichtlich die Information weglässt, woher oder von wem man einen Gedanken gehört hat. Den Boten einer Geschichte vorab zu identifizieren könnte das Bekenntnis der Gruppe zum Universalismus stören und die Mitglieder beeinflussen, sodass sie der Botschaft zustimmen oder sie ablehnen, je nachdem, welche Meinung sie über den Boten haben. Lassen Sie also zu Beginn die Quelle weg und geben Sie damit der Gruppe die größtmögliche Gelegenheit, sich einen Eindruck zu verschaffen, ohne die Botschaft aufgrund ihrer Meinung über den Boten (unabhängig von der Expertise oder Glaubwürdigkeit des Boten) abzuschießen (oder sie zu feiern).

John Stuart Mill machte klar, dass der einzige Weg, Wissen zu erlangen und sich der Wahrheit anzunähern, darin besteht, jede Meinungsvariante zu prüfen. Wir erfahren Dinge, die wir nicht wussten. Wir können Dinge besser einschätzen. Selbst wenn das Ergebnis dieser Überprüfung unsere anfängliche Position bestätigt, verstehen wir diese Position besser, wenn wir für jede Seite des Problems offen sind. Das erfordert eine Offenheit gegenüber Botschaften, die aus Richtungen kommen, die wir nicht mögen.

Kein Eigeninteresse: Wir alle haben einen Interessenkonflikt und der ist ansteckend

In den 1960er-Jahren herrschte Uneinigkeit in der Wissenschaft, ob Zucker oder Fett an den steigenden Zahlen von Herzerkrankungen schuld war. Im Jahr 1967 führten drei Wissenschaftler von Harvard eine Gesamtschau der bis dahin erfolgten Forschung durch, die im *New England Journal of Medicine* veröffentlicht wurde und mit voller Überzeugung auf Fett als Schuldigen verwies. Der Beitrag hatte – was wenig überrascht – großen Einfluss auf die Diskussionen über Diäten und Herzerkrankungen. Schließlich war und ist das *NEJM* ein prestigeträchtiges Blatt und die Forscher waren alle drei aus Harvard. Dass man dem Fett die Schuld gab und den Zucker entlastete, beeinflusste jahrzehntelang das Essverhalten von Hunderten Millionen Menschen, eine Überzeugung, die einen Wandel in den Essgewohnheiten bewirkte, der wiederum mit der massiven Zunahme von Fettleibigkeit und Diabetes in Verbindung gebracht wird.

Der Einfluss dieses Beitrags und dessen negative Auswirkungen auf die Essgewohnheiten und das Gesundheitswesen in Amerika ist eine verblüffende Veranschaulichung dafür, wie wichtig es ist, dass kein Eigeninteresse vorhanden ist. Vor Kurzem kam auf, dass eine Handelsgruppe, die die Zuckerindustrie vertritt, die drei Harvard-Wissenschaftler für das Verfassen des Beitrags bezahlt hatte, so ein Artikel des *JAMA Internal Medicine* vom September 2016. Da überrascht es nicht, dass die Forscher in Übereinstimmung mit der Agenda der Zuckerindustrie, die sie bezahlt hatte, die Methoden der Studien kritisierten, die eine Verbindung zwischen Zucker und Herzkrankheiten fanden, und Studien verteidigten, die keine Verbindung fanden. Die Kritik oder Verteidigung der Studienmethoden über Fett und Herzkrankheiten durch die Wissenschaftler folgten demselben Pro-Zucker-Muster.

Die Wissenschaftler, die damals beteiligt waren, sind heute alle tot. Doch wenn sie noch leben würden und wir sie fragen könnten, wäre es möglich, dass ihnen nicht einmal bewusst war, dass sie beeinflusst worden waren. Da es in der menschlichen Natur liegt, hätten sie wahrscheinlich zumindest ihre Schrift als wahr verteidigt und geleugnet, dass die Zuckerindustrie ihnen ihr Denken über das Thema diktiert oder beeinflusst habe. Jedenfalls hätte die Wissenschaft ihre Ergebnisse sehr viel skeptischer aufgenommen, wenn ihr Interessenkonflikt herausgekommen wäre, denn man hätte die Möglichkeit in Betracht gezogen, dass die Forscher aufgrund von finanziellem Interesse voreingenommen waren. Damals forderte das *NEJM* dahingehend keine Offenlegung. (Das änderte sich 1984.) Dieses Versäumnis verhinderte eine korrekte Bewertung der Ergebnisse und führte zur ernsthaften Schädigung der Gesundheit der Nation.

Wir neigen dazu, Interessenkonflikte im finanziellen Sinn zu verstehen, wie bei den Forschern, die von der Zuckerindustrie bezahlt wurden. Doch Interessenkonflikte können in vielen Gewändern auftreten. Unser Gehirn hat eingebaute Interessenkonflikte: Wir interpretieren die Welt um uns herum so, dass unsere Überzeugungen bestätigt werden, damit wir nicht zugeben müssen, etwas nicht zu wissen oder uns getäuscht zu haben, damit wir uns die guten Ergebnisse unserer Entscheidungen selbst zuschreiben können, um Gründe zu finden, dass schlechte Ergebnisse unserer Entscheidungen von Faktoren abhängig waren, die wir nicht kontrollieren können, um im Vergleich mit anderen gut dazustehen und um in einer Welt zu leben, in der es einen Sinn ergibt, wie sich die Dinge entwickeln. Von Natur aus haben wir immer irgendein Eigeninteresse. Wie wir Informationen verarbeiten, hängt davon ab, wie wir uns die Welt wünschen.

Erinnern Sie sich an das Gedankenexperiment, das ich zu Beginn des Buches beschrieben habe, wie die Schlagzeilen wohl gelautet hätten, wenn Pete Carrolls Pass Call den Super Bowl 2015 gewonnen hätte? Diese Schlagzeilen hätten von seiner Brillanz gehandelt. Die Menschen hätten Carrolls Entscheidung anders analysiert. Wenn man weiß, wie etwas ausging, schafft das einen Interessenkonflikt, der sich durch Resulting ausdrückt.

Richard Feynman erkannte, dass es in der Physik – einem Wissenschaftszweig, den die meisten für so objektiv halten wie 2 + 2 = 4 – noch immer Voreingenommenheit bei Ergebnissen gibt, die man nachweisen kann. Er fand heraus, dass wenn diejenigen, die die Daten analysierten, die Hypothese, die geprüft werden sollte, kannten oder ahnten, deren Analyse mit höherer Wahrscheinlichkeit die Hypothese unterstützte, die geprüft wurde. Aber das Aufteilen der Daten ist anfällig für Voreingenommenheit, auch wenn es nicht bewusst geschieht. Gemäß einem Artikel von Robert MacCoun und dem Physik-Nobelpreisträger Saul Perlmutter in *Nature* von 2015 hat sich die ergebnisblinde Analyse in mehreren Bereichen der Teilchenphysik und der Kosmologie verbreitet, wo sie oft als »die einzige Methode betrachtet wird, vielen Ergebnissen zu trauen«. Da dieser Gedanke – eine willkürliche Variable einzuführen, sodass diejenigen, die die Daten analysieren, das Ergebnis, das sich der Forscher vielleicht erhofft, nicht erahnen können – in der Biologie, der Psychologie oder den Sozialwissenschaften kaum bekannt ist, schlossen die Autoren, dass diese Methoden »das Vertrauen und die Integrität in viele Wissenschaften verbessern könnte, auch jene, deren

Analysen stark anfällig für Voreingenommenheit sind, obwohl sehr viel davon abhängt«. Ergebnisblindheit vermindert die Gefahr von Eigeninteresse.

Wir können diese Idee der Ergebnisblindheit auf die Weitergabe von Informationen anwenden, wenn wir über sehr viel ehrgeizigere Vorhaben entscheiden wollen – wie eine Pokerhand zu beschreiben, einen Familienstreit oder die Ergebnisse eines Markttests für ein neues Produkt. Wenn die Gruppe uns dabei helfen kann, Entscheidungen auf unvoreingenommene Weise zu treffen und zu bewerten, wollen wir sie nicht auf dieselbe Weise infizieren wie die Datenanalysten, die die zu prüfende Hypothese erahnen konnten. Wenn man jemandem erzählt, wie eine Geschichte ausgeht, ermuntert es ihn zum Resulting und die Details so zu interpretieren, dass sie zum Ergebnis passen. Wenn ich eine Hand gewann, war es wahrscheinlicher, dass meine Gruppe meine Strategie als gut bewertete. Wenn ich verlor, wäre das Gegenteil der Fall. Gewinnt man einen Fall vor Gericht, ist die Strategie brillant. Verliert man, so wurden eben Fehler gemacht. Wir behandeln Ergebnisse als Anzeichen für gute Entscheidungen, so als würden wir Schach spielen. Wenn das Ergebnis bekannt ist, wird es die Bewertung der Entscheidung beeinflussen, sodass die Qualität der Entscheidung mit der Qualität des Ergebnisses übereinstimmt.

Wenn die Gruppe blind für das Ergebnis ist, kann sie die Entscheidungsqualität viel genauer einschätzen. Die beste Art, dies zu erreichen, ist, Entscheidungen zu analysieren, bevor das Ergebnis bekannt ist. Staatsanwälte können die Prozessstrategie bewerten, bevor das Urteil kommt. Verkaufsteams können die Strategie bewerten, bevor sie erfahren, ob der Verkauf zustande kam. Händler können den Prozess überprüfen, bevor Positionen festgelegt wurden oder Optionen auslaufen. Wenn Sie nach einem Ergebnis Rat suchen, machen Sie es sich zur Gewohnheit, die Details zu nennen, ohne das Ergebnis preiszugeben. Im Poker ist es nicht praktisch, Hände zu analysieren, bevor man weiß, was dabei herauskommt, da die Ergebnisse innerhalb von Sekunden nach den Entscheidungen vorliegen. Um dem zu begegnen, verraten viele Poker-Experten das Ergebnis nicht, wenn sie sich Rat über ihre Spielweise holen wollen.

Das wurde für mich so sehr zur Gewohnheit, dass mir gar nicht klar war, dass dies nicht für jeden die Norm war, bis ich anfing, Pokerseminare für Spieler zu geben, die noch nicht lange spielen. Wenn ich Hände als Anschauungsbeispiel vorführte, die ich schon gespielt hatte, beschrieb ich die Hand bis zu dem Entscheidungspunkt, den ich gerade behandelte, und nicht weiter. Ich ließ offen, wie die Hand endete. So war ich schließlich von meiner Pokergruppe ausgebildet worden. Wenn wir dann die Diskussion beendet hatten, war es irritierend, wie mich ein Raum voller Leute anstarrte, als ob ich sie am Rande einer Klippe hätte hängen lassen.

»Und? Wie ging es aus mit der Hand?«

Ich gab ihnen die rote Kapsel: »Das ist doch gar nicht wichtig.«

Natürlich muss man nicht unbedingt eine Pokerhand beschreiben, um diese Strategie anzuwenden, mit der man seine Hörer vom Eigeninteresse abbringt. Jeder kann dazu eine Geschichte nur bis zu dem Punkt der Entscheidung liefern, um die es geht, und das Ergebnis weglassen, damit die Zuhörer nicht davon beeinflusst werden. Und dabei ist das Ergebnis nicht das einzige Problem. Überzeugungen sind ebenfalls ansteckend. Wenn unsere Zuhörer wissen, was wir für wahr halten, werden sie sich wahrscheinlich ziemlich große Mühe geben, unsere Überzeugungen zu rechtfertigen, oft sogar, ohne dass ihnen das überhaupt bewusst ist. Sie werden einen ideologischen Interessenkonflikt entwickeln, der dadurch entsteht, dass wir unsere Zuhörer über unsere Überzeugungen informiert haben. Wenn wir also versuchen, eine Information, eine Tatsache oder eine Meinung zu bewerten, sollten wir unsere Meinung vor unseren Zuhörern verbergen, wenn wir die Meinung der Gruppe erfahren wollen.

Einfach gesagt verfällt die Gruppe weniger leicht ideologischen Interessenkonflikten, wenn ihre Mitglieder das Interesse gar nicht kennen. Das ist das Argument von MacCoun und Perlmutter.

Eine weitere Möglichkeit, wie eine Gruppe ihre Mitglieder von Voreingenommenheit befreien kann, ist ihre Fähigkeiten zu loben, gegnerische Standpunkte zu diskutieren und den Wert in gegnerischen Positionen zu finden. Wenn Mitglieder der Gruppe unterschiedlicher Meinung sind, kann es sein, dass eine Diskussion nur wenig Wert hat, weil die Beteiligten dazu tendieren, ihre eigene Position zu bekräftigen, und das führt oft zu einer Pattsituation. Wenn zwei Leute unterschiedlicher Meinung sind, kann ein Moderator sie dazu auffordern, die jeweils andere Position zu vertreten, mit dem Ziel, die besseren Argumente zu liefern. Das bewirkt, dass das Interesse in Richtung Offenheit für die gegnerische Meinung geht, anstatt in Richtung Bestätigung der eigenen ursprünglichen Position. Sie können die Debatte nicht gewinnen, wenn sie nicht schlagkräftig und glaubwürdig für die andere Seite argumentieren können. Wichtig ist dabei, dass die Gruppe eine Vereinbarung getroffen hat, dass die objektive Betrachtung von alternativen Hypothesen belohnt wird, sodass es sich besser anfühlt, die Debatte zu gewinnen als die ursprüngliche Position zu unterstützen. Die Verstärkung durch die Gruppe soll die Teilnehmer davon abbringen, Strohmann-Argumente vorzubringen, wenn sie gegen ihre Überzeugung argumentieren, und sie dazu ermuntern, sich gut zu fühlen, wenn sie die Debatte gewinnen. Das ist einer der Gründe, warum es für eine Gruppe gut ist, mindestens drei Mitglieder zu haben – zwei, die unterschiedlicher Meinung sind, und einen, der moderiert.

Allgemein habe ich festgestellt, dass zwei Menschen, deren Positionen bei einem Thema weit auseinanderliegen, sich nach einer Debatte oder guten Erklärung der gegnerischen Position in Richtung Mitte bewegen. Ein solcher Austausch schafft ein viel tieferes Verständnis und eine tiefere Wertschätzung für andere Standpunkte, als sich nur die andere Perspektive anzuhören. Letztlich verleiht es uns ein tieferes Verständnis unserer eigenen Position. Noch einmal werden wir an die Aussage von John Stuart Mill erinnert, dass diese Art der Offenheit die *einzige* Möglichkeit ist, zu lernen.

Organisierter Skeptizismus: Echte Skeptiker pflegen Streit und Freundschaft

Skeptizismus hat zu Unrecht einen schlechten Ruf, denn er wird oft mit negativen Charaktereigenschaften in Verbindung gebracht. Jemand, der nicht zustimmt, wird häufig als Nein-Sager dargestellt, jemand der mit etwas nicht einverstanden ist, als notorischer Nörgler. Vielleicht liegt es auch daran, dass skeptisch ähnlich wirkt wie zynisch. Doch wahrer Skeptizismus geht einher mit guten Manieren, gepflegtem Diskurs und freundlicher Kommunikation.

Beim Skeptizismus begegnet man der Welt, indem man fragt, warum etwas vielleicht nicht wahr sein könnte, anstatt zu fragen, warum etwas wahr ist. Man erkennt an, dass nicht alles, was wir über die Welt zu wissen glauben, wahr ist, auch wenn es eine objektive Wahrheit gibt. Das Denken in Wetten trägt den Skeptizismus in sich, indem es uns dazu ermuntert, zu prüfen, was wir wissen und was nicht, und wie stark unser Vertrauen in unsere Überzeugungen und Vorhersagen ist. Das bringt uns näher heran an das, was objektiv wahr ist.

Eine produktive Entscheidungsgruppe tut gut daran, den Skeptizismus zu ihrem Zentrum zu machen. Dies sollte auch ihr Kommunikationsleitfaden sein, denn wahrer Skeptizismus ist nicht auf Konfrontation ausgelegt. Das Denken in Wetten erfordert Skeptizismus. Wenn wir die Unsicherheit nicht annehmen, können wir nicht vernünftig auf unsere Überzeugungen wetten. Und wir müssen ganz besonders skeptisch sein gegenüber Informationen, denen wir zustimmen, denn wir wissen, dass wir aus Voreingenommenheit dazu neigen, bestätigende Beweise einfach zu akzeptieren und ihnen zuzustimmen. Wenn wir uns nicht »zurücklehnen« (wie Richard Feynman in seinem bekannten Zitat sagt), um herauszufinden, wo wir uns täuschen könnten, werden wir ein paar ziemlich schlechte Wetten machen.

Wenn wir die Unsicherheit annehmen und dies in die Art integrieren, wie wir in der Gruppe kommunizieren, löst sich jede Konfrontation in Rauch auf, denn unser gemeinsamer Ausgangspunkt ist, dass wir uns nicht sicher sind. Genau wie wir unsere Unsicherheit in den Ausdruck unserer Überzeugungen packen können (»Ich bin mir zu 60 Prozent sicher, dass der Kellner mir etwas Falsches bringen wird«), passen wir instinktiv unsere Ausdrucksweise an, wenn wir die Norm des Skeptizismus anwenden und unsere abweichende Meinung gegenüber anderen äußern. Der Ausdruck des Nicht-Einverstanden-Seins ist letztlich nur eine andere Art, unsere eigene Überzeugung auszudrücken, von der wir anerkennen, dass sie nur einer bestimmten Wahrscheinlichkeit entspricht. Deshalb erfolgt der offene Ausdruck der Unsicherheit, wenn man eine Überzeugung äußert, die abweichend ist. Wir drücken unsere abweichende Meinung nicht mehr aus, indem wir erklären: »Du hast unrecht!«, sondern wir haken ein, indem wir sagen: »Da bin ich mir nicht so sicher.« Oder man fragt ganz einfach: »Bist *du* dir da ganz sicher?« oder »Hast du dir mal überlegt, dass man auch auf eine andere Weise darüber denken könnte?« Wir gehen auf diese Weise vor, weil dies der Prämisse der Unsicherheit folgt. Der organisierte Skeptizismus lädt die Menschen ein, die Dinge gemeinsam zu erforschen. Abweichende Standpunkte, die so geäußert werden, werden offener aufgenommen.

Skeptizismus sollte unterstützt, und, wo es möglich ist, institutionalisiert werden. Der Ausdruck »des Teufels Advokat« hat sich vor Jahrhunderten aus der Praxis der Katholischen Kirche beim Kanonisierungsprozess entwickelt. Dabei wurde jemand dafür abgestellt, Argumente *gegen* eine Heiligsprechung vorzubringen. Genau wie die CIA Rote Teams hat und das State Department seinen Dissent Channel, können wir selbst solche Gegenstimmen in unserem beruflichen und privaten Leben integrieren. Wir können eine Gruppe zusammenstellen, deren Aufgabe es ist (im Beruf ganz konkret oder im übertragenen Sinn im Privatleben), die jeweils andere Seite zu vertreten, zu argumentieren, warum eine Strategie vielleicht unvernünftig sein könnte, warum eine Vorhersage vielleicht nicht stimmt oder warum eine Idee nicht sachkundig sein könnte. Dabei entwickelt das Rote Team automatisch alternative Hypothesen. Genauso können Unternehmen einen anonymen

Dissent Channel einrichten, der jedem Mitarbeiter, von der Empfangskraft bis zur obersten Führungsebene, die Möglichkeit gibt, abweichende Meinungen, alternative Strategien, neue Ideen oder Standpunkte, die vielleicht nicht mit der vorherrschenden Sicht übereinstimmen, im Unternehmen einzubringen, ohne negative Konsequenzen fürchten zu müssen. Das Unternehmen sollte dann nach Möglichkeit diese konstruktive Kritik belohnen, indem es die Vorschläge ernst nimmt, da ansonsten die Äußerung von verschiedenen Standpunkten nicht gefördert wird.

Wenn Sie es einfacher und informeller haben wollen, suchen Sie nach Möglichkeiten, sich ad hoc einen Teufels-Advokaten zu holen. Wenn wir uns Rat holen, können wir bestimmte Fragen stellen, um die andere Person dazu zu bringen, sich Gründe vorzustellen, warum wir uns täuschen könnten. Auf diese Weise sind die anderen dann nicht so zurückhaltend damit, unser Handeln zu kritisieren; wir *bitten* sie ja darum, also ist es für sie nicht so konfrontativ, anderer Meinung zu sein oder uns einen Rat zu geben, der dem, was wir denken oder hören wollen, widerspricht.

Um es nochmals klarzustellen: Der Prozess, uns selbst und die Welt korrekter und objektiver wahrzunehmen, ist schwierig und wir müssen uns dabei Gedanken über Dinge machen, die wir ansonsten eher meiden. Die Gruppe braucht Verhaltensregeln, die dies nicht zusätzlich erschweren, indem sie zulässt, dass die Mitglieder gemein oder respektlos werden. Und man muss sich im Klaren sein, dass selbst eine sanfte Äußerung des Nicht-Einverstanden-Seins von Menschen, die der Wahrheitsfindungs-Vereinbarung nicht zugestimmt haben, als konfrontativ empfunden werden kann – siehe David Letterman.

Die Kommunikation mit der Welt außerhalb unserer Gruppe

In diesem Kapitel ging es vor allem darum, wie man aus eigener Initiative Gruppen zur Wahrheitsfindung gründet oder sich solchen anschließt. Wenn wir nicht gerade die Kontrolle über die Kultur um uns herum haben[17] und uns außerhalb unserer Gruppe befinden, werden jene von uns, die aktiv den Dissens suchen, normalerweise in der Minderheit sein. Das bedeutet jedoch nicht, dass Wahrheitsfindung in einem solchen Umfeld verboten ist. Es bedeutet nur, dass wir sehr konstruktive, rücksichtsvolle Elemente aus der Sprache der Wahrheitsfindung verwenden und diese vorsichtig anwenden müssen. Es gibt mehrere Möglichkeiten, wie man bei der Kommunikation mit jedermann die eigenen Möglichkeiten der Wahrheitsfindung maximieren kann.

Erstens: Bringen Sie Ihre Unsicherheit zum Ausdruck. Unsicherheit verbessert nicht nur die Wahrheitsfindung innerhalb von Gruppen, sondern lädt auch jeden in unserem Umfeld ein, hilfreiche Informationen oder abweichende Meinungen beizusteuern. Die Angst, sich zu täuschen (oder andeuten zu müssen, dass jemand anders sich täuscht), wirkt der sozialen Vereinbarung der Bestätigung entgegen und bewirkt oft, dass die Menschen wertvolle Einsichten oder Meinungen vor uns zurückhalten. Wenn wir jedoch damit beginnen, unsere eigene Unsicherheit zu erklären, wird unser Publikum eher verstehen, dass jegliche Diskussion, die darauf folgt, sich nicht um richtig oder falsch drehen wird und das maximiert unseren Austausch zur Wahrheitsfindung mit denen, die nicht zu unserer eingeschworenen Gruppe gehören.

Zweitens: Stimmen Sie zunächst immer zu. Achten Sie beispielsweise auf die Dinge, denen Sie zustimmen, stellen Sie diese fest und

---

[17] Wenn wir in einer einflussreichen Position im Einstellungsprozess oder der Kultur eines Unternehmens sind, gelten dieselben Gedanken. Ein Einstellungsverfahren auf der Basis einer Wahrheitsfindungs-Vereinbarung oder die Bildung einer Kultur, die Menschen für erforschendes Denken und die Äußerung abweichender Standpunkte belohnt, wird einem Unternehmen guttun. Wenn man eine solche Unternehmenspolitik nicht aktiv fördert, riskiert man sogar, dass die Wahrheitsfindung eher *verhindert* wird, weil sich Menschen mit abweichenden Standpunkten isoliert oder ausgeschlossen fühlen. Eines der Hauptanliegen der Heterodox Academy ist es herauszufinden, wie man mehr Konservative dazu bringt, Sozialwissenschaftler zu werden oder sich mit Sozialwissenschaftlern zusammenzutun, um Dinge zu erforschen und zu ergründen. Das ist ein steiniger Weg: Niemand mag die Vorstellung, der einsame Andersdenkende in einer realen Version von *12 Angry Men* zu sein, besonders, wenn der eigene Ruf und die eigene Lebensgrundlage auf dem Spiel stehen.

gehen Sie dabei ins Detail; dann fahren Sie fort mit »und« anstatt mit »aber«. Wenn wir bisher etwas gelernt haben, dann dass wir es gerne haben, wenn unsere Gedanken bestätigt werden. Wenn wir uns jemandem zuwenden wollen, mit dem wir eine Unstimmigkeit haben (innerhalb oder außerhalb der Gruppe), wird diese Person offener und weniger defensiv sein, wenn wir mit den Bereichen beginnen, denen wir zustimmen, und da gibt es immer irgendetwas. Es ist selten, dass wir nichts von dem, was jemand zu sagen hat, zustimmen können. Indem wir die Strategien umsetzen, die den Universalismus fördern und aktiv nach Gedanken suchen, denen wir zustimmen, werden wir die Menschen leichter mit in den Lernprozess hineinnehmen können. Außerdem werden wir auch selbst offener dafür sein, was andere zu sagen haben, indem wir unsere Fähigkeit, uns anzupassen, ausbauen.

Wenn wir zunächst immer zustimmen, werden unsere Zuhörer offener für jeden Einwand sein, der dann kommen mag. Wenn die neue Information zudem als *Zusatz* dargestellt wird und nicht als *Negation* der vorherigen Aussage, werden unsere Zuhörer viel aufgeschlossener dem gegenüber sein, was wir zu sagen haben. Die einfachsten rhetorischen Mittel können hier viel ausmachen. Wenn jemand eine Überzeugung oder Vorhersage äußert, die sich nicht sehr ausgewogen anhört, und wir relevante Informationen dazu haben, versuchen Sie, *»und«* zu sagen, wie in: »Ich stimme Ihnen zu, dass [fügen Sie die Konzepte und Gedanken ein, denen Sie zustimmen] *und* …« Nach dem »und« führen Sie die zusätzliche Information an. Wenn wir in demselben Gedankenaustausch sagen würden: »Ich stimme Ihnen zu, dass [fügen Sie die Konzepte und Gedanken ein, denen Sie zustimmen], *aber* …«, drängt das den anderen in die Defensive. »Und« ist ein Angebot, etwas dazu beizutragen. »Aber« bestreitet die Aussage und ist eine Zurückweisung dessen, was zuvor gesagt wurde.

Grundsätzlich können wir es uns als den Versuch vorstellen, die Formen des »Nein« zu vermeiden. Beim Improvisationstheater ist der erste Rat, den man bekommt, dass man, wenn jemand mit einer Szene beginnt, immer antworten sollte: »Ja, und …« »Ja« bedeutet, dass man die Grundstruktur der Situation akzeptiert. »Und« bedeutet, dass man etwas hinzufügt. Das ist ein hervorragender Leitfaden für jede Situation, in der man das erforschende Denken fördern möchte. Das Wichtigste dabei ist, dass man Bereiche findet, denen man zustimmen kann, um den Partnergeist bei der Suche nach der Wahrheit aufrechtzuerhalten. Wenn wir potenziell widersprechende oder nicht übereinstimmende Informationen zum Ausdruck bringen, sollte unsere Sprache im Idealfall das Element des Nicht-Zustimmens minimieren.

Drittens: Bitten Sie um eine vorübergehende Einigung, um gemeinsam nach der Wahrheit zu suchen. Wenn jemand seine Emotionen auf uns ablädt, können wir ihn fragen, ob er nur Dampf ablassen will, oder ob er einen Rat von uns braucht. Wenn er keinen Rat braucht, ist das in Ordnung. Die Verhaltensregeln sind geklärt. Manchmal müssen sich Menschen einfach Luft verschaffen. Das ist bei mir auch so. Das ist ganz normal. Wir möchten ja die Menschen um uns herum unterstützen und da gehört es dazu, dass wir sie trösten, wenn sie etwas Verständnis und Mitgefühl brauchen. Doch manchmal werden sie auch sagen, dass sie einen Rat brauchen, und das ist potenziell eine Übereinkunft, sich auf die Suche nach der Wahrheit zu machen. (Aber gehen Sie selbst dann behutsam vor, denn manchmal sagen Menschen, dass sie einen Rat brauchen, wenn sie eigentlich nur Zustimmung bekommen wollen.)

Diese Art vorübergehender Vereinbarung ist die umgekehrte Version der vorübergehenden Ausnahmesituation, die wir in meiner Pokergruppe praktizierten, wenn jemand wegen eines besonders intensiven kürzlichen Verlustes einfach Dampf ablassen musste. In dieser Situation ist es auch nicht unbedingt verletzend, zu fragen: »Willst du das jetzt einfach nur rauslassen oder überlegst du, was du als Nächstes tun willst?«

Schließlich konzentrieren Sie sich auf die Zukunft. Wie ich schon zu Beginn dieses Buches sagte, sind wir normalerweise ziemlich gut darin, die positiven Ziele zu bestimmen, nach denen wir streben; unser Problem liegt nur in der Ausführung der Entscheidungen auf dem Weg zu diesen Zielen. Menschen hassen es, sich damit zu befassen, dass sie die Dinge nicht umsetzen. Das macht es nämlich erforderlich, die Verantwortung auch für ein schlechtes Ergebnis zu übernehmen, was wiederum, wie David Letterman feststellen musste, das Gespräch oft beendet. Anstatt wieder aufzuwärmen, was bereits passiert ist, versuchen Sie lieber, die Person zu fragen, was sie tun könnte, damit sich die Dinge in Zukunft besser entwickeln. Ob es unsere Kinder sind, andere Familienmitglieder, Freunde, Beziehungspartner, Kollegen oder auch wir selbst, wir haben das eine gemeinsam, dass wir rationaler mit der Zukunft umgehen können als mit der Vergangenheit. Es ist schwieriger, defensiv bei etwas zu werden, was noch gar nicht passiert ist.

Stellen Sie sich vor, David Letterman hätte gesagt: »Es ist ja schlimm, dass Sie all diese durchgedrehten Leute um sich haben, die in Ihrem Leben so viel Drama veranstalten. Haben Sie mal darüber nachgedacht, wie Sie in der Zukunft all dieses Drama vielleicht loswerden könnten?« Wenn Lauren Conrad dann etwas Dramatisches gesagt hätte wie »Ich habe so viele Probleme, ich kann noch nicht einmal über die Zukunft nachdenken« oder »Ich bin nun mal an diese Leute gebunden, also kann ich gar nichts dagegen tun«, wäre das offensichtlich ein guter Zeitpunkt gewesen, um das Gespräch zu beenden. Aber wahrscheinlicher wäre es gewesen, dass sie sich darauf eingelassen hätte. Und diese Ausrichtung auf die Zukunft hätte sie vielleicht dazu gebracht, herauszufinden, warum all dieses Drama aufkam; sie wäre nicht in der Lage gewesen, die Frage über die Zukunft vernünftig zu beantworten, ohne die Vergangenheit kritisch zu beurteilen. Wenn wir die vergangenen Erlebnisse eines Menschen wertschätzen und uns auf die Betrachtung der Zukunft konzentrieren, können diese ihre vergangenen Entscheidungen selbst erkennen.

Dies ist auch ein guter Ansatz, um mit unseren Kindern zu kommunizieren, deren Ego sich erst noch entwickelt und denen wir nicht unbedingt gleich die rote Kapsel in den Hals stopfen wollen. Ein Kind hat nicht die Voraussetzungen, um sich der Herausforderung der Wahrheitssuche zu stellen. Aber man kann ihnen einen leichten Schubs in diese Richtung geben. Ich weiß, in *Matrix* nahm Morpheus Neo mit zum Orakel, und während sie in der Lobby warteten, sah er Kinder, die durch Telepathie Löffel verbogen oder anderes frühreifes Rote-Kapsel-Verhalten zeigten. Doch echte Kinder sind empfindlich gegenüber Verurteilungen. Und kein echter Elternteil möchte ein Kind mit der Fähigkeit, Essbesteck telepathisch durch den Raum segeln zu lassen.

Mein Sohn war Experte darin, schlechte Prüfungsergebnisse dem Lehrer in die Schuhe zu schieben. Ich musste aufpassen, ihn nicht zu »Lettermannen«. Stattdessen sagte ich zu ihm: »Es muss schwierig sein, einen solchen Lehrer zu haben. Glaubst du, du kannst etwas tun, um deine Note in Zukunft zu verbessern?« Das vermittelte ihm sofort eine Wertschätzung und führte zu produktiven Gesprächen darüber, wie sich Strategien entwickeln lassen, um sich auf zukünftige Prüfungen vorzubereiten oder sich mit dem Lehrer zu treffen, um herauszufinden, was der Lehrer in seinen Aufgabenstellungen wollte. Sich mit dem Lehrer zu treffen, machte auch einen guten Eindruck, der sich wahrscheinlich auf die zukünftigen Noten auswirken würde. Letztlich kann das Widerkäuen der schlechten Ergebnisse selbst bei unseren Kindern eine defensive Haltung auslösen. Und andererseits kann die Zukunft besser sein, wenn wir sie dazu bringen, sich auf Dinge zu konzentrieren, die sie kontrollieren können.

Diese Kommunikationsmethoden mit den Menschen außerhalb unserer Gruppen zur Wahrheitsfindung konzentrieren sich auf zukünftige Ziele und Handlungen. Wenn sie funktionieren, begeben sie sich auf eine kurze Reise in die Zukunft, über die Frustrationen der Gegenwart hinaus und in Richtung Verbesserung der Dinge, die sie kontrollieren können. Verantwortlichkeit gegenüber einer Gruppe zur Wahrheitsfindung ist ebenfalls gewissermaßen eine Zeitmaschine. Weil wir wissen, dass wir der Gruppe gegenüber Rede und Antwort stehen müssen, fangen wir an uns auszumalen, wie das sein wird. Die Vorwegnahme und das Durchspielen dieser rationalen Gespräche kann unsere ursprüngliche Entscheidungsfindung und Analyse schon zu einem

Zeitpunkt verbessern, an dem wir ansonsten vielleicht noch nicht so rational wären.

Das führt uns zur letzten Entscheidungsstrategie in diesem Buch: Die Nutzung von Zeitreise-Techniken für eine bessere Entscheidungsfindung. Indem Sie vergangene und zukünftige Versionen Ihrer selbst einsetzen, können Sie Ihr eigener Buddy werden.

KAPITEL 6

Das Abenteuer der mentalen Zeitreise

Marty McFly trifft auf Marty McFly

Der Erfolg der drei *Zurück-in-die-Zukunft*-Filme hat bewirkt, dass wir eher auf Doc Brown zurückgreifen, wenn wir uns über die Regeln des Zeitreisens informieren wollen, als auf Dr. Stephen Hawking. Die erste Regel, die in der Trilogie betont wurde und seitdem von fast jedem Zeitreise-Film wiederholt wurde, ist: Egal, was du tust – du darfst niemals auf dich selbst treffen! Doc Brown (Christopher Lloyd) erklärt Marty McFly (Michael J. Fox) in *Zurück in die Zukunft, Teil II* (1989), dass »ein solches Zusammentreffen ein Zeitparadoxon verursachen könnte, das wiederum eine Kettenreaktion auslösen könnte, die das gesamte Geflecht des Raum-Zeit-Kontinuums auflösen und damit das gesamte Universum zerstören könnte. Zugegeben, das ist das Worst-Case-Szenario. Die Zerstörung könnte auch lokal begrenzt sein und sich nur auf unsere eigene Galaxie beschränken.«

»Triff ja nicht auf dich selbst« ist zum unangezweifelten Element in der »Wissenschaft« der Zeitreisen geworden. In *Timecop* (1994) vernichtet Jean-Claude Van Dammes Figur den Übeltäter, indem er dessen vergangene und zukünftige Version zusammenbringt, weil »ein und dieselbe Sache nicht denselben Raum zur selben Zeit beanspruchen kann«. Der Übeltäter verwandelt sich in einen verflüssigten Blob und verschwindet aus der Existenz.

Beim Entscheiden im echten Leben löst sich das Raum-Zeit-Kontinuum nicht auf, wenn wir unser vergangenes und unser zukünftiges Ich zusammenbringen. Weit entfernt davon, uns in einen verflüssigten Blob zu verwandeln, hilft uns Gegenwärtigen ein Besuch unserer vergangenen oder zukünftigen Version dabei, bessere Wetten einzugehen. Wenn wir entscheiden und uns dabei nicht an ähnliche Entscheidungen in der Vergangenheit erinnern oder mögliche zukünftige Konsequenzen überlegen, passiert es allerdings oft, dass wir dadurch in einen Blob verwandelt werden, der im momentanen Denken feststeckt, wo der Geltungsbereich der Zeit verzerrt ist. Als Entscheider *wollen* wir mit vergangenen und zukünftigen Versionen unseres Selbst zusammentreffen. Unsere Kapazität zu mentalen Zeitreisen macht dies möglich. Ähnlich wie bei der Verantwortlichkeit können solche Treffen zu besseren Entscheidungen führen: Im Moment der Entscheidung kann uns die Verantwortlichkeit gegenüber unserer Gruppe kurz in die Zukunft katapultieren, damit wir uns das Gespräch über die Entscheidung vorstellen können, das wir mit dieser Gruppe führen werden. Wenn wir dieses Gespräch durchgehen, wird uns das dazu ermahnen, auf einem rationaleren Weg zu bleiben.

Genau wie wir andere dazu ins Boot holen können, unsere Entscheidungs-Buddies zu sein, können wir auch andere Versionen unseres Selbst zu Hilfe holen, damit sie uns als Entscheidungs-Buddies dienen. Wir können uns die Macht der mentalen Zeitreise zunutze machen, sie operationalisieren, sie bewusst anwenden und Wege finden, um diese Kollision von Vergangenheit, Gegenwart und Zukunft so oft wie möglich hervorzurufen. Unser gegenwärtiges Ich braucht diese Hilfe und unser vergangenes Ich und unser zukünftiges Ich können die besten Entscheidungs-Buddies dafür sein.[18)]

Pokerspieler stehen einzigartigen Herausforderungen bei Entscheidungen gegenüber, durch die sie viel darüber nachdenken, wie sie dieses gegenwärtige, vergangene und zukünftige Selbst genau in dem Moment zusammenbringen können, in dem sie eine Entscheidung treffen und danach handeln. Weil die Entscheidungen beim Poker so schnell getroffen werden, haben die Spieler nicht den Luxus, sich für die Koordinierung ihrer rationalen, langfristigen strategischen Pläne mit ihren Entscheidungen am Pokertisch Zeit lassen zu können. Und all diese Entscheidungen, die unter strenger Zeitlimitierung getroffen werden, haben unmittelbare Konsequenzen, die im Austausch von Pokerchips ihren Ausdruck finden. Der ständige Austausch von Chips erinnert die Spieler daran, dass in jeder Entscheidung ein Risiko liegt. Natürlich hängt es nur lose mit der Qualität der Entscheidungen zusammen, in welche Richtung die Chips auf kurze Sicht gehen. Man kann eine Hand gewinnen, nachdem man schlechte Entscheidungen getroffen hat, und eine Hand verlieren, nachdem man gute Entscheidungen getroffen hat. Doch die bloße Tatsache, dass Chips den Besitzer wechseln, ist eine Erinnerung daran, dass jede Entscheidung Konsequenzen hat – dass all diese Entscheidungen über Handlungen, die man auf seinem Weg macht, wirklich etwas zählen.

Jenseits des Pokertischs spüren oder erleben wir die Konsequenzen der meisten Entscheidungen, die wir treffen, nicht sofort. Wenn wir nach einer bestimmten Entscheidung gewinnen oder verlieren, kann es oft eine Zeitlang dauern, bis sich die Konsequenzen zeigen. Wenn wir eine schlechte Entscheidung für unser Essverhalten treffen, wie

18) Es gibt ein ganzes Studienfeld über mentale Zeitreisen und deren positiven Einfluss auf die Entscheidungsfindung. Der Neurowissenschaftler Endel Tulving, Psychologieprofessor an der Universität Toronto, war ein Pionier in der Analyse und Erforschung der Chronästhesie, so der Begriff für mentale Zeitreisen durch die Fähigkeit, sich der eigenen Vergangenheit und Zukunft bewusst zu sein. Weiteres Material über die Neurowissenschaft des Zeitreisens und dessen positive Auswirkungen auf die Entscheidungsfindung finden Sie in den Literaturhinweisen.

Äpfel durch SnackWell's zu ersetzen, gibt es kein unmittelbares Ergebnis, das uns wissen lässt, dass diese Wahl ihren Preis hatte. Wenn wir diese Entscheidung oft genug wiederholen, wird es Konsequenzen geben, aber sie brauchen Zeit, bis sie sich entfalten. Wenn im Berufsleben eine Führungskraft die Ideen eines Praktikanten ignoriert, weil sie sich denkt: »Was kann ein Praktikant schon groß wissen?« kann es Jahre dauern, bis dieser Praktikant ein erfolgreicher Wettbewerber und der Fehler offensichtlich wird. Wenn die Erfolgskurve dieses Unternehmens leidet, weil ein Mangel an neuen Ideen herrscht, kann es sein, dass der Eigentümer des Unternehmens die Auswirkungen dieser Haltung niemals erkennt.

Die besten Pokerspieler entwickeln praktische Wege, um ihre langfristigen Strategieziele in ihre Ad-hoc-Entscheidungen einfließen zu lassen. Der Rest dieses Kapitels widmet sich vielen dieser Strategien, die sich unser vergangenes und unser zukünftiges Ich zunutze machen, damit sie uns bei all den Entscheidungen und Handlungen, die wir ausführen müssen, um unsere langfristigen Ziele zu erreichen, zur Seite zu stehen. Wie bei allen Strategien in diesem Buch müssen wir uns bewusst sein, dass keine Strategie uns in perfekt rational Handelnde verwandeln kann. Außerdem können wir die bestmöglichen Entscheidungen treffen und noch immer nicht das Ergebnis bekommen, das wir wollen. Bei der Verbesserung der Entscheidungsqualität geht es darum, unsere Chancen auf gute Ergebnisse zu *erhöhen*, nicht darum, sie zu *garantieren*. Selbst wenn diese Bemühungen nur einen kleinen Unterschied machen – mehr rationales Denken und weniger emotionale Entscheidungen, was sich in einer erhöhten Wahrscheinlichkeit besserer Ergebnisse äußert – können sie bedeutende Auswirkungen darauf haben, wie unser Leben sich entwickelt. Gute Ergebnisse summieren sich auf. Gute Prozesse werden zur Gewohnheit und ermöglichen in der Zukunft eine erfolgreichere Ausrichtung und Verbesserungen.

Diese Methoden erfordern eine Menge mentale Zeitreisen und diese Pokerspieler könnten Marty McFly und Doc Brown durchaus das eine oder andere beibringen.

Der Nacht-Jerry

Trotz aller wissenschaftlichen Forschungen über den Widerstreit zwischen unseren unmittelbaren Bedürfnissen und unseren Langzeitzielen kommt vom Stand-up-Comedian und Schauspieler Jerry Seinfeld eine besonders prägnante Erklärung, warum er nicht genug Schlaf bekommt: »Ich bleibe abends lange auf, weil ich dann *Night Guy* bin. *Night Guy* will lange aufbleiben. ›Und wenn du dann nach fünf Stunden Schlaf aufstehen musst?‹ ›Das ist das Problem von *Morning Guy*. Nicht mein Problem. Ich bin *Night Guy*. Ich bleibe so lange auf, wie ich will.‹ Also steht man morgens auf: Man ist erschöpft, groggy. ›Oh Mann, ich hasse diesen *Night Guy*.‹ Verstehen Sie, der *Night Guy* macht den *Morning Guy* immer fertig.«

Das ist ein gutes Beispiel dafür, wie wir in der Gegenwart kämpfen müssen, um für unser zukünftiges Selbst zu sorgen. Der Nacht-Jerry wird immer lange aufbleiben wollen und wenn der Morgen-Jerry bei der Entscheidung nichts zu melden hat, wird der Nacht-Jerry seinen Willen bekommen, egal, was für Jerry auf lange Sicht am besten wäre. Wenn wir Ad-hoc-Entscheidungen treffen (und dabei nicht die Vergangenheit oder Zukunft bedenken), neigen wir dazu, irrational und impulsiv zu sein.[19)]

Die Tendenz, die wir alle haben, nämlich unser gegenwärtiges Selbst auf Kosten unseres zukünftigen Selbst zu bevorzugen, nennt man zeit-

[19)] Natürlich ist abwägendes Denken keine Garantie für Rationalität. Wie ich in Dan Kahans Arbeit über Motiviertes Denken erfahren habe, waren Menschen, die komplizierte Statistik-Aufgaben zu bewältigen hatten – eine klare Aufgabe für abwägendes Denken oder Systemtyp-2-Aufgabe –, anfällig dafür, das Ergebnis der Rechnung mit ihren vorherigen Überzeugungen in Einklang zu bringen. Und die Menschen mit den besten mathematischen Fähigkeiten zeigten die stärkste Neigung, das zu tun. Daniel Kahneman hat ebenfalls erkannt, dass Menschen, die dem System 2 angehören, nicht als immun gegen Voreingenommenheit betrachtet werden sollten.
Wir sind im abwägenden Denken zu allen möglichen Arten von Irrationalitäten fähig. Wenn wir jedoch aus dem reflexartigen Denken herauskommen, können wir die Wahrscheinlichkeit von emotional angetriebenen Entscheidungen reduzieren und den Einfluss von Voreingenommenheit durch Selbstreflexion und Wachsamkeit senken. Eine Art, dies zu erreichen, besteht darin, Techniken der mentalen Zeitreise zu nutzen.

liche Diskontierung.[20] Wir sind bereit, einen irrational hohen Verlust in Kauf zu nehmen, um jetzt die Belohnung zu bekommen, anstatt auf eine bessere Belohnung später zu warten. Ein Beispiel für zeitliche Diskontierung bei Erwachsenen zeigt eine Studie aus der Zeit des Militär-Abbaus in den 1990ern, als Zehntausende Militärangestellte sich für eine Pauschalzahlung der Rentenzahlung mit drastischen Abstrichen entschieden, anstatt einer garantierten jährlichen Zahlung. Die Männer und Frauen des US-Militärs nahmen Pauschalzahlungen im Wert von 2,5 Milliarden Dollar entgegen, ein Verlust von 40 Prozent im Vergleich zur derzeitigen Höhe der jährlichen Zahlungen, die sie bekommen hätten. (Mehr Material über zeitliche Diskontierung finden Sie in den Literaturhinweisen.)

Wenn der Nacht-Jerry abends lange aufbleibt, dann, weil es ihm *jetzt* den Nutzen bringt; er schätzt die Vorteile nicht, die er später hätte, wenn er schlafen gehen würde. Für die Rente zu sparen, ist ein Problem der zeitlichen Diskontierung: Die Belohnung, sofort verfügbares Einkommen auszugeben, ist unmittelbar. Es zur Seite zu legen für die Rente bedeutet, wir müssen Jahrzehnte warten, um in den Genuss die-

---

[20] Zeitliche Diskontierung ist ein universelles Problem, vom Vierjährigen bis zum Erwachsenen. Das berühmteste Experiment über die Schwierigkeit (und Wichtigkeit) von Geduld, bekannt als der Marshmallow-Test, wurde von Professor Walter Mischel und Kollegen in Stanford Anfang der 1960er-Jahre durchgeführt. Am Kindergarten von Stanford, der Bing Nursery School, stellte man Kinder vor die Wahl zwischen einer kleineren Belohnung (ein Marshmallow), die sie sofort haben konnten, oder einer größeren Belohnung (zwei Marshmallows), wenn sie bereit waren, allein bis zu 20 Minuten zu warten. Die Kinder ließen sich alle erdenklichen Tricks einfallen, um auf die größere Belohnung zu warten. Sie zogen Grimassen, hielten sich die Augen zu, drehten den Stuhl um, wölbten die Hände über dem Marshmallow, ohne ihn zu berühren, hielten sich den Mund zu, rochen an dem Marshmallow oder führten wortlose Gespräche (von fast unhörbaren Ermahnungen bis hin zu lebhaften Streitgesprächen). Mischel und seine Kollegen sahen Kämpfe, »die einem die Tränen in die Augen treiben konnten, bei denen man ihnen zu ihrer Kreativität applaudieren und ihnen zujubeln wollte, und die einem neue Hoffnung gaben«, welches Potenzial in Kleinkindern steckt.
Nachfolgende Studien, die den Marshmallow-Kindern folgten, haben gezeigt, dass die Fähigkeit, die Belohnung aufzuschieben, mit Merkmalen von Erfolg während der Jugend und bis ins Erwachsenenalter zusammenhängt: Bessere Schulnoten, bessere Bewertungen in den sozialen und kognitiven Funktionen, niedrigerer Body-Mass-Index, niedrigere Suchtwahrscheinlichkeit, besseres Selbstwertgefühl und höhere Fähigkeiten, Ziele zu verfolgen und mit Frustrationen und Stress umzugehen.

ses Geldes zu kommen. Wir sind für zeitliche Diskontierung gemacht, dafür, die Quellen zu nutzen, die uns jetzt zur Verfügung stehen, anstatt sie für eine zukünftige Version unseres Selbst aufzusparen, mit der wir im Moment der Entscheidung nicht besonders gut in Verbindung stehen. Das Zeitreisen kann uns mit dieser zukünftigen Version unseres Selbst in Verbindung bringen. Es kann unser zukünftiges Ich dazu bringen, unser gegenwärtiges Ich zu ermahnen: »Hey, mach keine Abstriche!« Oder zumindest: »Mach nicht so viele Abstriche!«

Wenn wir über die Vergangenheit und die Zukunft nachdenken, setzen wir das abwägende Denken ein, was unsere Fähigkeit verbessert, eine rationalere Entscheidung zu treffen. Wenn wir uns die Zukunft vorstellen, ist das keine freie Erfindung, bei der wir von Dingen ausgehen, die wir nie zuvor gesehen oder erlebt haben. Unsere Vision über die Zukunft ist vielmehr in den Erinnerungen an die Vergangenheit verwurzelt. Die Zukunft, die wir uns vorstellen, ist eine neue Zusammenstellung unserer vergangenen Erlebnisse. Angesichts dessen überrascht es nicht, dass dasselbe neurale Netzwerk genutzt wird, wenn wir uns die Zukunft vorstellen und wenn wir uns an die Vergangenheit erinnern. Wenn wir an die Zukunft denken, *erinnern* wir uns an die Zukunft, setzen auf kreative Weise Erinnerungen zusammen, um uns Möglichkeiten auszudenken, wie sich die Dinge entwickeln könnten. Diese Wege im Gehirn finden im Hippocampus (einem zentralen Teil für das Gedächtnis) und im präfrontalen Cortex statt, der System 2 kontrolliert, das abwägende Entscheiden. Es ist unser kognitives Kontrollzentrum.[21] Indem wir diese Wege im Gehirn nutzen, bekommt der Nacht-Jerry Zugriff auf Erinnerungen wie Verschlafen und das Verpassen von Verabredungen oder das Wegdösen während morgendlicher Meetings und diese Erinnerungen kann er nutzen, um sich vorzustellen, wie müde der Morgen-Jerry sein wird, oder was mit dem

---

[21] Für einen guten Überblick über die Forschungen in diesem Bereich siehe *The Future of Memory: Remembering, Imagining, and the Brain* von Daniel Schacter und Kollegen, aufgeführt in den Literaturangaben.

Terminplan von Morgen-Jerry passieren wird, wenn er nicht aufstehen will, oder wie sein Tag sein wird, wenn er nicht aufmerksam sein kann.

Wäre es nicht großartig, wenn der Morgen-Jerry in der Zeit zurückreisen und dem Nacht-Jerry auf die Schulter tippen könnte, um ihm zu sagen, er solle schlafen gehen? Wie sich herausgestellt hat, gibt es dafür eine App.

Aufgrund der Fortschritte in der Fototechnik und der virtuellen Realität hat man eine Software entwickelt, die einem eine Vorschau darauf geben kann, wie man Jahrzehnte in der Zukunft aussehen wird. Wenn es Ihnen ein schlechtes Gefühl gibt, wie den meisten Erwachsenen, Ihre Eltern altern zu sehen, können diese Bilder von Ihrem zukünftigen Ich beunruhigend sein, so als blickte man in einen Zerrspiegel, der von einem Sadisten gebaut wurde. Zum Glück hat man Wege gefunden, diese Alterungs-Technologie einem produktiveren Nutzen zuzuführen als uns lediglich unsere eigene Sterblichkeit vor Augen zu halten.

Für die Rente zu sparen ist ein Kampf von Nacht-Jerry gegen Tag-Jerry. Wenn Nacht-Jerry nicht einmal bis morgen früh vorausdenkt, denkt er sicher auch nicht mehrere Jahrzehnte voraus bis zur Rente. Die Planung der Rente erfordert eine Reihe von Entscheidungen, bei denen unser gegenwärtiges Selbst zum Nachteil oder Vorteil unseres zukünftigen Selbst handeln kann. Wenn wir uns Ziele für die Rente setzen, denken wir notwendigerweise über die Ziele unseres zukünftigen Selbst nach – wie viel wir sparen müssen, damit diese ältere Version von uns komfortabel leben kann. Die Entscheidungen über unsere Ausgaben richten sich jedoch anscheinend nicht in erster Linie danach, was für unser 70-jähriges Selbst das Beste wäre. Eine schnelle Google-Suche zu dem Thema ergibt, dass die Ersparnisse für unsere Rente gefährlich niedrig sind. Einer Studie des Center for Retirement Research am Boston College zufolge »werden etwa die Hälfte der Haushalte der heute Erwerbstätigen nicht in der Lage sein, ihren Lebensstandard in der Rente aufrechtzuerhalten«. Je nachdem, welcher Schätzung man Glauben schenkt, beträgt die Finanzierungslücke zwischen 6,8 und 14 *Billionen* Dollar.

Mehrere Organisationen und Unternehmen mit einem Interesse an der Förderung der Rentenplanung verfügen über Methoden, die es ihren Kunden ermöglichen, ihr zukünftiges Ich zu »treffen«, wenn sie Entscheidungen über die Rentenplanung treffen. In den einfachsten Versionen dieser Tools geben die Kunden ihr Alter, Einkommen, Spargewohnheiten und Rentenziele ein. Die Apps zeigen dem Klienten dann die finanzielle Situation und den Lebensstil auf, den ihr zukünftiges Ich im Vergleich mit der Gegenwart zu erwarten hat.

Prudential Retirement, AARP und andere haben Versionen dieser Apps, die die Konsequenzen der Rentenplanung veranschaulichen, indem sie uns unser zukünftiges Ich *visuell* gegenüberstellen. Die amerikanische Bank Merrill Lynch führte 2012 (für Computer mit Internetzugang) und 2014 (für mobile Geräte) Merrill Edge ein, das ein Tool enthält, das sich »Face Retirement« (*Gesichts-Rente*, *Anm. d. Übers.*) nennt. Die Kunden laden ein Bild von sich hoch und was sie dann laut Pressemeldung zu sehen bekommen, ist »eine lebensechte 3-D-Animation ihres zukünftigen Ichs, bei dem sie jede Falte sehen können, die sie im Rentenalter haben könnten – und noch mehr«. Der Nacht-Jerry bekommt einen kurzen Blick darauf, wie der Morgen-Jerry aussieht, wenn er nicht genug Schlaf bekommen hat, um gut arbeiten zu können.

Die Idee, dass es uns zu besseren finanziellen Entscheidungen verhelfen könnte, wenn wir unser gealtertes zukünftiges Ich sehen, basiert teilweise auf Forschungen von Jeremy Bailenson und Laura Carstensen vom Freeman Spogli Institute for International Studies an der Universität Stanford. Sie setzten in einem Labortest immersive Technologien für virtuelle Realität ein, um zu zeigen, wie ein Besuch vom Morgen-Jerry dem Nacht-Jerry helfen wird, bessere Entscheidungen zu treffen. Die Teilnehmer betraten ein virtuelles Umfeld und wurden dann gebeten, 1000 Dollar für verschiedene Zwecke auf Konten aufzuteilen, wovon eines ein hypothetisches Rentenkonto war. Teilnehmer, die eine digitale Darstellung ihres gegenwärtigen Selbst im Spiegel sahen, platzierten im Durchschnitt 73,90 Dollar auf dem Rentenkonto. Andere Teilnehmer, die in diesen Spiegel sahen, sahen eine gealterte Version ihrer selbst. Teilnehmer dieser Gruppe schoben im Schnitt 178,10 Dollar auf das Rentenkonto. Das ist ein besorgniserregendes Beispiel dafür, wie unser zukünftiges Ich ein effektiver Entscheidungs-Buddy für unser gegenwärtiges Ich sein kann.

Wenn wir unser zukünftiges Selbst in die Entscheidung einfließen lassen, fangen wir an, über die zukünftigen Konsequenzen der momentanen Entscheidungen nachzudenken. Im Grunde leben der Morgen-Jerry und der Nacht-Jerry dasselbe Leben und wenn man den Morgen-Jerry ins Bewusstsein des Nacht-Jerry bringt, wird ihn das daran erinnern. Wenn wir uns selbst gealtert im Spiegel sehen und daneben eine Tabelle, die uns aufzeigt, wie unser zukünftiges Ich zu kämpfen hat, um zurechtzukommen, ist das eine überzeugende Ermahnung, etwas weniger auszugeben und dafür für die Rente zu sparen. Es ist unser zukünftiges Ich, das uns auf die Schulter tippt. »Hey, vergiss mich nicht. Es wird mich irgendwann geben und ich möchte, dass du dafür die Verantwortung übernimmst.«

Wir sind nicht vollkommen rational, wenn wir über die Vergangenheit oder die Zukunft nachdenken und dazu das abwägende Denken einsetzen, aber wir treffen mit höherer Wahrscheinlichkeit Entscheidungen, die mit unseren Langzeitzielen übereinstimmen, wenn wir aus der Gegenwart heraustreten und unser vergangenes und zukünftiges Ich sprechen lassen. Wir wollen ganz bewusst, dass der Nacht-Jerry und der Morgen-Jerry einander in die Quere kommen, wenn es um die Entscheidung geht, wann er seinen Schlaf bekommt. Wir wollen ganz bewusst, dass all diese Marty McFlys die Perspektive all der anderen Marty McFlys kennenlernen. Und wir wollen ganz bewusst, dass unser gealtertes, runzliges Ich uns in die Quere kommt, wenn wir uns entscheiden müssen, ob wir jetzt mehr Geld für so etwas wie ein schöneres Auto ausgeben oder ob wir mehr Geld für die Rente zurücklegen.

Wenn die Reue vor der falschen Entscheidung käme …

Die Philosophen sind sich darüber einig, dass Reue eine der intensivsten Emotionen ist, die wir empfinden können, aber sie sind sich uneins darüber, ob diese Emotion produktiv oder nützlich ist. Nietzsche sagte, Reue heiße, »der ersten Dummheit eine zweite zu[zu]gesellen«. Thoreau hingegen pries die Kraft des Bedauerns: »Mach das Beste aus deiner Reue; ersticke niemals deinen Kummer, sondern hege und pflege ihn, bis er ein eigenes, ganzheitliches Leben hat. Zutiefst bereuen heißt neu leben.« Das Problem an der Reue ist nicht so sehr, dass sie eine unproduktive Emotion sein könnte, sondern dass sie erst nach dem Geschehen eintritt und nicht davor. Wie Nietzsche betont, kann Reue nichts dazu beitragen, um etwas zu ändern, was bereits geschehen ist. Wir suhlen uns nur in Bedauern über etwas, worüber wir keine Kontrolle mehr haben. Aber wenn das Bedauern schon vor einer Entscheidung aufträte anstatt danach, könnte uns diese Empfindung dazu bringen, eine Entscheidung zu ändern, die wahrscheinlich zu einem schlechten Ergebnis führt. Dann könnten wir uns Thoreaus Sichtweise anschließen und uns die Kraft des Bedauerns zunutze machen, denn es würde einem wertvollen Zweck dienen. Es wäre hilfreich, wenn wir das Bedauern dazu bringen könnten, seine eigene Zeitreise zu unternehmen und im Moment vor unserer Entscheidung aufzutreten, anstatt erst danach. Dann könnte das Bedauern uns davon abhalten, eine schlechte Wette einzugehen. Außerdem würde es dann nicht, wie Nietzsche sagt, später sein hässliches Haupt erheben und uns dazu bringen, mit dem Bereuen einen zweiten Fehler zu begehen.

Der Morgen-Jerry bereute Nacht-Jerrys Entscheidung, lange aufzubleiben, aber es war für ihn zu spät, um etwas dagegen zu tun. Wenn wir die Renten-Deckungslücke in unserem Land ansehen, gibt es keinen Zweifel, dass viele der zukünftigen Rentner-Versionen von uns die finanziellen Entscheidungen bereuen werden, die unser jüngeres Ich gefällt hat, aber nun kann man nichts mehr in Ordnung bringen. Die Software, die uns Bilder unseres gealterten Ichs zeigt, geht dieses Problem an, dass das Bedauern erst dann eintritt, wenn es schon zu spät ist. Indem sie uns einen Blick auf unser Rentner-Ich gewährt, gibt sie uns eine Chance, etwas von dem Bedauern darüber zu empfinden, dass wir uns nicht ausreichend um die Rente gekümmert haben, *bevor* wir unsere mangelhafte Planung machen. Das war unter anderem auch ein Zweck meiner Verlustbegrenzung im Poker. Wegen der Verlustbegrenzung, die ich mit mir selbst und meiner Gruppe vereinbart hatte, hatte ich schon vorab das Gespräch im Kopf, das ich führen müsste, wenn ich erklärte, warum ich über mein Limit hinaus weitergespielt hatte. Es gab mir die Chance, die Entscheidung schon zu bereuen, bevor ich noch mehr Chips kaufte.

Eines unserer Ziele beim Zeitreisen ist, solche Momente zu schaffen, in denen wir eine Ad-hoc-Entscheidung stoppen und uns etwas Zeit nehmen können, um die Entscheidung aus der Perspektive der Vergangenheit und der Zukunft zu betrachten. Dann können wir uns dieses Innehalten während einer Entscheidung zur Gewohnheit machen, andere Perspektiven einnehmen und uns im Moment der Entscheidung eine Reihe einfacher Fragen stellen, um unser zukünftiges und vergangenes Ich miteinzubeziehen. Wir können uns zum Beispiel vorstellen, was unser zukünftiges Ich wohl zu der Entscheidung sagen würde, oder wie wir heute zu der Entscheidung stehen würden, wenn unser vergangenes Ich sie getroffen hätte. Die Ansätze sind ähnlich in ihrer Wirkung; ob Sie in die Vergangenheit oder in die Zukunft reisen sollten, hängt nur davon ab, was für Sie am besten funktioniert.

Die Wirtschaftsjournalistin und Autorin Suzy Welch hat die beliebte 10-10-10-Methode entwickelt, um unser zukünftiges Ich mehr in unsere heutigen Entscheidungen einzubringen. »Jeder 10-10-10-Prozess beginnt mit einer Frage … Welche Konsequenzen hat jede meiner Möglichkeiten in zehn Minuten? In zehn Monaten? In zehn Jahren?« Diese Fragen rufen mentale Zeitreisen hervor und damit auch die Frage nach der Verantwortlichkeit (die durch eine Entscheidungsgruppe für Wahrheitsfindung noch verstärkt wird). Wir können Welchs Methode auch auf die Vergangenheit ausweiten: »Wie wäre es für mich heute, wenn ich vor zehn Minuten diese Entscheidung getroffen hätte? Vor zehn Monaten? Vor zehn Jahren?« Egal welchen Rahmen wir wählen, wir greifen immer auf unsere Erfahrungen aus der Vergangenheit zurück (auch auf ähnliche Entscheidungen, die wir vielleicht bereuen), wenn wir die Fragen beantworten, und bringen so beim Entscheiden die weniger reaktiven Hirnregionen ins Spiel, die unser Handeln bestimmen.

Im Poker, wo jede Entscheidung im Moment gefällt werden muss und die Konsequenzen weitreichend und unmittelbar sind, sind Routinen wie die 10-10-10-Methode überlebenswichtig. Beim Poker habe ich festgestellt, dass ich nicht mehr gut beurteilen konnte, wie ich spielte, nachdem ich eine bestimmte Summe verloren hatte, und dass ich meine Spielweise nach etwa sechs bis acht Stunden des Spielens auch nicht mehr gut beurteilen konnte. So, wie wir uns sagen, dass wir noch nüchtern genug sind, um Auto zu fahren, ist es für Pokerspieler ganz leicht, sich zu sagen, dass sie noch wach genug sind, um auch nach vielen Stunden intensiven, intellektuell anspruchsvollen Einsatzes weiterzuspielen. In meinen rationaleren Momenten, jenseits der Spieltische, wusste ich, es wäre besser für mich, wenn ich nur sechs bis acht Stunden pro Session spielte. Wenn ich in einer Session an diesen Punkt kam und überlegte, ob ich über mein Zeitlimit hinaus weiterspielen sollte, konnte ich eine Strategie nutzen, die ähnlich der 10-10-10-Strategie war, um mein vergangenes und zukünftiges Selbst auf den Plan zu rufen: Wie habe ich mich in der Vergangenheit gefühlt, wenn ich weiterspielte? Wie ist das im Allgemeinen ausgegangen? Wenn ich zurückblicke, habe ich das Gefühl, dass ich in Bestform spielte? Die Routine, mir diese Fragen zu stellen, reduzierte im dem Moment das Risiko, dass ich mir, während ich meine mentale Leistungsfähigkeit verlor, einredete, das Spiel laufe gerade so großartig, dass ich weiterspielen müsse.

Wenn wir das Bedauern vor eine Entscheidung schieben, bringt uns das zahlreiche Vorteile. Erstens – das ist klar – kann es uns dahingehend beeinflussen, eine bessere Entscheidung zu treffen. Zweitens hilft es uns dabei, uns selbst gegenüber nachsichtiger zu sein (egal wie wir entschieden haben). Wir können Dinge vorwegnehmen und uns auf negative Ergebnisse einstellen. Indem wir vorausplanen, können wir einen Plan entwickeln, um auf ein negatives Ergebnis einzugehen, anstatt nur darauf zu reagieren. Wir können uns auch mit der Wahrscheinlichkeit eines negativen Ergebnisses anfreunden und damit, wie es sich anfühlen wird. Wenn man schon im Vorfeld mit einem schlechten Ergebnis seinen Frieden macht, wird sich das besser anfühlen als sich zu weigern, es anzuerkennen, weil man erst damit konfrontiert wird, wenn es eingetreten ist.

Die Reue, nachdem etwas schon passiert ist, kann uns zermürben. Wie alle Emotionen ist der Schmerz der Reue anfangs intensiv, lässt aber mit der Zeit nach. Zeitreise-Strategien können uns helfen, indem sie uns daran erinnern, dass die Intensität unseres heutigen Gefühls mit der Zeit nachlassen wird. Und das hilft uns dabei, die Emotion des Augenblicks zu reduzieren, sodass wir weniger Gefahr laufen, Nietzsche recht zu geben und auf den ersten Akt der Dummheit noch einen zweiten folgen zu lassen.

Ein platter Reifen, der Börsenticker und die Zoom-Funktion

Stellen Sie sich vor, Sie stehen auf dem Seitenstreifen an der Autobahn. Hinter ihnen steht Ihr Auto, Warnblinker an. Der Hinterreifen auf der Fahrerseite ist zerfetzt. Es ist vollkommen dunkel und aus dem Nieselregen ist ein kalter, schwerer Landregen geworden. Sie haben den Pannendienst angerufen, zweimal schon, und beide Male (nach Ewigkeiten in der Warteschleife) mit Mitarbeitern gesprochen, die Ihnen erzählten, dass jemand kommen wird, »so bald wie möglich nach diesem Anruf«. Sie beschließen, den Reifen selbst zu wechseln, nur um festzustellen, dass Sie keinen Wagenheber haben. Sie sind bis auf die Haut durchnässt und Ihnen ist kalt.

Wie fühlt sich das an? Wahrscheinlich wie der schlimmste Moment in Ihrem Leben. Vermutlich beklagen Sie, was Sie für ein Pech haben, und fragen sich, warum so etwas immer Ihnen passiert. Sie fühlen sich mies und können sich gar nicht vorstellen, sich anders zu fühlen.[22)]

So fühlt es sich im Moment an. Doch wenn der platte Reifen Ihnen vor einem Jahr passiert wäre, glauben Sie, das hätte noch eine Wirkung auf Ihr heutiges Glücksgefühl oder Ihr allgemeines Glücksempfinden im letzten Jahr? Wohl nicht. Wahrscheinlich würde es Ihr allgemeines Glücksgefühl nicht nach oben oder unten verschieben. Es wäre wahrscheinlich zu einer lustigen Geschichte verblasst (oder einer, die Sie versuchen, lustig klingen zu lassen), die man auf Cocktail-Partys erzählt.

Bei unseren Entscheidungen im Leben sind wir nicht so gut darin, solche Perspektiven einzunehmen – auf Vergangenheit und Zukunft zuzugreifen, um einen besseren Blick darauf zu gewinnen, wie jeder Moment sich in den Zeitrahmen einfügen könnte. Wir wissen nur, wie es sich im Moment anfühlt, und wir reagieren darauf. Wir wollen aber Möglichkeiten schaffen, wie man sich einen größeren Überblick verschafft, bevor man Entscheidungen trifft, die von den Gefühlen gesteuert werden, die wir im Moment vergrößert wahrnehmen. Eine 10-10-10-Strategie tut genau das, indem sie uns dazu bringt, uns die Entscheidung und ihr Ergebnis aus Sicht der Vergangenheit oder Zukunft vorzustellen.

Der platte Reifen ist gar nicht so schlimm, wie er im Moment erscheint. Diese Art Zeitreise-Strategie beruhigt die aufwallenden Emotionen des Augenblicks, die wir bei einem Ereignis haben, sodass wir wieder auf den rationaleren Teil unseres Gehirns zurückgreifen kön-

---

22) Professor Ronald Howard, Direktor des Decisions and Ethics Center in Stanford und Gründer der Entscheidungsanalyse, nutzt zahllose unterhaltsame Beispiele dafür, wie sich Entscheidungsverzerrungen in der häufig vorkommenden, aber ärgerlichen Situation eines platten Reifens zeigen. Meine Lieblingsgeschichte ist die Version, in der ein Mann einen Platten vor einer psychiatrischen Klinik hat. Ein Patient der Klinik beobachtet durch den Zaun, wie die vier Muttern des abmontierten platten Reifens in den Abwasserkanal rollen. Der Mann mit der Panne wirkt hilflos und wütend und der Patient ruft ihm zu: »Warum nehmen sie nicht einfach je eine Mutter der verbleibenden Reifen und nutzen diese drei, um den Ersatzreifen zu montieren?« Der Mann entgegnet: »Das ist eine brillante Idee! Was macht jemand wie Sie an so einem Ort?« Der Patient antwortet: »Ich bin vielleicht verrückt, aber nicht dumm.«

nen. Indem wir unser vergangenes und unser zukünftiges Ich auf den Plan rufen, aktivieren wir die neuralen Pfade, die den präfrontalen Cortex in Gang setzen, blockieren das emotionale Denken und behalten so unsere rationalere Perspektive bei. Dies verhindert, dass wir den aktuellen Moment als übermächtig empfinden, ihn größer machen als er ist, und übermäßig auf ihn reagieren.

Diese Überbewertung des Einzelmoments in Bezug auf unser allgemeines Glücksempfinden ist das emotionale Äquivalent des Starrens auf den Börsenticker in der Finanzwelt. Wir investieren langfristig in Aktien, weil wir wollen, dass es sich über Jahre und Jahrzehnte auszahlt. Und dann ertappen wir uns dabei, wie wir ein paar Minuten lang einen Abwärtstrend beobachten, und verfallen den schlimmsten Vorstellungen. Wie ernst ist es? Ist das gerade ernster als sonst? Ich checke lieber mal die Finanznachrichten. Und die Finanz-Foren, um zu erfahren, was für Gerüchte gerade kursieren.

Eine Aktie wie Berkshire Hathaway zeigt, warum das Starren auf den Ticker kein besonders produktives Verhalten ist, wenn man langfristig investiert. Sehen wir uns einmal die Kurvendarstellung der Berkshire-Hathaway-Aktie seit 1964 an:

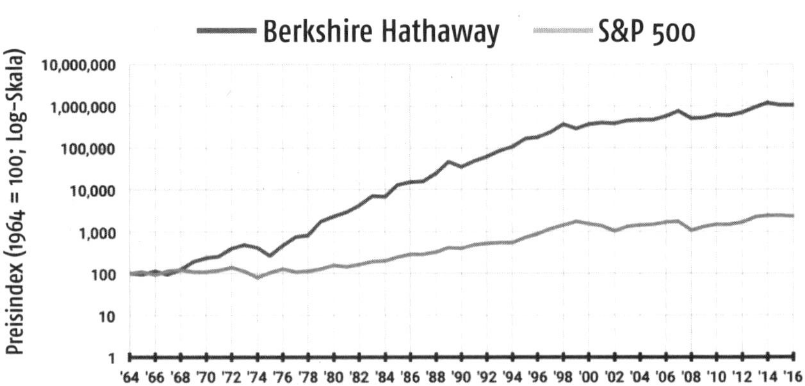

Und nun zoomen wir näher heran auf einen beliebigen Tag Ende Januar 2017. Die Auf- und Abbewegungen sehen groß und potenziell erschreckend aus. Man kann sich vorstellen, wie man gegen 11.30 Uhr am Tiefpunkt sitzt und das Gefühl hat, bodenlose Verluste zu machen.

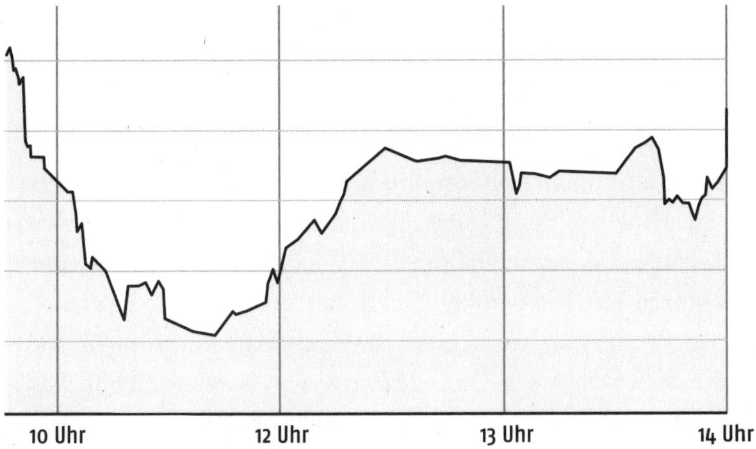

Wenn man sich einen Ausschnitt der Leistungskurve der Berkshire-Hathaway-Aktie während der Bankenkrise ansehen würde, von September 2008 bis März 2009, würde man sich an den meisten *Tagen* furchtbar fühlen:

Berkshire Hathaway (Sept. 2008–März 2009)

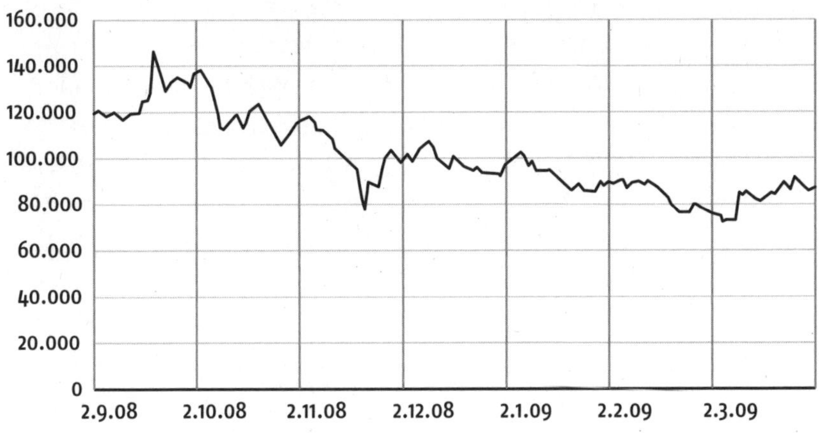

Und doch wissen wir aus der ersten Tabelle, der Gesamtübersicht, dass all diese Veränderungen von Minute zu Minute oder von Tag zu Tag nur wenig Auswirkung auf den allgemeinen Aufwärtstrend der Investition hatten.

Unser Problem ist, dass wir auch in unserem eigenen Leben Ticker-Beobachter sind. Glück (wie wir es auch immer für uns persönlich definieren) sollte man nicht bemessen, indem man auf den Ticker starrt, auf einen Zeitraum herunterzoomt und bewertet, was Moment für Moment oder Tag für Tag passiert. Besser wäre es, wenn wir unser Glück als langfristige Aktienanlage sehen würden. Wir täten gut daran, unser Glück durch ein Weitwinkelobjektiv zu betrachten und nach einem langfristigen Aufwärtstrend unserer Glücksaktien zu streben, sodass er am Ende so aussieht wie die erste Kurve von Berkshire Hathaway.

Mentale Zeitreisen machen eine solche Sichtweise möglich. Wir können unser vergangenes und zukünftiges Ich nutzen, damit es uns aus dem Moment heraushilft und uns daran erinnert, dass wir gerade auf den Ticker starren und unser Leben durch eine extrem nah herangezoomte Einstellung betrachten.

Wenn wir diese Auf- und Abbewegungen mit dem Vergrößerungseffekt der Zoomlinse betrachten, werden unsere emotionalen Reaktionen auf ähnliche Weise vergrößert. Genau wie bei dem platten Reifen im Regen reagieren wir dann auf Dinge, die nur wenig Auswirkung auf unser langfristiges Glück haben, so, als wären sie von großer Bedeutung. Unsere Entscheidungen werden reaktiv und konzentrieren sich darauf, negative Emotionen abzuladen oder positive Emotionen aus der letzten Veränderung des Status quo aufrechtzuerhalten. Wir können erkennen, wie dies zu einer sich selbst verstärkenden Verzerrung führen kann: Wir ordnen die negativen Emotionen, die wir im Moment empfinden, einem schlechten Ergebnis zu und geben dafür dem Pech die Schuld, während wir die positiven Emotionen, die von guten Ergebnissen herrühren, aufrechterhalten, indem wir uns selbst das Verdienst dafür zuschreiben. Die Entscheidungen, die aufgrund von momentanen Emotionen getroffen werden, können zur selbsterfüllenden Prophezeiung werden, da die Wetten, die wir dabei eingehen, von schlechterer Qualität sind und sich so die Wahrscheinlichkeit von schlechten Ergebnissen erhöht, und das macht alles nur noch schlimmer.

»Ja, aber was haben Sie in letzter Zeit für mich getan?«

Wenn wir auf den Ticker starren, vergrößert sich nicht nur das, was vor Kurzem erst geschehen ist. Es verzerrt auch unsere Sichtweise darauf. Um dieses zusätzliche Element der Verzerrung zu verstehen, bietet das Casino ein anschauliches Beispiel.

Stellen Sie sich vor, Sie gehen ins Casino, um dort an einem Abend mit Ihren Freunden Black Jack zu spielen. In der ersten halben Stunde haben Sie eine Gewinnsträhne und sind den anderen 1000 Dollar voraus. Sie spielen weiter, weil es Ihnen und Ihren Freunden solchen Spaß macht. In den folgenden anderthalb Stunden scheint es, als würden Sie nicht eine Hand gewinnen. Sie verlieren die 1000 Dollar wieder und beenden den Abend ohne Gewinn oder Verlust. Welches Gefühl hinterlässt das bei Ihnen?

Jetzt stellen Sie sich vor, dass Sie in der ersten halben Stunde 1000 Dollar verlieren und weiterspielen, weil es Ihren Freunden gerade solchen Spaß macht. In den folgenden anderthalb Stunden haben Sie eine Gewinnsträhne, die den vorherigen Verlust wieder wettmacht, und Sie beenden den Abend mit demselben Ergebnis. Welches Gefühl hinterlässt das bei Ihnen?

Ich vermute, Sie sind ziemlich traurig und mürrisch, wenn Sie mit dem großen Gewinn starten, nur um dann wieder auf null zu kommen. Im zweiten Beispiel sind Sie wahrscheinlich so froh, dass Sie die Rechnung für alle Drinks übernehmen. Auch wenn Sie auf unterschiedlichen Wegen dorthin gelangt sind, haben Sie doch am Ende der zwei Stunden in beiden Fällen nicht einen Cent verloren. Aber in dem einen Fall sind Sie darüber richtig traurig und im anderen richtig froh.

Doch wie man in der Werbung zu sagen pflegt: »Aber das ist noch nicht alles, es kommt noch mehr!«

Stellen Sie sich vor, Sie gewinnen in der ersten halben Stunde 1000 Dollar, gewinnen dann aber einfach keine Hand mehr und verlieren 900 Dollar wieder, sodass Sie am Ende des Abends mit 100 Dollar Gewinn dastehen. Wie fühlt sich das an? Und jetzt stellen Sie sich vor, Sie hätten die 1000 Dollar in der ersten halben Stunde verloren, hatten dann aber eine Gewinnsträhne und kommen am Ende mit nur 100 Dollar Verlust heraus. Wie fühlt sich das an? Sehr wahrscheinlich sind Sie ziemlich bedrückt wegen der 100 Dollar Gewinn, aber geben jedem einen aus, nachdem Sie sich von dem fürchterlichen Start erholt und nur 100 Dollar verloren haben. Also sind Sie traurig, dass Sie 100 Dollar gewonnen haben, und froh, dass Sie nur 100 Dollar verloren haben.

Die Art und Weise, wie wir Ergebnisse einordnen, hängt davon ab, welchen Weg wir genommen haben. Es kommt gar nicht so sehr darauf an, wo wir herauskommen, sondern vielmehr, wie wir dorthin gelangt sind. Was vor Kurzem passiert ist, hat viel mehr Einfluss auf unsere emotionalen Reaktionen als unser allgemeines Wohlbefinden. Deshalb können wir 100 Dollar gewinnen und darüber traurig sein oder 100 Dollar verlieren und uns darüber freuen. Das Heranzoomen vergrößert die Dinge nicht nur, es verzerrt sie auch. Das gilt für die Situation im Casino, aber auch, wenn wir Investitionsentscheidungen treffen, in einer Beziehung oder wenn wir am Straßenrand stehen und einen Platten haben. Wenn wir letzte Woche eine beachtliche Beförderung bekommen, jetzt aber einen Platten haben, verfluchen wir unser Leben und beklagen uns darüber, welches Pech wir haben. Unsere Gefühle sind keine Reaktion darauf, wie die Dinge im Großen und Ganzen laufen. Wir sind enttäuscht, wenn wir bei einer Investition, die zuvor höher bewertet wurde, auf null rutschen (oder Gewinn machen). In einer Beziehung erscheinen selbst kleine Unstimmigkeiten groß, wenn man gerade mittendrin steckt. Das Problem in all diesen Situationen (und unzähligen anderen) ist, dass unsere momentanen Emotionen die Qualität der Entscheidungen beeinträchtigen, die wir in diesen Momenten treffen, und wir neigen stark dazu, Entscheidungen zu treffen, wenn unser emotionaler Zustand eigentlich nicht dafür geeignet ist.

Stellen Sie sich jetzt einmal vor, Sie hätten diesen Black-Jack-Abend vor einem Jahr erlebt. Wenn Sie sich vorstellen, dass die Resultate in einer fernen Vergangenheit stattfanden, wird sich die Bewertung dieser Resultate wahrscheinlich ins Gegenteil verkehren und damit rationaler ausfallen. Jetzt freuen Sie sich mehr über den Gewinn von 100 Dollar als über den Verlust von 100 Dollar. Wenn wir durch Zeitreise-Übungen aus dem Moment heraustreten, können wir diese Dinge im richtigen Größenverhältnis sehen und unterliegen nicht mehr der Verzerrung, weil sich der Ticker kurz zuvor nach oben oder unten bewegt hat.

Das ist eine ständige Herausforderung im Poker. Auch wenn die andauernden Änderungen auf der Anzeigetafel den Vorteil haben, die Spieler daran zu erinnern, dass jede ihrer Entscheidungen Konsequenzen hat, hat dies auch einen Nachteil. Die Anzeigetafel ist wie ein Börsenticker: Sie zeigt nur die letzten Veränderungen und schafft somit das Risiko, dass die Spieler*innen durch das Starren auf den Ticker emotional und unverhältnismäßig auf die momentanen Fluktuationen reagieren. Pokerspieler denken oft über dieses Problem nach.

Tilt

Surfer haben über 20 Begriffe, um verschiedene Arten von Wellen zu beschreiben. Der Grund dafür ist, dass die Art der Welle – die Art, wie sie sich bricht, die Richtung, aus der sie kommt, die Tiefe bis zum Grund etc. – unterschiedliche Anforderungen an den Surfer stellt. Es gibt *Close-outs* (Wellen, die auf einmal brechen), *Double-ups* (wenn zwei Wellen zusammentreffen und zu einer werden) oder *Reformer* (eine Welle, die bricht, dann abflacht und wieder bricht). Nicht-Surfer nennen sie alle einfach nur Wellen. In den seltenen Situationen, in denen Nicht-Surfer genauer werden müssen, umschreiben sie sie einfach mit vielen Worten. Diese zusätzlichen Wörter kosten uns nicht viel, denn so etwas kommt nicht oft vor – vielleicht auch niemals. Aber für Menschen, die in bestimmten Spezialbereichen tätig sind, lohnt es sich, ein komplexes Konzept mit einem einzigen Wort zu kommunizieren, wofür Laien längere Sätze benötigen würden, um es zu beschreiben. Wenn man über ein solches nuanciertes, präzises Vokabular verfügt, nennt man das Jargon. Deshalb haben Zimmerer mindestens ein Dutzend Begriffe für unterschiedliche Arten von Nägeln und im Bereich der Neuro-Onkologie gibt es über 120 Arten von Tumoren des Gehirns oder des zentralen Nervensystems mit jeweils eigener Bezeichnung.

Da Pokerspieler ständig damit zu kämpfen haben, die momentanen Fluktuationen im Auge zu behalten, verfügt ihr Jargon über verschiedene Begriffe für das Konzept, dass »schlechte Ergebnisse eine Auswirkung auf die Emotionen haben können, die die Entscheidungsfähigkeit im weiteren Verlauf beeinträchtigt, sodass man emotional belastete, irrationale Entscheidungen trifft, die wahrscheinlich zu weiteren schlechten Ergebnissen führen, die sich dann negativ auf die weitere Entscheidungsfähigkeit auswirken, und so weiter«. Der häufigste dafür verwendete Begriff ist *Tilt*. Tilt ist der schlimmste Feind eines Pokerspielers und der Begriff vermittelt anderen Pokerspielern unmittelbar, dass man bei einer Entscheidung emotional beeinträchtigt war, weil es gerade schlecht (oder gut) lief.[23)] Wenn man ein Vorkommnis, das sich gerade erst ereignet hat, überproportional aufbläst und auf drastische Weise reagiert, ist man im Tilt.

Das Konzept des Tilt kommt von den traditionellen Flipper-Automaten. Um die Spieler davon abzuhalten, die Automaten zu beschädigen, indem sie sie hochheben, um den Verlauf der Kugel zu verändern, bauten die Hersteller Sensoren ein, die den Automaten außer Betrieb

---

23) Tilt ergibt sich nicht nur durch schlechte Ergebnisse, obwohl das der wahrscheinlichste Fall ist. Pokerspieler sprechen auch von einem Gewinner-Tilt, bei dem eine Reihe guter Ergebnisse die Entscheidungsfähigkeit beeinträchtigt, indem sie den Spieler dazu bringt so zu spielen, als ob seine Gewinnrate keine momentane Abweichung vom Mittel ist, sondern genauso auch weiterhin anhalten wird. In der Euphorie und dem momentanen Gefühl der Glückswelle können die Spieler irrationale Spielentscheidungen treffen oder ihre Fähigkeiten überschätzen und sich auf höhere Einsätze einlassen.

setzten, wenn er zu stark gerüttelt wurde. Der Flipper stellte den Betrieb ein, die Lichter gingen aus und das Wort »Tilt« erschien auf mehreren Bildflächen. Der Ursprung des Tilt beim Flipper ist eine geeignete Metapher, denn was sich in Momenten des Tilt in unserem Gehirn abspielt ist genau wie bei einem Flipper-Automaten, der zu stark gerüttelt wird. Wenn das emotionale Zentrum im Gehirn anfängt zu pulsieren, schaltet das Limbische System (besonders die Amygdala) den präfrontalen Cortex aus. Ein kurzes Aufleuchten … dann stellt unser kognitives Kontrollzentrum den Betrieb ein.

Es gibt emotionale und physiologische Anzeichen für Tilt. Beim Poker kann man einen Pokerspieler im Tilt-Modus über mehrere Tische hinweg hören. Alle paar Hände hört man eine laute Stimme, die ungläubig ruft: »Im Ernst jetzt? Schon wieder?« oder »Ich weiß gar nicht, wieso ich überhaupt spiele. Ich könnte mein Geld auch einfach so wegschmeißen.« (Malen Sie sich dazu noch den entsprechenden Tonfall und eine Menge Kraftausdrücke aus.) Neben diesen verbalen Merkmalen gibt es noch die physiologischen Anzeichen von Tilt. Wir spüren, wie die Wangen rot werden oder das Herz anfängt zu rasen. Die Atmung beschleunigt sich.

Der Zustand des Tilt beschränkt sich natürlich nicht nur auf das Pokerspiel. Jede Art Ergebnis hat das Potenzial, eine emotionale Reaktion hervorzurufen. Wir können in Versuchung geraten, in einer Auseinandersetzung mit einem Beziehungspartner eine reaktive, emotionale Entscheidung zu treffen, wegen des schlechten Services in einem Restaurant oder eines Kommentars am Arbeitsplatz, weil wir einen Verkaufsabschluss gemacht haben, der gleich wieder storniert wird, oder weil unsere Idee abgelehnt wurde. Wir haben das alle schon im Privatleben oder bei der Arbeit erlebt: Ein momentanes Ereignis wird aufgrund einer momentanen emotionalen Reaktion überproportional aufgeblasen.

Wenn wir die verbalen und physiologischen Anzeichen dafür erkennen, dass wir gerade ein Tilt durch Ticker-Starren erleben, können wir uns für solche Momente bestimmte Routinen vornehmen. Wir können uns vornehmen, aus der Situation herauszugehen, wenn wir die Anzeichen eines Tilt spüren, sei es in einem Streit mit unserem Ehepartner oder Kind, eine eskalierende Situation bei der Arbeit oder das Verlieren am Pokertisch. Wir können uns Raum geben, bis wir uns beruhigt und eine andere Sichtweise haben, und erkennen, dass wir nicht *entscheidungsfähig* sind, wenn wir im Tilt-Modus sind. Redewendungen wie »Jetzt atme erst mal tief durch« oder »Schlaf erst mal drüber« sind ein Ausdruck des Bemühens, Entscheidungen im Tilt-Modus zu vermeiden. Wir können uns vornehmen, uns die 10-10-10-Fragen zu stellen, oder Fragen wie »Was ist mit mir in der Vergangenheit passiert, wenn ich mich so gefühlt habe?« oder »Ist das hilfreich für mich, in diesem Zustand Entscheidungen zu treffen?«. Oder wir können Abstand gewinnen, indem wir uns fragen, wie oder ob dies gerade wirklich eine Auswirkung auf unser langfristiges Glück haben wird.

Wenn Sie Teil einer Gruppe zur Wahrheitsfindung sind, kann diese Gruppe Fragen festlegen, die dazu dienen, den Tilt-Modus aufzudecken und die Anzahl der Entscheidungen zu reduzieren, die wir treffen, während wir im Tilt-Modus sind. Wir können Fragen einbauen, die aufdecken, ob man gerade auf den Ticker starrt, wenn man gegenseitig die Entscheidungen der anderen bewertet, darunter die offensichtlichste Frage: »Glaubst du, du bist/warst gerade auf Tilt?« Wir können das auch mit Zeitreise-Fragen weiterverfolgen wie »Glaubst du, dies wird auf lange Sicht wirklich etwas ausmachen?« Wenn wir das Konzept des Tilt und dessen negative Auswirkungen auf die Qualität der Entscheidungen zum Teil der Diskussion machen, sorgt das dafür, dass wir uns über den Tilt-Modus gegenüber der Gruppe zu verantworten haben. Wenn wir die Signale von emotionalem Entscheiden ignorieren, müssen wir uns danach vor der Gruppe dafür rechtfertigen. Dadurch wiederum bekommen wir eine positive Verstärkung von der Gruppe, weil wir die Signale des Tilt erkannt und es vermieden haben, in diesem Zustand Entscheidungen zu treffen. Es trainiert zudem gute Denkgewohnheiten, sodass wir diese Prozesse auch für uns allein ablaufen lassen können und unser eigener Entscheidungs-Buddy sind.

Ganz zu Beginn meiner Pokerkarriere hörte ich einen Aphorismus von einer der Legenden in dem Metier: »Es ist doch alles nur ein einziges langes Pokerspiel.« Dieser Aphorismus ist eine Ermahnung dafür, eine langfristige Perspektive einzunehmen, besonders wenn in der letzten halben Stunde etwas Großes passiert ist oder bei der Hand zuvor – oder wenn wir einen platten Reifen haben. Wenn wir einmal gelernt haben, die vergangene und die zukünftige Version unserer selbst für uns zu nutzen, um uns daran zu erinnern, können wir die neusten Hochs und Tiefs in der angemessenen Perspektive sehen. Wenn wir die Dinge langfristig betrachten, ist unser Denken rationaler.

Odysseus-Verträge: Zeitreisen, um vorbereitet zu sein

Der berühmteste Reisende der Antike, Odysseus aus Homers *Odyssee*, war ebenfalls ein mentaler Zeitreisender. Eine der legendären Prüfungen auf seiner Reise nach Hause war die Insel der Sirenen. Seeleute, die an der Insel vorbeifuhren, wurden vom Gesang der Sirenen so gebannt, dass sie aufs Ufer zusteuerten, wo sie an den schroffen Felsen vor der Insel zerschellten und umkamen. Da Odysseus wusste, welches Schicksal jeden Seemann befiel, wenn er den Gesang hörte, wies er seine Mannschaft an, ihn an den Mast zu fesseln und sich ihre eigenen Ohren mit Bienenwachs zu verschließen, wenn sie sich der Insel näherten. So konnten sie sicher und unbeeinträchtigt vom Gesang, den sie nicht hören konnten, vorbeisteuern, während er den Gesang der Sirenen zu hören bekam, ohne das Schiff in Gefahr zu bringen.

Der Plan funktionierte perfekt. Dieses Handeln – unser vergangenes Ich hält unser gegenwärtiges Ich davon ab, etwas Dummes zu tun – ist unter der Bezeichnung Odysseus-Vertrag bekannt.

Das ist das perfekte Zusammenspiel zwischen dem vergangenen, dem gegenwärtigen und dem zukünftigen Selbst. Odysseus erkannte, dass sein zukünftiges Selbst (genau wie seine Crew) von den Sirenen betört und auf die Felsen zusteuern würden. Also ließ er seine Crew sich die Ohren mit Wachs verstopfen und sich selbst an den Mast fesseln und zwang somit sein zukünftiges Ich zu einem besseren Verhalten. Eines der einfachsten Beispiele für diese Art Vertrag ist eine Fahrgemeinschaft, wenn man eine Bar besucht. Eine vergangene Version Ihres Selbst, die vorhersah, dass Sie vielleicht irrational darüber entscheiden würden, ob Sie noch fahrtüchtig sind, hat Sie an den Mast gefesselt, indem sie Ihnen die Schlüssel abgenommen hat.

Bei den meisten Beispielen von Odysseus-Verträgen geht es wie im Original darum, eine Barriere gegen die Irrationalität *aufzubauen*. Aber solche verpflichtenden Verträge können auch so gestaltet werden, dass Barrieren *abgebaut* werden, die rationalem Handeln im Wege stehen könnten. Wenn wir uns zum Beispiel gesünder ernähren wollen, könnten wir erkennen, dass eine irrationale Entscheidung droht, wenn wir mit jemandem in eine Einkaufsmall gehen, vereinbaren, uns mit dieser Person in ein paar Stunden zu treffen und die Zeit bis dahin ohne Plan im Gastro-Bereich verbringen. Ein Odysseus-Plan, der eine Barriere aufbaut, könnte so aussehen, dass wir erst gar nicht in die Mall gehen oder unseren Zeitplan so straff gestalten, dass wir gerade genug Zeit haben, um den geplanten Zweck zu erfüllen. Ein Plan, der die Barriere *abbaut*, wäre, sich gesunde Snacks von zu Hause mitzunehmen, sodass wir, wenn wir aus Langeweile essen, mit höherer Wahrscheinlichkeit etwas Besseres wählen, da wir den Aufwand drastisch reduziert haben, den es kostet, sich einen gesünderen Snack zu besorgen.

Odysseus-Verträge können in ihrer Stärke variieren, je nachdem, wie Sie an den Mast gefesselt sind – von der physischen Hinderung an einer Handlung bis zum festen Vorsatz, auf bestimmte Weise zu handeln, wobei es keine anderen Barrieren gibt als den Vorsatz selbst. Doch egal, wie stark die Bindung ist, im Voraus getroffene Vereinbarungen bewirken ein Innehalten im Entscheidungsprozess. In dem Moment, in dem wir in Betracht ziehen, uns über die Vereinbarung hinwegzusetzen, wenn wir die Bindung lösen wollen, ist es sehr wahrscheinlich, dass wir innehalten und nachdenken.

Wenn man physisch von einer Entscheidung abgehalten wird, wird man gestoppt, indem man davon abgehalten wird, auf einen irrationalen Impuls hin zu handeln; man hat einfach nicht die Möglichkeit dazu. Das ist die brutale, erzwungene Art und Weise, eine solche Zeitreise zu unternehmen. Der vergangene Odysseus stoppte den gegenwärtigen Odysseus, indem er ihm die Entscheidung aus der Hand nahm.

In den meisten Situationen kann man sich keine festen Vorsätze machen, die 100 Prozent manipulationssicher sind. Die Hürden müssen gar nicht so hoch sein, aber zumindest sorgen sie für ein Innehalten im Entscheidungsprozess, das uns vielleicht dazu bringt, ein Minimum an Zeitreise zu unternehmen, um die Emotionen zu reduzieren und in der Entscheidung mehr die Zukunftsperspektive und Rationalität zu berücksichtigen. Ein Anwalt, der eine außergerichtliche Einigung anstrebt, kann mit dem Klienten oder anderen Anwälten in seinem Team eine Vorvereinbarung treffen, welche die niedrigste Summe wäre, die man akzeptieren würde (oder die höchste Summe, auf die man sich einigen würde). Beim Kauf eines Hauses können die Käufer sich im Voraus ein Budget setzen, weil sie wissen, dass sie sich im Moment vielleicht emotional an ein Haus binden. Haben sie sich einmal für ein Haus entschieden, können sie im Voraus bestimmen, wie hoch die maximale Summe ist, die sie dafür zu zahlen bereit sind, sodass sie im Moment der Versteigerung nicht in die Falle tappen.

Wenn wir sämtliches Junk-Food, das wir im Haus haben, wegschmeißen, ist es für unser Mitternachts-Ich unmöglich, einfach so und völlig unüberlegt eine halbe Packung Eiscreme zu verschlingen. Doch solange wir ein Auto haben und es Lieferdienste gibt, ist diese Art Essen noch immer in Reichweite. Es ist nur sehr viel aufwendiger, heranzukommen. Dasselbe gilt, wenn wir im Restaurant die Bedienung bitten, keinen Brotkorb auf den Tisch zu stellen. Wir können dann natürlich noch immer Brot bekommen, aber dazu müssen wir die Bedienung erst bitten, es zu bringen. Selbst Odysseus musste sich auf seine Crew verlassen, dass sie ihn ignorierten, wenn er ihnen befahl, ihn loszubinden, sobald er den Gesang der Sirenen hörte.

Odysseus-Verträge können uns auch auf verschiedene Weise helfen, rationalere Investoren zu sein. Wenn wir einen Dauerauftrag von unserem Gehalt auf ein Rentenkonto einrichten, ist das ein Odysseus-Vertrag. Wir könnten zwar die Mühe auf uns nehmen und den Dauerauftrag wieder ändern, aber das Einrichten desselben gibt unserem zielsetzenden System-2-Selbst eine Chance, sich auf etwas zu verpflichten, wovon wir wissen, dass es für unsere langfristige Zukunft das Beste ist. Und wenn wir den Dauerauftrag ändern wollen, müssen wir bestimmte Schritte dafür unternehmen, was wiederum für ein Innehalten im Entscheidungsprozess sorgt.

Finanzberater tun das mit Klienten, indem sie, wenn sie die Ziele des Klienten besprechen, im Voraus die Bedingungen festlegen, unter denen sie kaufen, verkaufen, bestimmte Aktien halten oder abstoßen. Wenn der Kunde später dann eine emotionale Momententscheidung treffen will (zum Beispiel durch ein plötzliches Ansteigen oder Fallen im Wert eines Investments), kann der Berater den Klienten daran erinnern, was besprochen und vereinbart wurde.

In all diesen Momenten fesselt die Vereinbarung oder der Vorsatz uns nicht vollkommen an den Mast. Eine emotionale, reaktive und irrationale Entscheidung ist noch immer physisch möglich (wenn auch in unterschiedlichem Grade schwieriger). Die Vorsätze schaffen jedoch einen Stopp!-Denk-nach-Augenblick, bevor wir handeln, und damit Raum für abwägende Überlegungen. Wird uns das jedes Mal vor einer emotionalen, irrationalen Entscheidung bewahren? Nein. Werden wir noch immer manchmal auf reflexive und unüberlegte Weise entscheiden? Natürlich. Aber es wird weniger oft passieren.

Die Entscheidungs-Spardose

Sie kennen vielleicht das Konzept der Fluch-Spardose: Wenn jemand einen Kraftausdruck verwendet, muss er einen Dollar in die Dose werfen. Der Gedanke dahinter ist, dass die Menschen sich dadurch bewusster machen, wenn sie fluchen, und es in der Folge weniger tun. Eine Entscheidungs-Spardose ist ein einfacher im Voraus geschlossener Vertrag, den wir auf viele der Schlüsselkonzepte in diesem Buch anwenden können. Für die Entscheidungs-Spardose achten wir auf die Sprach- und Denkmuster, die signalisieren, dass wir von unserem Ziel der Wahrheitsfindung abweichen. Wenn wir feststellen, dass wir bestimmte Wörter benutzen oder in Denkmuster verfallen, die wir eigentlich vermeiden wollen, weil wir wissen, dass sie Signale für Irrationalität sind, kann dadurch ein Stopp!-Denk-nach-Moment entstehen. Dies ist auch eine Möglichkeit, Verantwortlichkeit zu schaffen.

Wir haben mehrere Muster der Irrationalität besprochen, mit denen wir Überzeugungen festlegen und Ergebnisse zuordnen. Ausgehend von diesen können wir eine Wachsamkeit in Bezug auf Wörter, Sätze und Gedanken entwickeln, die signalisieren, dass wir vielleicht gerade nicht so rational sind, wie wir es sein könnten. Die Liste Ihrer Warnsignale ist natürlich ganz spezifisch für Sie (oder für Ihre Familie, Freunde, Ihr Unternehmen), aber hier folgt nun eine Sammlung von Dingen, die vielleicht ein Innehalten im Entscheidungsprozess bewirken könnten:

- Signale für die Illusion, sich ganz sicher zu sein: »Ich weiß«, »Ich bin mir sicher«, »Ich wusste es doch«, »Das passiert doch immer so«, »Ich bin mir dessen ganz sicher«, »Sie liegen zu 100 Prozent falsch«, »Sie haben keine Ahnung, wovon Sie da sprechen«, »Das kann niemals wahr sein«, »null Prozent« oder »100 Prozent« oder etwas Vergleichbares beziehungsweise andere Begriffe, die signalisieren, dass wir annehmen, die Dinge seien sicherer, als wir es wissen. Dazu gehören auch Superlative wie »beste(r)«, »schlechteste(r)«, »immer« oder »niemals«.
- Übermäßige Selbstsicherheit: ähnliche Begriffe wie bei der Illusion, sich ganz sicher zu sein.
- Irrationale Ergebniszuordnung: »Ich kann gar nicht glauben, was für ein Pech ich hatte« oder das Gegenteil davon, wenn wir einen automatischen Satz dafür haben, sobald wir uns Erfolg zu-

schreiben, wie »Ich bin gerade in Top-Spielform« oder »Ich habe das perfekt geplant«. Dies bringt ein Denken in Kategorien von Glück, Fähigkeiten, Schuld oder Verdienst zum Ausdruck. Es beinhaltet auch entsprechende Begriffe für irrationale Ergebniszuordnung bei anderen, wie »Das hat sie ja selbst provoziert«, »Das hat er sich selbst zuzuschreiben« oder »Warum hat der immer so viel Glück?«

- Jede Art des Sich-Beklagens über das eigene Pech, nur um es abzuladen, und mit keinem anderen Ziel, als damit Mitgefühl zu erheischen. (Eine Ausnahme wäre es, wenn wir in einer Gruppe zur Wahrheitsfindung deutlich machen, dass wir eine kurze Auszeit nehmen, um Dampf abzulassen.)
- Verallgemeinernde Charakterisierungen von Menschen mit dem Ziel, deren Denkweise abzuqualifizieren: Beleidigungen, abwertende Bezeichnung anderer, wie »Idiot« oder im Poker »Esel«. Oder auch jeder Satz, der jemanden beschreibt mit den Worten: »Eben wieder so ein typischer …«. (So wie David Letterman zu Lauren Conrad sagte, er habe jeden um sich herum als Idioten abgetan, bis er sich eines Tages zum abwägenden Denken aufraffte und sich fragte: »Wie wahrscheinlich ist es eigentlich, dass *jeder* ein Idiot ist?«)
- Andere Verstöße gegen die universellen Mertonschen Normen, bei denen »eine Botschaft abgeschossen« wird, weil wir uns über den Boten keine Gedanken machen. Jede pauschal verurteilende Bezeichnung für jemanden, besonders, wenn wir unsere Bewertung *eines Gedankens* mit einer abfälligen Bewertung der Persönlichkeit oder der Denkweise der Person verknüpfen, die den Gedanken einbrachte, wie »Waffennarr«, »Gutmensch«, »typisch Ostküste«, »Bibeltreuer«, »typisch kalifornische Werte« – politische oder soziale Themen. Seien Sie auch wachsam gegenüber dem Gegenteil: eine Botschaft wegen ihres Boten zu akzeptieren oder eine Quelle sofort hochzuloben, nachdem Sie herausgefunden haben, dass sie Ihre Denkweise bestätigt.

- Signale dafür, dass wir uns einen Moment hergezoomt haben und ihn unproportional im Verhältnis zum Zeitrahmen bewerten: »Schlimmster Tag ever«, »Höllen-Tag«.
- Ausdrücke, die explizites motiviertes Denken anzeigen, Informationen ohne große Beweise zu akzeptieren oder zurückzuweisen, wie »Allgemeinwissen« oder »Da kannst du jeden fragen« oder »Kannst du beweisen, dass es nicht wahr ist?«. Halten Sie auch Ausschau nach Ausdrücken, die zeigen, dass Sie Teil einer Echokammer sind, wie »alle sind da meiner Meinung«.
- Das Wort »falsch«, das seine eigene Fluch-Spardose haben sollte. Die Mertonsche Norm des organisierten Skeptizismus erlaubt in einer erforschenden Diskussion nur wenig Platz für das Wort »falsch«. »Falsch« ist eine Schlussfolgerung, keine Erkenntnis. Und es ist auch keine besonders korrekte Schlussfolgerung, denn wie wir wissen, ist fast nichts zu 100 oder null Prozent richtig oder falsch. Jedes Wort und jeder Gedanke, der die Existenz einer Unsicherheit negiert, sollte ein Signal sein, dass wir drauf und dran sind, eine wenig überlegte Entscheidung zu treffen.
- Mangel an Nachsicht mit sich selbst: Wenn wir selbstkritisch sind, sollte der Fokus auf der Lektion liegen und darauf, wie man in Zukunft Entscheidungen trifft. »Ich bin einfach ein Beziehungs-Trottel« oder »Das hätte ich wissen müssen« oder »Wie konnte ich bloß so dumm sein?«.
- Signale, dass wir Geschichten allzu großzügig ausschmücken, wenn wir sie erzählen. Besonders in unserer Gruppe zur Wahrheitsfindung: Schweifen wir davon ab, die Fakten zu erzählen, um unsere eigene Version in den Vordergrund zu rücken? Selbst außerhalb der Gruppe – außer, wir erzählen eine Geschichte nur zur reinen Unterhaltung: Sorgen wir dafür, dass unsere Zuhörer uns zustimmen? Verstoßen wir ganz allgemein gegen die Mertonsche Norm des Kommunismus?
- Zuhörer mit einem Interessenkonflikt beeinflussen, dazu gehört auch, wie wir selbst über etwas urteilen oder wovon wir über-

zeugt sind, wenn wir jemanden um Rat bitten oder die Zuhörer über ein Ergebnis informieren, bevor wir gehört haben, was sie darüber denken.
- Ausdrucksweisen, die die Beteiligung anderer und deren Meinung abwehren, dazu gehören Ausdrücke des Sich-sicher-Seins sowie Satzanfänge, die der großen Lektion vom Improvisationstheater widersprechen: »Ja, und …« Das heißt, wenn man Meinungen oder Informationen von anderen erhält, mit »nein« oder »aber …« zu beginnen.

Diese Liste ist bei Weitem nicht vollständig, aber sie liefert einen Vorgeschmack auf die Art von Äußerungen und Denkweisen, auf die wir bei uns selbst achten sollten.

Wenn wir einmal anerkannt haben, dass wir bei bestimmten Wörtern, Sätzen und Gedanken achtsam sein müssen, und wenn wir dann merken, dass wir solche Dinge sagen oder denken, dann brechen wir damit einen Vertrag, eine Vereinbarung zur Wahrheitssuche. Diese Ausdrucksweisen sind Signale dafür, dass wir der Voreingenommenheit verfallen sind. Denn wenn wir diese Verbindung kappen, sobald wir uns dabei ertappen, diese Dinge zu sagen oder zu denken, kann das einen Moment der Reflexion schaffen und uns im Moment innehalten lassen. Wenn wir auf diese Weise aus dem Moment heraustreten, kann uns das daran erinnern, warum wir uns die Mühe gemacht haben, Begriffe aufzulisten, die Anzeichen für potenzielle Entscheidungsfallen sind.

Die Fluch-Spardose ist ein einfaches Beispiel für einen Odysseus-Vertrag: Wir denken im Voraus an ein Risiko für Entscheidungen in der Zukunft und entwickeln einen Handlungsplan dafür oder zumindest nehmen wir uns vor, dass wir uns einen Moment Zeit nehmen, um uns einzugestehen, dass wir von der Wahrheitsfindung abschweifen. Noch bessere verpflichtende Vereinbarungen entstehen aus einer besseren Einschätzung der Zukunft, der Erkenntnis, welche Art von Entscheidungen wir vermeiden und welche wir fördern wollen. Das erfordert eine tiefgehende Erkundung.

Erkundung: eine Landkarte der Zukunft entwerfen

Die Operation Overlord, die Operation der Alliierten Streitkräfte zur Rückeroberung des von Deutschland besetzten Frankreich, ausgehend von der Normandie, war die größte Invasion von Seeseite in der Militärgeschichte. Sie erforderte Planung und Logistik in einem bis dahin ungekannten Ausmaß. Was wäre, wenn die Streitkräfte zu Beginn durch schlechtes Wetter aufgehalten würden? Was wäre, wenn die Luftlandetruppen aufgrund des Geländes Probleme mit dem Funk bekämen? Was wäre, wenn eine erhebliche Anzahl Fallschirmjäger durch starken Wind vom Kurs abkäme? Was wäre, wenn Strömungen die Landung an den Stränden beeinträchtigen würden? Was wäre, wenn die Truppen an den verschiedenen Stränden keinen Kontakt zueinander fänden? Unzählige Dinge konnten schiefgehen, Zehntausende Leben standen auf dem Spiel und möglicherweise sogar der Ausgang des Krieges.

All das ging *tatsächlich* schief, genau wie viele weitere Herausforderungen, die der D-Day und die Tage danach mit sich brachten. Die Landungen in der Normandie waren aber dennoch erfolgreich, weil man auf so viele potenzielle Szenarien vorbereitet war wie nur möglich. Die Erkundung war schon so lange Teil der militärischen Vorausplanung, wie man Pferde in Schlachten einsetzte. Das heutige Militär hat sich natürlich weiterentwickelt, von der Aussendung berittener Kundschafter, die den Truppen bei ihrer Rückkehr berichten sollten, hin zu Drohnen, Satelliten und anderer Hightech-Ausrüstung, die Informationen darüber sammeln, was in der Schlacht zu erwarten ist.

Das Navy-Seal-Team, das Osama bin Laden gefangen nahm und tötete, hätte sein Anwesen nicht betreten, wenn sie nicht gewusst hätten, was sie hinter den Mauern antreffen würden. Welche Gebäude gab es dort? Wie sahen sie aus und wozu dienten sie? Wie würden sich die verschiedenen Wetterbedingungen oder Tageszeiten auf den Angriff auswirken? Welche anderen Menschen würden anwesend sein und welche Risiken würden von ihnen ausgehen? Was würden sie tun, wenn bin Laden nicht da wäre? Worauf verpflichtete sich das Team angesichts dessen, was sie über all diese Faktoren wussten (und natürlich über zahlreiche andere)? Genau wie sie sich auf ihre Aufklärung verließen, sollten auch wir unsere Zukunft nicht planen, ohne vorher Erkundungen über Zukunftsszenarien einzuholen, die sich aus den einzelnen Entscheidungen ergeben könnten und daraus, wie wahrscheinlich diese Zukunftsszenarien sind.

Damit wir selbst bessere Entscheidungen treffen, müssen wir Erkundungen über die Zukunft einholen. Wenn eine Entscheidung eine Wette auf ein bestimmtes Zukunftsszenario ist, von dem wir überzeugt sind, dass es eintritt, dann sollten wir uns, bevor wir diese Wette eingehen, ganz genau ansehen, wie diese mögliche Zukunft aussehen könnte. Jede Entscheidung führt zu einer Reihe möglicher Ergebnisse.

Auf ein Zukunftsszenario wetten

Überzeugung ⟶ Wette ⟶ (Reihe von Ergebnissen)

Wenn wir darüber nachdenken, welche Zukunftsszenarien in dieser Reihe enthalten sind (wir tun das, indem wir Erinnerungen auf neue Weise zusammensetzen, um uns vorzustellen, wie sich die Dinge entwickeln könnten), hilft uns das herauszufinden, welche Entscheidungen wir treffen müssen.

Überzeugung ⟶ Wette ⟶

Zukunft A
Zukunft B
Zukunft C
Zukunft D
etc.

Stellen Sie sich die Möglichkeiten vor und probieren Sie sie dann aus. Wir beginnen damit, uns die möglichen Zukunftsszenarien auszumalen. Man kennt dieses Vorgehen auch als Szenario-Planung. Nate

Silver, der Daten sammelt und interpretiert mit dem Ziel, daraus den besten strategischen Nutzen zu ziehen, nutzt oft die Methode der Szenario-Planung. Anstatt Daten zu nutzen, um eine bestimmte Schlussfolgerung daraus zu ziehen, versucht er, sämtliche Szenarien durchzuspielen, die sich aufgrund der Daten ergeben *könnten*. Anfang Februar 2017 beschrieb er die Vorzüge der Szenario-Planung: »Wenn sie sich in einer höchst unsicheren Situation befinden, setzen Militäreinheiten und große Unternehmen manchmal eine Methode ein, die sich Szenario-Planung nennt. Die Idee dahinter ist, ein weites Spektrum an Möglichkeiten in Betracht zu ziehen, wie sich die Zukunft entfalten könnte, um eine Orientierung für eine langfristige Planung und Vorbereitung zu haben.«

Nachdem wir uns so viele mögliche Ergebnisse überlegt haben, wie wir können, wollen wir so gut wie möglich einschätzen, wie wahrscheinlich jedes dieser Zukunftsszenarien ist. Wenn ich in der Beratung von Unternehmen Entscheidungsbäume und Wahrscheinlichkeiten von verschiedenen Szenarien durchspiele, wollen die Leute oft die Wahrscheinlichkeit zukünftiger Ereignisse nicht einschätzen, denn sie haben das Gefühl, sie können sich nicht sicher sein, wie wahrscheinlich jedes Szenario ist. Aber genau das ist der Punkt.

Der Grund, warum wir eine solche Erkundung vornehmen, *ist* ja genau, dass wir uns nicht sicher sind. Wir wissen nicht genau (und können es auch nicht wissen), wie oft sich die Dinge auf eine bestimmte Weise entwickeln. Es geht nicht darum, unsere Vorhersagen über die Zukunft möglichst perfekt zu machen. Es geht darum, zu erkennen, dass wir jedes Mal, wenn wir eine Entscheidung treffen, bereits eine Vorhersage über die Zukunft machen, also ist es doch besser, wenn wir das bewusst tun. Es beunruhigt uns, dass wir nur raten – aber wir *raten* doch bereits. Wir raten, dass die Entscheidung, die wir treffen, mit der höchsten Wahrscheinlichkeit zu einem guten Ergebnis führen wird, angesichts der Optionen, die uns zur Verfügung stehen. Indem wir zumindest versuchen, Wahrscheinlichkeiten zuzuordnen, bewegen wir uns auf natürliche Weise weg vom Standard null Prozent oder 100 Prozent, weg davon, mir sicher zu sein, dass es sich so entwickeln wird und nicht anders. Alles, was uns von diesen Extremen wegbringt, wird zu einer vernünftigeren Einschätzung führen, als wenn wir es gar nicht erst versuchen. Selbst wenn unsere Einschätzung zu einer großen Bandbreite der Möglichkeiten führt, zum Beispiel, dass die Wahrscheinlichkeit für ein bestimmtes Szenario zwischen 20 und 80 Prozent liegt, ist das immer noch besser, als überhaupt keine Einschätzung zu haben.

Diese Erkundung der Zukunft ist etwas, was erfahrenen Pokerspielern sehr vertraut ist. Bevor sie ihren Einsatz machen, gehen Pokerspieler jede mögliche Reaktion ihrer Gegner durch (passen, mitgehen, erhöhen) und spielen durch, wie wahrscheinlich oder wünschenswert jede davon ist. Sie überlegen sich auch, was sie im Gegenzug tun werden (wenn nicht manche oder alle Gegner passen). Selbst wenn man nicht viel über Poker weiß, sollte es klar sein, dass ein Spieler besser dran ist, wenn er sich diese Dinge überlegt, *bevor* er seinen Einsatz macht. Je erfahrener der Spieler ist, desto weiter plant er in die Zukunft. Bevor er sich für einen Einsatz entscheidet, überlegt sich der erfahrene Spieler, was die anderen nach jeder Reaktion tun werden, und wie das, was sie jetzt tun, ihre zukünftigen Entscheidungen in der Hand beeinflusst. Die besten Spieler denken über die aktuelle Hand hinaus an die nachfolgenden Hände: Wie beeinflussen die Handlungen dieser Hand die Entscheidungen, die ihre Gegner in den nachfolgenden Händen treffen werden? Pokerspieler leben ganz in dieser Welt der Wahrscheinlichkeit, der Welt der Fragen wie »Was sind die zukünftigen Möglichkeiten? Wie wahrscheinlich sind diese zukünftigen Möglichkeiten?« Und sie fühlen sich sehr wohl mit der Tatsache, dass sie es nicht genau wissen, weil sie die Karten ihrer Gegner nicht sehen können.

Das trifft auch auf den Großteil des strategischen Denkens zu. Ob es sich um Verkaufsstrategien handelt, um Unternehmensstrategien oder Strategien in einem Gerichtsverfahren, die besten Strategen ziehen eine größere Bandbreite möglicher Szenarien in Betracht, überlegen sich die jeweiligen strategischen Reaktionen darauf und so weiter, weit hinein in die Verästelungen des Entscheidungsbaums.

Diese Art der Szenario-Planung ist eine Form der mentalen Zeitreise, die wir auch gut allein machen können. Es funktioniert aber noch besser, wenn wir es im Rahmen einer Szenario-Planungsgruppe tun, besonders in einer Gruppe, die offen ist für Uneinigkeit und verschiedene Standpunkte. Verschiedene Standpunkte ermöglichen eine Sicht auf eine größere Bandbreite von Szenarien, die weiter in den Entscheidungsbaum hineinführen, und sie sorgen für eine bessere Einschätzung der Wahrscheinlichkeiten dieser Szenarien. Wenn zwei Menschen in der Gruppe bei einer Einschätzung der Wahrscheinlichkeit eines Ergebnisses wirklich sehr weit auseinanderliegen, ist das eine großartige Möglichkeit, sie die Seiten tauschen zu lassen und die jeweils andere Position zu vertreten. Im Allgemeinen liegt die Antwort irgendwo in der Mitte und beide werden am Ende moderatere Positionen einnehmen. Doch manchmal hat eine oder einer der beiden an einen Schlüsselfaktor gedacht, den der andere übersehen hat, und das kommt nur deshalb zutage, weil die Uneinigkeit toleriert wurde.

Doch verschiedene Zukunftsszenarien zu erkunden, bringt neben der Verbesserung der Entscheidungsqualität noch zahlreiche weitere Vorteile. Erstens erinnert uns die Szenario-Planung daran, dass die Zukunft grundsätzlich unsicher ist. Indem wir uns das in unserem Entscheidungsprozess klarmachen, haben wir eine realistischere Sicht auf die Welt. Zweitens sind wir besser vorbereitet darauf, wie wir auf verschiedene Ergebnisse reagieren, die sich aus unserer vorhergehenden Entscheidung ergeben könnten. Wir können positive oder negative Entwicklungen vorhersehen und unsere Strategie planen, anstatt reaktiv zu handeln. Es ist gut, wenn man in der Lage ist, auf die sich verändernde Zukunft zu reagieren; es ist hingegen weniger gut, wenn man von der sich verändernden Zukunft überrascht wird. Die Szenario-Planung macht uns wendiger, denn wir haben eine weitere Bandbreite möglicher Zukunftsszenarien durchgespielt und sind darauf vorbereitet. Und wenn wir bei unseren Erkundungen Situationen erkannt haben, in denen wir irrational reagieren könnten, können wir versuchen, uns durch einen Odysseus-Vertrag »an den Mast zu fesseln« und uns damit abzusichern. Drittens bewahrt uns das Vorwegnehmen der möglichen Ergebnisse vor unproduktivem Bedauern (oder unverdienter Euphorie), wenn ein bestimmtes Szenario eintritt. Und schließlich tappen wir, indem wir uns die potenziellen Zukunftsszenarien und Wahrscheinlichkeiten ausmalen, weniger wahrscheinlich in die Falle des Resultings oder der rückblickenden Verzerrung, bei der wir die Zukunftsszenarien, die nicht eingetreten sind, einfach ignorieren und uns verhalten, als ob das eine, das eingetreten ist, unvermeidlich gewesen wäre, weil wir ja noch sämtliche möglichen Szenarien im Kopf haben, die ebenfalls hätten eintreten können.

Szenario-Planung in der Praxis

Vor ein paar Jahren übernahm ich die Beratung bei einer Nonprofit-Organisation, den After-School All-Stars (ASAS), um gemeinsam mit ihnen eine Szenario-Planung für ihre Budgetierung vorzunehmen.[24] Die ASAS wurde 1992 von Arnold Schwarzenegger gegründet und bietet über 70 000 benachteiligten Jugendlichen in 18 Städten in den Vereinigten Staaten eine dreistündige, strukturierte Hausaufgabenbetreuung. Sie sind finanziell stark angewiesen auf Zuschüsse und Förderungen und hatten Probleme mit der Budgetplanung angesichts der Unsicherheit bei der Bewilligung solcher Leistungen. Um ihnen bei der Planung zu helfen, bat ich um eine Liste sämtlicher Förderanträge mit der Angabe, welche Summe die jeweilige Förderung betrug. Sie gaben mir eine Liste von sämtlichen ausstehenden Förderanträgen mit den jeweils beantragten Fördersummen. Ich sagte ihnen, dass ich aus ihren Informationen nicht erkennen könne, wie viel jede Förderung

[24] Ich trat 2009 dem Aufsichtsrat der ASAS bei. Die Beratung fand im Rahmen meiner Tätigkeit als Aufsichtsratsmitglied statt.

wert sei. Sie wiesen mich auf die Spalte mit den Fördersummen hin. An diesem Punkt wurde mir klar, dass wir zwei unterschiedliche Auffassungen davon hatten, wie man den Wert bestimmt. Das Missverständnis kam daher, dass man keinen Zusammenhang herstellte zwischen dem *zu erwartenden Wert* jeder Förderung und der Summe, die man erhalten würde, *wenn man die Förderung bekam*.[25]

Den zu erwartenden Wert jeder Förderung zu errechnen, ist eine einfache Form der Szenario-Planung: Man stellt sich die beiden möglichen Zukunftsszenarien vor, die sich aus einem Antrag ergeben (Bewilligung oder Ablehnung), und deren jeweilige Wahrscheinlichkeit. Wenn sie zum Beispiel eine Förderung in Höhe von 100 000 Dollar beantragt haben, die sie mit einer 25-prozentigen Wahrscheinlichkeit bekommen, hätte diese Förderung einen zu erwartenden Wert von 25 000 Dollar (100 000 Dollar × 0,25). Wenn sie erwarteten, dass sie die Förderung mit einer Wahrscheinlichkeit von einem Viertel bekommen, dann war sie eben nicht 100 000 Dollar wert; dann war sie ein Viertel von 100 000 Dollar wert. Ein Antrag auf 200 000 Dollar mit einer zehnprozentigen Erfolgschance hätte dann einen zu erwartenden Wert von 20 000 Dollar. Eine Förderung von 50 000 Dollar mit einer 70-prozentigen Erfolgschance wäre 35 000 Dollar wert. Wenn man nicht in Wahrscheinlichkeitsrechnungen denkt, ist es nicht möglich, den Wert einer Förderung zu bestimmen – es führt einen zu der fälschlichen Annahme, dass die 200 000-Dollar-Förderung am meisten wert ist, während es eigentlich aber die 50 000-Dollar-Förderung ist. Die ASAS erkannte, dass diese Unsicherheit ihnen Probleme bereitete (so sehr, dass sie sich in ihrer Budgetierung dadurch zum Sklaven machten), denn sie hatten die Unsicherheit nicht in den Prozess ihrer Mittelverteilung integriert. Sie befanden sich im totalen Blindflug.

[25] Für jede Förderung bat ich sie, den zu erwartenden Wert zu errechnen, also den durchschnittlichen langfristigen Wert, der errechnet wird, indem man die Wahrscheinlichkeit jedes möglichen Ergebnisses multipliziert mit der Wahrscheinlichkeit, dass jedes der Ergebnisse eintreten wird, und dann diese Werte aufsummiert.

Als ich begann, in der nationalen Verwaltung mitzuarbeiten, integrierte die ASAS die Wahrscheinlichkeitsrechnung für jede Förderung in ihre Planungen. Der Nutzen, den sie daraus zogen, war unmittelbar und beträchtlich:

- Sie gestalteten ihre Arbeitsweise effizienter und produktiver. Bevor sie die oben beschriebene Übung gemacht hatten, legten sie natürlich eine höhere Priorität auf die Anträge, die auf die höheren Summen abzielten, und erledigten diese zuerst, setzten erfahrenere Mitarbeiter dafür ein und beauftragten eher externe Antragsschreiber, um solche Anträge zu erstellen. Indem sie die Wahrscheinlichkeit, eine Förderung zu erhalten, in den Vordergrund ihres Denkens rückten, waren sie in der Lage, bei ihren Entscheidungen die Prioritäten nach dem tatsächlichen Wert einer Förderung für die Organisation zu setzen. In der Folge wanderten die Förderungen mit dem höheren *Wert* im Arbeitsstapel nach oben und nicht mehr die Förderungen mit den höheren potenziellen Fördersummen.
- Sie konnten realistischer budgetieren. Sie hatten das Gefühl von mehr Sicherheit durch die Schätzungen der Geldsumme, die sie erwarten konnten.
- Da die Bestimmung eines zu erwartenden Wertes es erforderte, die Wahrscheinlichkeit abzuschätzen, mit der man eine Förderung erhielt, fokussierten sie sich zunehmend darauf, die Genauigkeit ihrer Schätzungen zu verbessern. Das brachte sie dazu, den Kreis zu schließen, indem sie den Blick wieder auf die Geldgeber richteten. Sie hatten schon früher nach Ablehnungen die Geldgeber näher betrachtet. Da sie sich jetzt darauf fokussierten, ihre Wahrscheinlichkeiten zu prüfen und anzupassen, erweiterten sie dieses Vorgehen nun auch auf die Förderungen, die sie bewilligt bekamen. Insgesamt konzentrierten sich ihre Nachberichte darauf, was funktioniert hatte, was nicht, was nur Glück oder Pech war und wie man es besser machen konnte – und das verbesserte

sowohl ihre Wahrscheinlichkeits-Schätzungen als auch die Qualität ihrer Förderanträge.

- Sie konnten sich Wege ausdenken, um die Wahrscheinlichkeit zu erhöhen, Fördermittel zu bekommen, und diese in die Tat umsetzen.
- Sie verfielen nicht mehr so leicht der nachträglichen Verzerrung, weil sie schon im Voraus die Wahrscheinlichkeit, eine Förderung zu bekommen oder nicht, geprüft hatten.
- Sie verfielen nicht mehr so leicht dem Resulting, weil sie den Entscheidungsprozess, ob sie die Förderung bekommen würden oder nicht, schon im Voraus bewertet hatten.
- Und schließlich: Weil die ASAS durch die Anwendung der Szenario-Planung bei der Budgetierung und der Förderantragstellung so viele Vorteile hatte, weiteten sie die Implementierung der Szenario-Planung auf all ihre Abteilungen aus und machten sie zum Bestandteil ihrer Entscheidungskultur.

Das Akquirieren von Fördermitteln ist ähnlich dem Akquirieren von Verkaufsabschlüssen, und dieser Prozess kann auf jedes Vertriebsteam angewendet werden. Erstellen Sie Wahrscheinlichkeitsrechnungen darüber, ob ein Abschluss zustande kommt oder nicht, und das Unternehmen tut sich leichter damit, im Vertrieb Prioritäten zu setzen, Budgets zu planen oder Ressourcen zu kontingentieren, die Genauigkeit der eigenen Vorhersagen zu bewerten und anzupassen und sich gegen Resulting und rückblickende Verzerrung zu schützen.

Eine komplexere Version der Szenario-Planung kommt zum Einsatz, wenn die Anzahl der möglichen Zukunftsszenarien sich vervielfacht und/oder wir tiefer in die Verästelungen des Ergebnisbaums einsteigen, wenn wir uns überlegen, was wir als Reaktion auf die Entwicklung der Dinge als Nächstes tun werden, welche Ergebnisse diese nächste Entscheidung bewirken könnte und so weiter.

Betrachten wir die Szenario-Planung des Seahawks-Trainers Pete Carroll bei seiner vielkritisierten Entscheidung im Super Bowl. Carroll kann zwischen zwei Möglichkeiten wählen, Run oder Pass, und diese wiederum führen zu einer Vielzahl an möglichen Szenarien.

Wenn Carroll sich für einen Run entscheidet, gibt es folgende mögliche Szenarien: (a) Touchdown (unmittelbarer Sieg), (b) Turnover-Fumble (unmittelbare Niederlage), (c) Short Tackle an der Ziellinie, (d) Offense-Strafe und (e) Defense-Strafe. Die Szenarien (c) bis (e) münden in weitere Szenarien. Das bei Weitem wahrscheinlichste Verlierer-Szenario ist, dass der Runner getackled wird, bevor er die End Zone erreicht. Seattle konnte mit seinem letzten Time-out die Uhr anhalten, aber wenn sie den Ball erneut spielen und keinen Punkt machen, wird die Zeit nicht mehr reichen.

Wenn Carroll sich für Passen entscheidet, sind die möglichen Szenarien (a) Touchdown (unmittelbarer Sieg), (b) Turnover-Interception (unmittelbare Niederlage), (c) unvollständiger Pass, (d) Sack, (e) Offense-Strafe und (f) Defense-Strafe. Wiederum beenden die ersten beiden Szenarien das Spiel im Wesentlichen und die anderen verzweigen sich in zusätzliche Spielzüge und noch mehr Ergebnisse.

Der Hauptunterschied zwischen Pass und Run ist, dass die Entscheidung für einen Pass Seattle wahrscheinlich insgesamt drei Punktspiele bringt, und die für einen Run zwei Punktspiele. Ein nicht erfolgreicher Run würde es erforderlich machen, dass Seattle sein letztes Time-out einsetzt, um die Uhr anzuhalten, damit sie ein zweites Spiel machen können. Ein unvollständiger Pass würde die Uhr anhalten und Seattle ein Time-out bringen sowie die Chance, die beiden Running-Spiele aufzurufen. Eine Interception, die die Möglichkeit eines zweiten oder dritten Offense-Spiels ausschließt, besitzt nur eine zwei- bis dreiprozentige Wahrscheinlichkeit; das ist ein geringer Preis für drei anstatt zwei Chancen, um zu punkten. (Ein Turnover durch ein Fumble bei einem Running-Spiel liegt bei ein bis zwei Prozent.)[26)]

[26)] NFL-Teams haben den Vorteil fortgeschrittener Analysen, aber ein Fan mit Grundkenntnissen des Spiels kann sich die allgemeinen Wahrscheinlichkeiten vorstellen. (Dazu zählt nicht die Anpassung für die Defense von New England oder spezifische Daten über Short-Yard-Situationen.) Wenn Wilson zurückfällt, um zu passen, ist es zu acht Prozent wahrscheinlich,

Man muss anmerken, dass die Option des Extra-Spiels nicht sehr offensichtlich ist ohne diese Art Erkundung der Zukunft. Selbst im Nachhinein und nach langwierigen Analysen der Entscheidung haben nur sehr wenige Kommentatoren diesen Vorteil gesehen.

Wichtig ist, dass wir besser dran sind, wenn wir all diese Zukunftsszenarien erkunden und unsere Entscheidung auf der Basis der Wahrscheinlichkeiten treffen und danach, wie wünschenswert die unterschiedlichen Szenarien sind. Die ASAS konnte nicht garantieren, dass sie jede Förderung erhalten würden, die sie beantragten, aber sie konnten durch einen guten Prozess bessere Entscheidungen darüber treffen, welche Förderungen Priorität hatten und wie viel Einkommen aus dem Fördertopf zu erwarten war, um den sie sich bewarben. Trotz des allgemeinen Aufschreis stelle ich mir gern vor, dass Pete Carroll durch seine Entscheidung, Wilson passen zu lassen, kaum schlaflose Nächte hatte.

Die Erkundung der Zukunft verbessert den Entscheidungsprozess dramatisch und reduziert reaktives Verhalten. Bis jetzt haben wir darüber gesprochen, nach vorn zu blicken, wie die Zukunft vielleicht aussehen könnte. Doch es hat sich herausgestellt, dass die besseren Entscheidungsbäume, die effektivere Szenario-Planung, eher durch Rückschau entstehen als durch Vorhersagen.

dass er rausfliegt (erheblicher Verlust von Yards, Nutzung des Final Time-out), 55 Prozent, dass er den Pass durchbringt (Touchdown), 35 Prozent, dass er ihn nicht durchbringt (was die Uhr für zwei zusätzliche Spiele anhält, dabei kann es wegen des restlichen Time-out ein gescheitertes Running-Spiel geben), und zwei Prozent, eine Interception zu werfen.
Wenn Wilson den Ball an Marshawn Lynch weitergibt, gewinnt er entweder einen Yard und punktet, wird vor dem Tor gestoppt oder hat einen Fumble. Ein Fumble kommt bei Lynch zu ein bis zwei Prozent vor. Danach sind vertiefte Analysen nötig (und könnten auf kleineren Reihen basieren). Aber wir können raten. Beim vierten Down in einem Running-Spiel (vermutlich Short-Yard-Situationen) hat er bei 13 Versuchen in seiner Spielerkarriere zwei Touchdowns und sieben First Downs. In seiner Spielerlaufbahn hat er, zur Zeit, als dies geschrieben wurde, bei Third- oder Fourth-and-Short Rushing-Spielen 121 Versuche, elf Touchdowns und 70 First Downs.

Die Backcasting-Methode: Rückschau aus einer positiven Zukunft

Nicht alle Methoden, sich die Zukunft vorzustellen, sind gleich. Kennen Sie das chinesische Sprichwort »Jede Reise von 1000 Meilen beginnt mit dem ersten Schritt«? Doch wenn wir einen Weg von 1000 Meilen vor uns haben, sind wir besser dran, wenn wir uns vorstellen, wie wir vom Ziel aus zurückschauen und uns ausmalen, wie wir dorthin gelangt sind. Wenn wir uns die Zukunft vorstellen, ist es sehr viel effektiver, am Ende zu stehen und zurückzuschauen, als vom Start aus nach vorne zu blicken.

Der verzerrte Blick, den wir bekommen, wenn wir aus der Gegenwart in die Zukunft schauen, ähnelt der stereotypen Sicht auf die Welt der Bewohner von Manhattan, die das berühmte Cover des *New Yorker* aufs Korn nahm. Das Cover zeigte eine gezeichnete Landkarte aus der Perspektive einer Person aus New York. Darauf nahmen ein paar Blocks der Stadt die Hälfte der Landkarte ein. Während man sämtliche Gebäude der Ninth Avenue mit Fahrzeugen und Menschen erkennen kann, sind der Hudson und New Jersey nur noch Streifen am Horizont. Die gesamten Vereinigten Staaten nehmen ebenso viel Platz ein wie die Distanz zwischen der Ninth und der Tenth Avenue. Hinter dem Streifen des Pazifiks erscheinen drei kleine Klumpen, auf denen »China«, »Japan« und »Russland« steht.

Wenn wir uns die Zukunft ausmalen, laufen wir Gefahr, einer ähnlichen Verzerrung zu unterliegen. Von unserem Standpunkt aus erscheinen uns die Gegenwart und die unmittelbare Zukunft riesengroß. Alles dahinter verblasst.

Sich die Zukunft vorzustellen, beansprucht dieselben Pfade im Gehirn, wie sich an die Vergangenheit zu erinnern. Und es hat sich herausgestellt, dass es eine bessere Methode ist, die Zukunft zu planen, wenn man sich daran *erinnert*. Von der Gegenwart ausgehend ist es schwierig, über den nächsten Schritt hinauszusehen. Wir verstricken uns in Planungen, um Probleme zu behandeln, die wir jetzt im Moment haben. Dieser Ansatz impliziert die Annahme, dass die Bedingungen dieselben bleiben, dass sich nichts verändert und die Paradigmen stabil sind. Doch die Welt verändert sich zu schnell, als dass man diesen Ansatz für allgemeingültig halten könnte. Samuel Arbesman widmet der gefährlichen Annahme, dass die Zukunft genauso sein wird wie die Gegenwart, mit *The Half-Life of Facts* ein ganzes Buch.

Genau wie großartige Poker- oder Schachspieler (und Experten in jedem Bereich) sich dadurch hervortun, dass sie weiter in die Zukunft vorausplanen als andere, verbessert sich unser Entscheidungsprozess, wenn wir uns die Zukunft lebendiger vorstellen können und uns dabei von den Verzerrungen durch die Gegenwart freimachen. Indem wir uns vom Ziel aus zurückarbeiten, kommen wir mit unserer Planung tiefer in den Entscheidungsbaum hinein, weil wir vom Ende ausgehen.

Forschungen haben gezeigt, dass wir uns leichter tun, wenn wir ein Ziel festlegen und uns von dort aus zurückarbeiten und uns *erinnern*, wie wir dorthin gelangt sind. Der Entscheidungsforscher Gary Klein fasste die Ergebnisse eines Experiments von 1989 von Deborah Mitchell, J. Edward Russo und Nancy Pennington zusammen. Sie »stellten fest, dass vorausblickende Rückschau – also sich vorzustellen, dass ein Ereignis bereits stattgefunden hat – die Fähigkeit, Ursachen für zukünftige Ergebnisse korrekt zu erkennen, um 30 Prozent steigert«.

Ein riesiges Stadtplanungsprojekt erfordert enorme Mengen an Geld, Material und Engagement – und die Vision, sich von einem entfernten zukünftigen Ziel aus zurückzuarbeiten. Als zum Beispiel Frederick Law Olmsted den Central Park entwarf, war ihm klar, dass viel von dem Charme des Parks, viel von der Freude, die die Menschen daran haben würden, Jahrzehnte brauchen würde, bis das Gelände sich verändern und einwachsen würde. Die Menschen, die 1858 bei der Eröffnung durch den Central Park wandelten, sahen wohl viele leere Flächen. Selbst 1873, als die Gestaltung im Wesentlichen abgeschlossen war, war der Bewuchs noch ziemlich mickrig. Man konnte deutlich erkennen, dass die Bäume und Sträucher erst kürzlich angepflanzt worden waren. Keiner der damaligen Besucher würde den Central Park heute wiedererkennen. Olmsted würde ihn aber durchaus erkennen, denn er war von dort ausgegangen, wohin er sich entwickeln würde.

Die bekannteste Methode des Sich-Zurückarbeitens vom Ziel aus, um die Zukunft zu skizzieren, ist das Backcasting. Beim Backcasting stellen wir uns vor, wir hätten ein positives Ergebnis bereits erreicht, und halten eine Zeitung mit der Schlagzeile hoch »Wir haben unser Ziel erreicht!«. Dann überlegen wir, wie wir dorthin gekommen sind.

Sagen wir, ein Unternehmen will einen Strategieplan über drei Jahre entwickeln, um seinen Marktanteil zu verdoppeln, von fünf auf zehn Prozent. Jede Person, die an der Planung beteiligt ist, stellt sich nun vor, eine Zeitung hochzuhalten, deren Schlagzeile lautet: »Unternehmen X hat seinen Marktanteil in den letzten drei Jahren verdoppelt«. Der Teamleiter bittet sie nun, die Faktoren zu bestimmen, anhand derer sie dorthin gekommen sind, welche Ereignisse stattgefunden haben, welche Entscheidungen getroffen worden sind, was gut gelaufen war, sodass das Unternehmen den Marktanteil erreichen konnte. Das ermöglicht es dem Unternehmen, Strategien, Taktiken und Handlungsweisen zu bestimmen, die implementiert werden müssen, um das Ziel zu erreichen. Es schafft auch die Möglichkeit, zu erkennen, wann das Ziel angepasst werden muss. Das Backcasting macht es darüber hinaus möglich, zu erkennen, wenn es eher unwahrscheinliche Ereignisse gibt, die stattfinden müssen, um das Ziel zu erreichen. Das könnte zur Entwicklung von Strategien führen, die die Chancen auf solche Ereignisse erhöhen, oder zu erkennen, dass das Ziel zu ehrgeizig ist. Das Unternehmen kann durch Backcasting auch einen schrittweisen Plan entwickeln, bei dem man Reaktionen auf Entwicklungen mit einplant, die der Zielerreichung in die Quere kommen könnten, oder den Plan an bestimmten Wendepunkten anpasst, während sich die Zukunft nach und nach entfaltet.

Bei der Planung einer Argumentationsstrategie für einen Prozess kann ein Anwalt, der einen neuen Fall übernommen hat, sich die Schlagzeile vorstellen, dass er den Prozess gewonnen hat. Welche vorteilhaften Richtersprüche bekam der Anwalt während des Prozesses?

Wie hat sich die günstigste Zeugenaussage abgespielt? Welche Beweise ließ der Richter gelten und welche nicht? Auf welche Argumente reagierte die Jury?

Wenn wir das Ziel haben, in sechs Monaten zehn Kilo abzunehmen, können wir planen, wie wir das erreichen, indem wir uns vorstellen, es wäre jetzt sechs Monate später und wir hätten das Gewicht verloren. Was haben wir getan, um das Gewicht zu verlieren? Wie haben wir Junk Food vermieden? Wie haben wir für mehr Bewegung gesorgt? Wie haben wir es geschafft, uns an die Diät zu halten?

Sich eine erfolgreiche Zukunft vorzustellen und von dort aus zurückzublicken, ist eine nützliche Zeitreise-Übung, um die nötigen Schritte zur Erreichung unseres Ziels zu erkennen. Doch sich zurückzuarbeiten ist sogar noch hilfreicher, wenn wir uns die Freiheit nehmen, uns eine *ungünstige* Zukunft vorzustellen.

Die Prä-mortem-Methode: Rückschau aus einer negativen Zukunft

Wenn Sie mit der medizinischen Fachsprache vertraut sind oder sich gern Krimis im Fernsehen ansehen, kennen Sie den Begriff post mortem: Bei der medizinischen Untersuchung nach dem Tod wird die Todesursache bestimmt. Ein Prä-mortem hingegen ist eine Untersuchung von etwas Schlimmem, *bevor* es eintritt. Wir alle möchten das gute Gefühl haben, das uns ein optimistischer Blick auf die Zukunft gibt. Im Allgemeinen neigen wir auch dazu, die Wahrscheinlichkeit zu überschätzen, dass etwas Gutes passiert. Es ist ganz natürlich, dass wir die Welt durch die rosa Brille sehen und uns das ein gutes Gefühl gibt, aber ein wenig Schwarzmalerei ist auf lange Sicht realistischer. Bei der Prä-mortem-Methode überprüfen wir unsere positive Einstellung und stellen uns vor, unsere Ziele nicht zu erreichen.

Das Backcasting und die Prä-mortem-Methode ergänzen einander. Beim Backcasting stellen wir uns eine positive Zukunft vor; bei einem

Prä-mortem eine negative Zukunft. Wir können kein vollständiges Bild entwerfen, wenn wir nicht sowohl das Positive als auch das Negative mit einbeziehen. Das Backcasting ist der Cheerleader; das Prä-mortem ist der Buh-Rufer im Publikum.

Wenn wir uns die Schlagzeile vorstellen »Wir haben es nicht geschafft, unser Ziel zu erreichen«, ist das für uns eine Herausforderung, über Wege nachzudenken, wie es schieflaufen könnte, Möglichkeiten, an die wir nicht gedacht hätten, wenn wir uns einfach auf unsere eigenen (optimistischen, Teamplayer-)Methoden verlassen hätten. Für das Unternehmen mit dem Dreijahresplan, um den Marktanteil zu verdoppeln, lautet die Prä-mortem-Schlagzeile: »Unternehmen schafft es nicht, das Ziel im Marktanteil zu erreichen; Wachstum stagniert erneut«. Die Mitglieder des Planungsteams stellen sich nun Dinge vor wie Verzögerungen beim neuen Produkt, den Verlust von wichtigen Führungskräften, Vertriebs-, Marketing- oder technischem Personal, neue Produkte bei den Wettbewerbern, eine ungünstige Entwicklung der Wirtschaftslage, ein Paradigmenwechsel, durch den die Kunden ohne das Produkt auskommen oder auf Alternativen zurückgreifen, die nicht am Markt oder in Gebrauch sind, etc.

Ein Anwalt, der vor einem Prozess steht, stellt sich vor, dass für ihn nützliche Beweise nicht zugelassen werden, dass unbekannte Beweise auftauchen, die den Fall untergraben, dass der Richter unsympathisch ist oder die Jury die Hauptzeugen nicht mag oder ihnen nicht vertraut.

Wenn es unser Ziel ist, Gewicht zu verlieren, und wir einen Plan entwerfen, um dieses Ziel zu erreichen, wird das entsprechende Prä-mortem-Szenario zeigen, wie wir uns verpflichtet fühlten, Kuchen zu essen, weil jemand Geburtstag hatte, wie herausfordernd es war, den Brötchen und Keksen im Konferenzraum zu widerstehen, oder wie schwierig es war, sich die Zeit fürs Fitnessstudio zu nehmen, und wie leicht, Ausreden zu finden, um »später« hinzugehen. Es ist sehr viel geschrieben worden über das Visualisieren von Erfolg, um Ziele zu erreichen. Das ist heutzutage ein so bekanntes Element im Bereich der

Selbsthilfestrategien, dass die Prä-mortem-Methode (mit ihrer negativen Visualisierung) kontraproduktiv erscheinen mag.

Trotz der allgemeinen Auffassung, dass wir durch positive Visualisierung zum Erfolg kommen, hat sich gezeigt, dass eine *negative Visualisierung* die Wahrscheinlichkeit *erhöht*, dass wir unsere Ziele erreichen. Gabriele Oettingen, Psychologie-Professorin an der NYU und Autorin von *Rethinking Positive Thinking: Inside the New Science of Motivation (deutscher Titel: Die Psychologie des Gelingens)*, führte über 20 Jahre Forschungen durch und stellte immer wieder fest, dass Menschen, die sich auf dem Weg zu ihren Zielen Hindernisse vorstellen, mit höherer Wahrscheinlichkeit Erfolg erzielten, ein Prozess, den sie »mentales Kontrastieren« (*mental contrasting*) nannte. In ihrer ersten Studie von Frauen, die an einem Programm zur Gewichtsabnahme teilnahmen, wurde festgestellt, dass Teilnehmerinnen, »die starke positive Vorstellungen darüber hatten, schlanker zu werden … 24 Pfund weniger abnahmen als jene, die ein negativeres Bild von sich hatten. Das Träumen davon, ein Ziel zu erreichen, trug offenbar nicht dazu bei, dass dieses Ziel auch fruchtete. Es erschwerte sogar, dass es erreicht wurde. Die blauäugigen Träumerinnen in der Studie hatten weniger Energie, sich so zu verhalten, dass sie Gewicht verloren.«

Sie konnte diese Ergebnisse in verschiedenen Kontexten bestätigen. Sie suchte College-Studenten, die sagten, sie hätten eine unerwiderte Liebe. Sie gab dann einer Gruppe die Aufgabe, sich positive Szenarien darüber auszumalen, eine Beziehung anzufangen, und einer anderen Gruppe, sich negative Szenarien darüber vorzustellen, wie sich das abspielen würde. Die Ergebnisse waren ähnlich wie bei der Gruppe zur Gewichtsabnahme: Fünf Monate später war es weniger wahrscheinlich, dass die Teilnehmer mit dem positiven Szenario die Beziehung anfingen. Und es kamen dieselben Ergebnisse heraus, als sie eine Studie mit Arbeitssuchenden durchführte, mit Studenten vor der Zwischenprüfung und mit Patienten, die sich eine neue Hüfte einsetzen ließen.

Oettingen erkannte, dass wir zwar positive Ziele haben müssen, aber dass wir diese Ziele mit höherer Wahrscheinlichkeit erreichen, wenn wir uns ein negatives Zukunftsszenario vorstellen. Wir beginnen ein Prä-mortem, indem wir uns vorstellen, warum wir unser Ziel nicht erreicht haben: Unser Unternehmen hat seinen Marktanteil nicht erhöht; wir haben nicht abgenommen; das Gerichtsurteil fiel zugunsten der anderen Seite aus; wir haben unser Verkaufsziel nicht erreicht. Dann stellen wir uns vor, warum. All diese Gründe, warum wir unser Ziel nicht erreicht haben, helfen uns, potenzielle Hindernisse vorwegzunehmen, und erhöhen die Wahrscheinlichkeit, dass wir Erfolg haben.

Die Prä-mortem-Methode ist die Implementierung der Mertonschen Norm des organisierten Skeptizismus, bei dem man die Spielregeln dahingehend ändert, dass man Uneinigkeit zulässt. Ein Teamplayer in einem Prä-mortem ist kein begeisterter Cheerleader; er ist ein sehr produktiver Kritiker. Der *Erfolg* besteht nicht darin, dass die Gruppe ein gutes Gefühl hat, weil jeder das eigene Narrativ (und das des Unternehmens) bestätigt, dass alles ganz wunderbar funktionieren wird. Das Prä-mortem beginnt damit, sich aus einer ungünstigen Zukunft oder von einem gescheiterten Ziel zurückzuarbeiten. Das heißt, hier positiv mitzuwirken oder ein gutes Gefühl zu haben, weil man zum Prozess beiträgt, bedeutet, die kreativsten, relevantesten und realistischsten Gründe vorzubringen, warum es nicht funktioniert hat.

Der Schlüssel bei einem erfolgreichen Prä-mortem ist, dass jeder ganz frei und ungehemmt nach solchen Gründen suchen darf, und dass jeder motiviert ist, in allen Bereichen danach zu suchen – persönliche Erfahrung, Unternehmenserfahrung, Präzedenzfälle in der Vergangenheit, Episoden aus der Serie *The Hills*, Analogien aus dem Sport etc. –, um zu beschreiben, auf welche Weise eine Entscheidung oder ein Plan schiefgehen kann, sodass das Team darauf gefasst ist und dem Rechnung tragen kann.

Die Durchführung eines Prä-mortem ermöglicht es uns, als unser eigenes Red Team aufzutreten. Als Rahmen geben wir vor: »Ok, wir sind gescheitert. Warum sind wir gescheitert?«, und das gibt jedem die Freiheit, potenzielle Punkte des Scheiterns ausfindig zu machen, die man ansonsten vielleicht nicht gesehen oder nicht erwähnt hätte, aus

Angst, als notorischer Schwarzseher dazustehen. So kann man seine eigenen Vorbehalte vorbringen, ohne dass es so klingt, als wollte man damit sagen, das geplante Vorhaben sei falsch. Ein Planungsprozess, der ein Prä-mortem beinhaltet, sorgt für eine viel gesündere Organisation, weil dabei Menschen, die eine abweichende Meinung haben, in die Planung einbezogen werden. Sie haben nicht das Gefühl, ausgeschlossen oder nicht gehört zu werden. Damit erhält jede einzelne Stimme mehr Wertschätzung. Das Unternehmen läuft weniger Gefahr, abweichende Meinungen zu unterdrücken und damit den Wert der Unterschiedlichkeit zu verlieren. Jene, die Vorbehalte haben, bauen weniger Unmut oder Bitterkeit auf, wenn es schiefgeht; ihre Stimme hatte ja ihren Platz im Strategieplan.

Wenn man diese Art des Vorwegnehmens des Negativen in einer Gruppe zur Wahrheitsfindung integrieren will, erfordert dies, dass man sich die Visualisierung und Vorausschau auf zukünftige Hindernisse zur Gewohnheit macht. Und wie immer, wenn eine Gruppe, deren Mitglied wir sind, diese Art des Denkens verstärkt, neigen wir auch in unserem eigenen Denken eher dazu, die negative Seite unserer Entscheidungen zu berücksichtigen.

Wenn wir uns sowohl die positive als auch die negative Zukunft vorstellen, hilft uns das dabei, eine realistischere Vision von der Zukunft zu schaffen, was es uns wiederum erlaubt, für eine größere Bandbreite von Herausforderungen zu planen und uns darauf vorzubereiten, als wenn man nur Backcasting betreibt. Haben wir einmal erkannt, was schiefgehen kann, können wir uns gegen die schlechten Ergebnisse schützen, vorbereiten, flexible Reaktionen auf eine größere Bandbreite von zukünftigen Szenarien entwickeln und wir sind vorbereitet auf negative Reaktionen, sodass wir darüber nicht so überrascht sind oder unüberlegt reagieren. Durch all dies wird die Wahrscheinlichkeit erhöht, dass wir unsere Ziele erreichen werden.

Wenn wir Backcasting betreiben und uns vorstellen, was alles geklappt hat, decken wir dabei natürlich auch auf, was *nicht* hätte klappen können. Beim Backcasting ignorieren wir deshalb nicht so sehr die negative Seite, vielmehr ist die positive Seite überrepräsentiert. Es liegt einfach in unserer optimistischen Natur (und unserem natürlichen Backcasting), dass wir uns eine erfolgreiche Zukunft vorstellen. Ohne die Prä-mortem-Methode sehen wir nicht so viele Wege in die Zukunft, auf denen wir unsere Ziele nicht erreichen. Ein Prä-mortem-Szenario zwingt uns, auch jene Seite des Baumes auszubilden, auf der die Dinge nicht funktionieren. Während wir das Prä-mortem-Szenario aufbauen, werden wir merken, dass dieser Teil des Baumes ziemlich stattlich ist.

Doch denken Sie daran, die Wahrscheinlichkeiten von positiven und negativen Zukunftsszenarien müssen zusammen noch immer 100 Prozent ergeben. Der Raum für das Positive beim Backcasting und der Raum für das Negative im Prä-mortem-Szenario müssen stets in einen endlichen Raum passen. Wenn wir sehen, wie viel Raum das Negative tatsächlich einnimmt, schrumpfen wir den Raum für das Positive auf eine Größe, die etwas mehr die Realität abbildet und weniger unsere von Haus aus optimistische Natur.

Wir treffen bessere Entscheidungen und wir haben dabei ein besseres Gefühl, wenn wir es geschafft haben, unser vergangenes, gegenwärtiges und zukünftiges Selbst zusammenzubringen. Das ermöglicht es uns nicht nur, unseren übermäßigen Optimismus, sondern auch unsere Ziele dementsprechend anzupassen und so aktiv Pläne zu schmieden, die die Wahrscheinlichkeit von schlechten Ergebnissen reduzieren und die von guten Ergebnissen erhöhen. Wir laufen weniger Gefahr, von einem schlechten Ergebnis überrascht zu werden, und können uns besser auf Eventualitäten einstellen.

Es ist vielleicht kein so gutes Gefühl, während des Planungsprozesses diesen Fokus auf das Negative zu legen. Doch auf lange Sicht wird es uns ein besseres Gefühl geben, die Welt objektiver zu sehen und bessere Entscheidungen zu treffen, als negative Szenarien einfach auszublenden. Backcasting ohne Prä-mortem-Szenarien ist in mancher Hinsicht eine Form von zeitlicher Diskontierung: Wenn wir uns eine positive Zukunft vorstellen, fühlen wir uns *jetzt* besser, aber wir werden mehr als entschädigt dafür, dass wir diese sofortige Belohnung dafür aufgegeben haben, die Welt realistischer zu sehen, dadurch bessere Anfangsentscheidungen zu treffen und bei allem flexibler zu sein, was die Welt uns zwischen die Füße wirft.

Haben wir einmal eine Entscheidung getroffen und eines der möglichen Zukunftsszenarien tritt ein, dürfen wir die ganze Arbeit nicht einfach verwerfen, selbst – oder besonders – wenn es Arbeit an Zukunftsszenarien ist, die nicht eingetreten sind. Unsere nicht eingetretene Zukunft zu vergessen, kann für einen guten Entscheidungsprozess gefährlich werden.

Die Baumkunde und der Rückschaufehler (oder: Legen Sie die Kettensäge mal beiseite)

Eines der Ziele von mentalen Zeitreisen ist es, die Ereignisse nüchtern zu betrachten. Um zu verstehen, wodurch diese Sichtweise gefährdet werden kann, stellen Sie sich die Zeit als einen Baum vor. Der Baum hat unten einen Stamm, oben Äste und dazwischen die Stelle, an der die Äste aus dem Stamm herauswachsen. Der Stamm ist die Vergangenheit. Ein Baum hat nur einen wachsenden Stamm, genau wie wir nur eine sich anhäufende Vergangenheit haben. Die Äste sind die potenziellen Zukunftsszenarien. Die dickeren Äste sind die eher wahrscheinlichen Szenarien, die dünneren die weniger wahrscheinlichen. Die Stelle, wo das obere Ende des Stamms in die Äste übergeht, ist die Gegenwart. Es gibt viele Zukunftsszenarien, viele Äste an dem Baum, aber nur eine Vergangenheit, einen Stamm.

Was passiert mit all den Ästen, während die Zukunft zur Vergangenheit wird? Die stets fortschreitende Gegenwart ist wie eine Kettensäge. Wenn einer dieser vielen Äste zufällig zur Realität wird, wenn dieser Ast sich zur Vergangenheit wandelt, hackt unser gegenwärtiges Ich alle anderen Äste ab, die sich nicht verwirklicht haben, und vernichtet sie. Wenn wir in die Vergangenheit blicken und nur das sehen, was geschehen ist, scheint es uns unvermeidlich gewesen zu sein. Warum aber schien es uns damals nicht unvermeidlich? Selbst der kleinste Zweig, die unwahrscheinlichste Zukunft – wie die zwei- bis dreiprozentige Chance, dass Russell Wilson die Interception werfen würde – dehnt sich aus, wenn sie Teil des mächtigen Stammes wird. Diese zwei bis drei Prozent werden rückblickend zu 100 Prozent und alle anderen Äste, egal wie dick sie waren, verschwinden aus dem Blickfeld.

Das ist der Rückschaufehler, einer der Feinde des Wahrscheinlichkeitsdenkens.

Der Richter Frank Easterbrook, ein führender Jurist und Mitglied des US Court of Appeals for the Seventh Circuit (*ein Gericht in Chicago, Anm. d. Übers.*) warnte vor der Gefahr im Rechtssystem, Wahrscheinlichkeiten einzuschätzen, *nachdem* eine der potenziellen Möglichkeiten eingetreten ist. Beim Fall *Jentz gegen ConAgra Foods* ging es um einen schwelenden Kornspeicher, der ConAgra gehörte, und um das Unternehmen (namens West Side), das von ConAgra beauftragt war, die Ursache für den Brandgeruch, Rauch und die hohen Temperaturen im Speicher zu finden und etwas dagegen zu tun. Nachdem man das Problem nicht lösen konnte, wies der Vorarbeiter von West Side ConAgra an, die Feuerwehr zu holen. Dann wies er einige seiner Angestellten an, Werkzeuge aus einem Tunnel zum Kornspeicher herauszuholen, die der Feuerwehr den Zugang verstellen konnten.

Als die Arbeiter im Tunnel waren, explodierte der Kornspeicher, und die West-Side-Angestellten wurden schwer verletzt. Die Verletzten verklagten ConAgra und West Side. Die Jury einigte sich auf 180 Millionen Dollar Schmerzensgeld und Geldbuße. In Bezug auf die Geldbuße für West Side wies Richter Easterbrook, der schriftführende Richter, darauf hin, dass das Gesetz in Illinois eine »grobe Abweichung« von der üblichen Sorgfalt voraussetzte, um eine Geldbuße zu verhängen. Da er in den Akten keinen Beweis fand für irgendeine vorhersehbare Wahrscheinlichkeit einer Explosion zum Zeitpunkt, als der Vorarbeiter die Arbeiter anwies, die Werkzeuge aus dem Tunnel zu holen, schlussfolgerte er: »Das Urteil scheint aufgrund des Rückschaufehlers entstanden zu sein – die menschliche Neigung, zu glauben, dass, was auch immer passiert ist, passieren musste, und dass jeder das gewusst haben musste. Wenn [der Vorarbeiter] im Bewusstsein gehandelt hätte, dass eine Explosion unmittelbar bevorstand, wäre er ein Monster; doch dafür gibt es keinen Beweis. Ein durch den Rückschaufehler verzerrter Blick auf die Vergangenheit reicht nicht aus, um ein Urteil zu sprechen.«

Wenn wir einmal wissen, dass es eine Explosion gab, ist es schwierig, sich die Handlungsweise der Parteien zu dem Zeitpunkt vorzustellen, als die Explosion nur eine von mehreren möglichen Zukunftsszenarien war. Die Mitglieder der Jury hatten einen Interessenskonflikt. Als sie die Geschichte von den Männern hörten, die in den Tunnel gingen, um die Werkzeuge herauszuholen, wussten sie schon, wie das Ergebnis lauten würde. Die Jury hackte die anderen Äste am Baum ab, alle anderen Wege, wie sich die Dinge angesichts der Situation im Kornspeicher hätten entwickeln können, und in der Rückschau war alles, was sie sehen konnten, ein Zusammenwirken von Umständen mit einer unvermeidlichen Tragödie am Ende.

Stellen Sie sich nur einmal vor, was sich für die Personen ändern würde, die in diesem Buch genannt wurden, wenn mehr Menschen handeln würden wie Richter Easterbrook.

Steve Bartman hätte ein Stadion voller Cubs-Fans mit den Ansichten von Richter Easterbrook gut gebrauchen können. Sie hätten dann erkannt, dass die Niederlage der Cubs nur eine von vielen Möglichkeiten war, wie es hätte ausgehen können. In dem Moment, in dem Bartman und andere um ihn herum sich nach dem Foul Ball streckten, war der Ast der Zukunftsversion, in der Steve Bartman den Ball berührt, noch klein, und die Möglichkeit, dass die Cubs danach verlieren würden, war das allerkleinste Zweiglein, für das eine Reihe von unwahrscheinlichen Spielfeld-Entwicklungen nötig waren (wie der Pitching Ace, der einen Schlag nach dem anderen aufgab, und der großartige Fielding-Shortstop, der einen seltenen Fehler bei einem Inning-ending Double Play beging). Genauso wenig wie der Vorarbeiter, der die Arbeiter in den

Tunnel schickte, die Explosion auslöste, hat Bartman die Niederlage verschuldet, indem er den Ball berührte. Er bekam nur ein unglückliches Ergebnis, das aufgrund all der Dinge zustande kam, über die er keine Kontrolle hatte, nachdem der Foul-Ball seine Hand berührt hatte.

Pete Carroll und die Monday-Morning-Quarterbacks hätten einen Hinweis des Richters gebrauchen können, dass wir dazu neigen, anzunehmen, dass wenn etwas bereits passiert ist, es so passieren musste. Wenn wir nicht versuchen, uns sämtliche potenziellen Zukunftsszenarien vor Augen zu halten, *bevor* eines davon eintritt, ist es fast unmöglich, Entscheidungen oder Wahrscheinlichkeiten *im Nachhinein* realistisch einzuschätzen.

Das erwies sich als großer Teil des Problems für den CEO, nachdem er seinen Präsidenten gefeuert hatte. Anfangs hatte er diese Entscheidung als eine seiner schlechtesten bezeichnet, doch als wir den Baum rekonstruierten, die Äste vom Boden aufhoben und sie wieder anbrachten, wurde klar, dass er und sein Unternehmen eine Reihe sorgfältig überlegter Entscheidungen getroffen hatten. Da sie jedoch zu einem negativen Ergebnis führten, nagte die Reue an dem CEO. Als er auf seine Entscheidungen zurückblickte, konnte er all die Äste und ihre Wahrscheinlichkeiten nicht sehen. Er konnte nur den Stamm sehen. Alles, was er sah, war ein schlechtes Ergebnis.

Der CEO schnitt alle anderen Äste mit der Kettensäge ab und ließ sie durch einen Häcksler laufen. Sie verschwanden und er tat so, als hätten sie nie existiert. Genau das ist der Rückschaufehler und wir alle laufen im Wald Amok mit einer Kettensäge, sobald wir ein Ergebnis bekommen. Sobald etwas eintritt, sehen wir es nicht mehr als Möglichkeit – oder dass es *jemals* nur eine Möglichkeit war. So kommen wir zu einer Denkweise, mit der wir sagen: »Das hätte ich doch wissen müssen« oder »Das habe ich dir doch gleich gesagt«. Und daher kommt auch die unproduktive Reue.

Indem wir ein korrektes Bild davon im Kopf behalten, was hätte passieren können (und nicht die Version, die durch den Rückschaufehler beeinflusst ist), wenn wir uns die Szenario-Pläne und Entscheidungsbäume merken, die wir in einem guten Planungsprozess schaffen, sind wir anpassungsfähiger, während wir voranschreiten. Wir kommen auch besser zurecht, wenn wir die Unsicherheit der Welt akzeptieren und uns damit arrangieren. Anstatt in Extremen zu leben, können wir ein zufriedenes Leben führen, indem wir unter unsicheren Umständen unser Bestes tun und uns bemühen, durch Erfahrung immer besser zu werden.

Die Reaktion auf die Wahlen 2016 lieferten ein weiteres eindrucksvolles Beispiel dafür, was passiert, wenn wir die Äste vom Baum sägen. Hillary Clinton war im Wahlkampf die Favoritin und die Wahrscheinlichkeit, dass sie gewinnen würde, lag laut FiveThirtyEight.com aufgrund von Umfrageergebnissen irgendwo zwischen 60 und 70 Prozent. Als Donald Trump gewann, bekamen die Analysten die Pete-Carroll-Behandlung, vielleicht niemand mehr als Nate Silver, der Gründer von FiveThirtyEight.com und ein sorgfältiger Analyst von Umfrageergebnissen. (»Nate Silver lag falsch.« – »Die Analysten haben es vermasselt.« – »Genau wie beim Brexit haben es die Bookies vergeigt.« etc.) Die Presse verkaufte dies als einen gesicherten Vorsprung für Clinton, obwohl der Trump-Ast mit 30 bis 40 Prozent nicht gerade klein war. Am Tag nach der Wahl wurde der Clinton-Ast abgesägt, nur der Trump-Ast war noch da und die Frage, wie die Analysten und die Durchführenden der Umfragen hatten so blind sein können.

Was uns das Pokerspiel lehrt, ist, dass wir uns damit zufriedengeben müssen, angesichts der möglichen Entscheidungen die Wahrscheinlichkeiten von verschiedenen Ergebnissen abzuschätzen und auf das zu setzen, was wir für die beste Wette halten. Bei dem permanenten Fluss an Entscheidungen und Ergebnissen unter bestimmten Bedingungen gewöhnt man sich daran, oft und viel zu verlieren. Bis zu einem gewissen Grad sind wir alle süchtig nach Ergebnissen, aber je mehr wir uns von dieser Sucht befreien, desto glücklicher werden wir sein. Es gibt für niemanden von uns eine Garantie auf ein gutes Ergebnis und wir alle werden eine Menge schlechter Ergebnisse erleben. Doch wir können immer eine gute Wette eingehen. Und selbst wenn wir eine schlechte Wette eingehen, bekommen wir normalerweise noch eine zweite Chance, weil wir aus der Erfahrung lernen und beim nächsten Mal eine bessere Wette eingehen.

Das Leben ist, wie Poker, ein langes Spiel, und es wird eine Menge Verluste geben, selbst wenn man die beste mögliche Wette gemacht hat. Wir werden besser zurechtkommen und glücklicher sein, wenn wir akzeptieren, dass wir uns der Zukunft nie sicher sein können. Das verändert unsere Aufgabe und wir versuchen nicht mehr, jedes Mal recht zu haben – ein Ding der Unmöglichkeit –, sondern bahnen uns den Weg durch die Unsicherheiten, indem wir unsere Überzeugungen anpassen, um Schritt für Schritt zu einem korrekteren und objektiveren Weltbild kommen. Mit strategischem Weitblick und der richtigen Haltung ist das eine machbare Aufgabe. Wenn wir weiter lernen und uns anpassen, werden wir vielleicht sogar gut darin.

DANKSAGUNG

Die Liste der Menschen, die es mir ermöglicht haben, dieses Buch zu schreiben, ist lang. Sie fängt natürlich bei meiner Familie an: Mein Vater Richard und meine verstorbene Mutter Deedy, die mir die Liebe zum Spiel vermittelten, die Liebe zum Unterrichten und die Liebe zum Schreiben – eine gute Mischung für die Entstehung dieses Buches; meinem Bruder Howard danke ich dafür, dass er ein großartiger Bruder ist und für seinen offensichtlichen Einfluss auf meine Pokerkarriere und meine Hingabe, die Kunst des Entscheidens als Wissenschaft zu betreiben, und umgekehrt – viele der Gedanken in diesem Buch entsprangen Gesprächen mit ihm; meiner Schwester Katy danke ich dafür, dass sie mich als Schwester so unterstützt, eine inspirierende Autorin und Dichterin ist, die ich wenigstens ein klein wenig zu beeindrucken hoffe, und dafür, dass sie dieses Buch sorgfältig durchgelesen, redigiert und mir bei jedem Schritt Mut zugesprochen hat.

Die Levine Greenberg Rostan Literary Agency und der Portfolio-Verlag sorgten für die Veröffentlichung dieses Buches. Es hat viel gebraucht, um mich zu diesem Projekt zu bewegen, und noch viel mehr, um mir dieses Buch abzuringen. Wunderbare Menschen in beiden Unternehmen taten so viel, um mir zu helfen und das Endprodukt aufzuwerten:

Jim Levine, mein Literaturagent und Händchenhalter, der mir durch das Schreiben der Entwürfe hindurchhalf und bei jedem Schritt auf dem Weg da war. Jim glaubte von Anfang an an das Projekt, half mir, das Material auf viele verschiedene Weisen anzupacken und führte mich geduldig durch die vielen Durchläufe des Exposés. Seine Begeisterung für dieses Buch war ungebrochen und hielt mich bei der Stange, wenn ich selbst Zweifel hatte. Matthew Huff, Jims Assistenten, war vom ersten Meeting an immer da und mir eine unschätzbare Hilfe beim Schreiben des Exposés.

Niki Papadopoulos, mein Lektor und Therapeut, der dieses Buch in so vieler Hinsicht unermesslich viel besser machte, nicht zuletzt, indem er ein Format vorschlug, das eine Organisation der Gedanken erforderte, wie ich sie ansonsten nicht erreichen hätte können. Ich bin ewig dankbar. Auch Leah Trouwborst, die mir, zusammen mit Niki, Mut zusprach, mich redaktionell anleitete und hier und da therapierte. Und auch Vivian Roberson, der die Produktionsmaschinen im Zeitplan am Laufen hielt.

Alle, die hier aufgeführt werden (und viele andere), ermutigten mich, dieses Buch zu schreiben. Unter ihnen möchte ich zwei Menschen besonders hervorheben: Dan Ariely, der mir auch Jim Levine vorstellte, und Charles Duhigg, der mir freundlicherweise das Exposé seines Buches *The Power of Habit* zeigte, was mir eine unschätzbare Anleitung dafür war, mein eigenes Exposé zu verfassen. Dan und Charles spielten schon sehr früh bei der Entstehung dieses Projekts bedeutende Rollen. Beide waren freigiebig mit ihrer Zeit und Aufmerksamkeit und ermutigten mich, zu glauben, dass Poker wertvolle Einsichten für den Entscheidungsprozess liefert.

Auch Glen Clarksons Ermutigungen waren bemerkenswert. Er versuchte schon immer, mich zum Schreiben dieses Buches zu bewegen. Ich bestand darauf, zuerst über Pokerstrategien zu schreiben. Er war ein Nörgler im allerpositivsten Sinne und er hatte recht damit.

Von den Menschen, die mich auf meinem Bildungsweg beeinflussten, sind manche besonders zu erwähnen:

Lila Gleitman, meine Beraterin an der Penn, die mir die Liebe zur Lerntheorie eingab und mir ein Vorbild für wissenschaftliches Arbeiten war – unerschrocken, witzig, klug, einsichtig und leidenschaftlich in ihrer Arbeitsweise. Sie brachte mir bei, wie eine Wissenschaftlerin zu denken, und sie ist mit 88 Jahren noch immer der inspirierende Mensch, den ich kenne. Sie war ebenfalls unglaublich freigiebig mit ihrer Zeit, seit sie meine Beraterin war, besonders angesichts dessen, dass ich den Studiengang verließ, bevor ich meinen PhD bekam. Sie war mit dem Leben, das ich mir danach aufbaute, sehr zufrieden und machte mir niemals Vorwürfe dafür, dass ich mein Studium nicht abgeschlossen hatte. Und im Gedenken an ihren Ehemann Henry, der ebenfalls mein Mentor war, ein Meister im Aufbau von Experimenten, und der als Mensch einen riesigen Einfluss auf meine intellektuelle Entwicklung hatte.

Barbara Landau, die mein Interesse und meine Leidenschaft für Psychologie an der Columbia weckte. Ich bin dankbar für die vier Jahre, die ich als ihre wissenschaftliche Hilfskraft verbringen durfte, als ich im Grundstudium war. Sie drängte mich auch dazu, mein Studium an der Penn fortzusetzen, wo sie zusammen mit Lila und Henry Gleitman studiert hatte.

Jon Baron, bei dem ich mein erstes Seminar über den Entscheidungsprozess belegte. Bob Rescorla, der mir seine Faszination für Konditionierung weitergab und mich in die Tiefen des Lernens über das Lernen führte. Und alle Professoren an der Columbia und der Penn, bei denen ich studierte und die in mir das Interesse und die Neugier weckten und nährten, die Naturwissenschaften, Psychologie, Verhaltenslehre, Lerntheorie und die Theorie des Entscheidungsprozesses zu erforschen.

Auch nachdem ich die Hochschulen verlassen hatte, um Poker zu spielen – 20 Jahre lang –, habe ich die Themenbereiche, die mich faszinierten, nie aufgegeben: Wie wir lernen und was wir mit dem Produkt unseres Lernens tun. Ich bin so vielen Menschen dankbar, die ich beim Pokerspiel kennenlernte. Ich finde es großartig, dass die Pokergemeinde ein junges Mädchen zum Spiel willkommen hieß und mir half, Mentoren, Freunde und unvergessliche Charaktertypen zu finden, die meine Zeit beim Spielen bereicherten. Und ich bin dankbar für das

Pokerspiel selbst, das mir etwas bot, das mich mit Leidenschaft erfüllte, das mich für die Entdeckungen seiner Komplexität belohnte und mich gleichzeitig daran erinnerte, dass unter jeder Schicht, die ich abschälte, immer noch weitere Schichten waren.

Meine Wertschätzung für das Pokerspiel wäre nicht komplett ohne einen besonderen Dank an Erik Seidel, aus unzähligen Gründen, zum Beispiel dafür, dass er mir zeigte, was es heißt, danach zu streben, eine wirklich rationale Denkerin zu sein.

Besonderer Dank gilt David Grey für seine Geschichte über Ira, den Wal, Phil Hellmut für eines der besten Zitate in der Geschichte des Poker und John Hennigan für seine Geschichte, wie er für eine Wette nach Des Moines zog. Diese Super-Spieler und viele andere steuerten auch ihre Expertise und Freundschaft bei, ein wirklich wunderbares Geschenk. Ich hatte das Glück, noch weiteren bemerkenswerten Spielern zuzusehen und von ihnen zu lernen, darunter Chris Ferguson, Doyle Brunson, Chip Reese, Gus Hansen, Huckleberry Seed, Ted Forrest, Andy Bloch, Mori Eskandani, Phil Ivey, Bobby Buckler, Allen Cunningham, Danny Robison und Chau Giang. (Diese und so viele andere wunderbare Spieler, die ich im Lauf der Jahre kennenlernte, waren nicht nur bemerkenswert von ihren Fähigkeiten her – sie waren auch bemerkenswert in der Vielzahl ihrer verschiedenen Ansätze mit dem einen Ziel, gute Entscheidungen zu treffen.)

Dieses Buch gäbe es nicht ohne den Input und das Feedback, das ich von all den Unternehmen, Konferenzen, Berufsgruppen und Führungskräften erhielt, die mich im Lauf der Jahre engagierten und mir die Gelegenheit gaben, meine Gedanken in Vorträgen, Retreats, Beratungen und Coachings zu vermitteln. Dies begann mit Roger Lowe, der den Versuch machte, eine Pokerspielerin einzuladen, um vor Optionshändlern darüber zu sprechen, wie das Pokerspiel den Entscheidungsprozess prägt. Ohne seine unkonventionelle Anfrage im Jahr 2002 wäre dieses Buch vielleicht nie entstanden. Diese ersten Gedanken, die ich bei dem Retreat vortrug, waren die ersten bescheidenen Anfänge dessen, was sich im Lauf der Zeit zu diesem Buch entwickelte.

Während der Zeit, die ich brauchte, um dieses Buch zu schreiben, steuerten unzählige Freunde aus dem Verlagsbereich, dem akademischen und dem Unternehmensbereich ihre Expertise, ihr Wissen und ihre Leidenschaft bei, verwickelten mich in Diskussionen, beantworteten meine Fragen und führten mich zu weiteren Informationen:

Colin Camerer, der sich Zeit nahm, um mit einer Fremden zu sprechen.

Stuart Firestein, weil er mich, als ich mir unsicher war, ob ich dieses Buch schreiben sollte, daran erinnerte, dass die Unsicherheit ein interessantes, aufregendes Thema ist. Er ist mir weiterhin eine Inspiration und ein großartiger Freund. Seine Fröhlichkeit und sein Enthusiasmus sind ansteckend, auch wenn man sie nicht nachahmen kann.

Olivia Fox Cabane, die mich ermutigte und mit Begeisterung davon überzeugt ist, dass Unsicherheit ein so interessantes Thema ist, dass man darüber schreiben sollte.

Victoria Gray, die mich durch Adventures of the Mind mit so vielen brillanten Gelehrten bekannt machte (darunter George Dyson und Stuart Firestein) und eine so großartige Freundin ist.

Jon Haidt, den ich kennenlernte, als wir im ersten Jahr des Hauptstudiums an der Penn waren und der sich ungeachtet seiner Überlastung nach der Wahl von 2016 Zeit nahm, mit mir zu telefonieren, und mich daran erinnerte, bei John Stuart Mill nachzuforschen.

Maria Konnikova, die mir durch den Prozess des Schreibens dieses Buches half und mir eine neue Perspektive eröffnete, wie Poker einen inspirieren kann. Wir beide sind gleichermaßen hingerissen von Erik Seidels Intellekt.

Dave Lenowitz mit seiner intellektuellen Neugier und der Bereitschaft, Gedanken auszutauschen.

Robert MacCoun, mit dem ich mehrere großartige Gespräche über das Thema des blinden Ergebnisses führte.

Gary Marcus, der mich in so manches lange Gespräch über Themen verwickelte, die mir alle halfen, die Gedanken für dieses Buch zu entwickeln. Ich lernte Gary im Hauptstudium kennen, als ich bei Lila studierte und er bei Steven Pinker. Wir nahmen Jahre später wieder Kontakt auf, als ich anfing, an diesem Buch zu arbeiten, und die Gespräche über das Gedächtnis und die Zeit, die ich das Glück hatte, mit ihm zu führen, waren von unschätzbarem Wert.

Gabriele Oettingen und ihr Mann Peter Gollwitzer, Psychologieprofessoren an der NYU, die so freundlich waren, mit mir ein sehr langes Mittagessen einzunehmen, um über mentale Kontrastierung zu sprechen. Dieses Gespräch war für dieses Buch von unschätzbarem Wert.

Gerry Ohrstrom, der mich mit Gary Marcus bekannt machte, der mich wiederum mit Gabriele Oettingen und Peter Gollwitzer bekannt machte.

Joseph Sweeney, dessen Liebe zum Lernen und dessen Art, Material zu diesem Thema zu verschlingen, zu vielen langen Gesprächen beim Mittagessen führten, die dieses Buch beeinflussten und in so vieler Hinsicht besser machten.

Philip Tetlock, mit dem ich ein Gespräch führte, das die drei informativsten Stunden meines Lebens darstellte, und der mich dazu ermutigte, mich wieder mit Robert Mertons wissenschaftlichen Normen anzufreunden.

Joseph Kable, der so nett war, mit mir Mittagessen zu gehen und über die Schaltkreise des Gehirns zu sprechen, die beansprucht werden, wenn wir uns die Zukunft vorstellen.

Danke an all meine Freunde und Kollegen bei How I Decide, einer wohltätigen Bildungsstiftung, bei der ich Mitbegründerin bin, mit der Aufgabe, Jugendlichen bessere Entscheidungsprozesse und kritische Denkfähigkeit an die Hand zu geben (www.howidecide.org). Danke an all die engagierten Leute, die die Basisarbeit leisten, dem leitenden Direktor Dave Lenowitz und der ganzen Belegschaft: Dan Donaldson, Dylan Gordon, Jillian Hardgrove, Adriana Massara, Ramin Mohajer und Joseph Sweeney. Und danke an alle Mitglieder des Vorstands und Aufsichtsrats. Neben den vielen einzelnen Beiträgen dieser wunderbaren Menschen zu diesem Buch waren ihr Fleiß und Engagement für mich eine permanente Inspiration, mein Bestes zu geben, die Fähigkeiten bei der Entscheidungsfindung zu verstehen und zu lehren.

Danke an die folgenden Menschen, die erste Teilentwürfe dieses Buches lasen und mir ihre Kommentare lieferten: Jim Doughan, Paul Schoemaker, T. C. Scornavacchi, Todd Simkin und Joseph Sweeney.

Besonderer Dank an Michael Craig, der mir eine außergewöhnliche und unschätzbare Hilfe bei der Redaktion war. Ohne ihn wäre dieses Buch nie entstanden. Ich bin ihm für seine professionelle Hilfe dankbar und dafür, dass er mir ein guter Freund ist.

Für ihre Hilfe stehe ich in der Schuld von Jenifer Sarver, die mein Berufsleben buchstäblich am Laufen hält und den Zeitplan managt; ohne sie wäre ich verloren. Ich bin Luz Stable ebenfalls dankbar, dass sie mir half, meine beruflichen Verpflichtungen auf die Reihe zu bekommen, während ich dieses Buch schrieb.

Ich bin meinen Freunden dankbar, dass sie sich großzügig damit abfanden, dass ich während der Arbeit an diesem Buch in einem schwarzen Loch verschwand und dass sie geduldig warteten, bis ich wieder daraus auftauchte. Ich habe öfter als ich zählen kann Vorhaben abgesagt und das Verständnis, das mir entgegengebracht wurde, wird nicht vergessen sein.

Dieses Buch wäre wirklich nicht entstanden ohne Eric, der mich erträgt und mich inspiriert, sowohl beim Schreiben dieses Buches als auch in jedem anderen Bereich. Danke an meine Stiefkinder, die mein Leben so viel reicher gemacht haben und die immer geduldig und verständnisvoll waren.

Ebenso wie ich von dem starken Fundament und der kontinuierlichen Unterstützung durch meine Eltern und Geschwister profitierte, sind und bleiben meine wichtigsten Beeinflusser meine wunderbaren Kinder. Sie halten mich aus. Sie hielten dieses Buch aus. Es war mein

Ziel im Leben, ihnen etwas beizubringen, doch es ist unmöglich, all die Dinge auch nur zu betrachten, die sie mich gelehrt haben. Sie sind wunderbar und sie inspirieren mich jeden Tag.

ÜBER DIE AUTORIN

Annie Duke ist professionelle Pokerspielerin, Rednerin, Entscheidungsstrategin und Buchautorin. Sie ging 2004 nicht nur im Tournament of Champions als Gewinnerin hervor, sondern gewann 2010 als erste Frau die NBC National Poker Heads-Up Championship.

ANMERKUNGEN

Einführung: Warum dies kein Buch über Poker ist

9 Ich beziehe mich an verschiedenen Stellen in diesem Buch auf die Ergebnisse von Pokerturnieren. Außer um Bargeld wird Poker auch im Turnierformat gespielt. Bei Turnieren zahlen die Spieler eine Teilnahmegebühr und erhalten Turnierchips, die nur beim Turnier gelten. Sie spielen an zugewiesenen Tischen und um Einsätze, die sich nach einem festgelegten Plan erhöhen. Der Turniersieger erhält am Ende alle Chips, aber das Preisgeld wird nach Siegeranordnung verliehen. Meine Quelle für die Titel und Preise bei Turnieren ist die Hendon Mob Database (pokerdb.thehendonmob.com), die die Ergebnisse von über 300 000 Events enthält und bis zur ersten World Series of Poker 1970 zurückreicht.

Kapitel 1: Das Leben ist ein Pokerspiel, kein Schachspiel

13 **Pete Carroll und die Montag-Morgen-Quarterbacks:** Im Buch beziehe ich mich immer wieder auf Pete Carrolls Playcall am Ende des Super Bowl und die Reaktionen darauf. Die Quellen, auf die ich mich in Bezug auf die Schlagzeilen beziehe, sind Chris Chase, »What on Earth Was Seattle Thinking with Worst Play Call in NFL History?«, *USA Today*, 1. Februar 2015, http://ftw.usato day.com/2015/02/seattle-seahawks-last-play-interception-marshawn-lynch-super-bowl-malcolm-butler-play-call-pete-carroll; Mark Maske, »›Worst Play-Call in Super Bowl History‹ Will Forever Alter Perception of Seahawks, Patriots«, *Washington Post*, 2. Februar 2015, https:www.washingtonpost.com/news/sports/wp/2015/02/02/worst-play-super-bowl-history-will-forever-alter-seahawks-patriots; Alex Marvez, »Dumbest Call in Super Bowl History Could Be Beginning of the End for Seattle Seahawks«, FoxSports.com, 2. Februar 2015, http://www.foxsports.com/nfl/story/super-bowl-

seattle-seahawks-pete-carroll-darrell-bevell-russell-wilson-dumbest-call-ever-020215; Jerry Brewer, »Seahawks Lost Because of the Worst Call in Super Bowl History«, *Seattle Times*, 1. Februar 2015, http://old.seattletimes.com/html/seahawks/2025601887_brewer02xml.html und Nicholas Dawidoff, »A Coach's Terrible Super Bowl Mistake«, *New Yorker*, 2. Februar 2015, http://www.newyorker.com/news/sporting-scene/pete-carroll-terrible-super-bowl-mistake.

Die Geschichten, die die potenziell vernünftige Überlegung des Playcalls erklären, sind Brian Burke, »Tough Call: Why Pete Carroll's Decision to Pass Was Not as Stupid as It Looked«, Slate.com, 2. Februar 2015, http://www.slate.com/articles/sports/sports_nut/2015/02/why_pete_carroll_s_decision_to_pass_wasn_t_the_worst_play_call_ever.html, und Benjamin Morris, »A Head Coach Botched the End of the Super Bowl, and It Wasn't Pete Carroll«, FiveThirtyEight.com, 2. Februar 2015, https://fivethirtyeight.com/features/a-head-coach-botched-the-super-bowl-and-it-wasnt-pete-carroll. Die Beschreibung von Pete Carrolls Auftritt bei der *Today*-Show stammt aus Chris Wesseling, »Pete Carroll Concedes ›Worst Result of a Call Ever‹«, NFL.com, 5. Februar 2015, http://www.nfl.com/news/story/0ap3000000469003/article/pete-carroll-concedes-worst-result-of-a-call-ever.

Die Spielinformationen und Statistiken stammen von Pro-Football-Reference.com, auch wenn viele davon auch in Berichten und Analysen des Spiels auftauchen.

19 **Schnell reagieren oder sterben – Rationalität ist nichts für unser Gehirn:** Für einen guten Überblick über unsere Probleme bei der Datenverarbeitung und zu der Annahme eines Kausalzusammenhangs, wo es nur eine Korrelation gibt, sowie das Herauspicken von passenden Daten, um das Narrativ zu bestätigen, das wir bevorzugen, siehe den Kommentar von Gary Marcus und Ernest Davis in der *New York Times* »Eight (No, Nine!) Problems with Big Data« vom 6. April 2014.

Zusätzlich zu den erwähnten Quellen zu diesem Abschnitt und dem zusätzlichen Material, das in den Literaturhinweisen steht, war Colin Camerer so nett, zwei Stunden am Telefon mit mir zu verbringen und über dieses Thema zu sprechen. Ich empfehle wärmstens, sich seinen hervorragenden TEDxTalk »Neuroscience, Game Theory, Monkeys« anzusehen, der einen sehr unterhaltsamen Blick darauf wirft, in welchen Bereichen Schimpansen tatsächlich besser in Spieltheorie sind als Menschen.

27 **Dr. Strangelove:** Ich lernte den Historiker George Dyson (den Sohn von Freeman Dyson) bei einer Mentor-Tagung für Jugendliche namens Adventures of the Mind kennen. Die Tagung fand im Institute for Advanced Study statt. In meiner Rede erwähnte ich – wie in praktisch jeder Rede –

John von Neumann und erzählte den Studierenden, dass dieser Ort für mich heilig ist, weil Neumann hier arbeitete. George hörte, wie ich das sagte, und schickte mir per E-Mail einen Scan eines Casino-Markers von von Neumann.

Die Informationen über von Neumann, zusätzlich zu den Quellen, die in diesem Abschnitt erwähnt werden (und die im Literaturverzeichnis aufgeführt sind), stammen aus den folgenden Quellen: Boston Public Library, »100 Most Influential Books of the Century«, auf der Webseite TheGreatestBooks.org; Tim Hartford, »A Beautiful Theory«, *Forbes*, 10. Dezember 2006; Institute for Advanced Study, »John von Neumann's Legacy«, IAS.edu; Alexander Leitch, »von Neumann, John«, *A Princeton Companion* (1978); Robert Leonard, »From Parlor Games to Social Science: von Neumann, Morgenstern, and the Creation of Game Theory 1928–1944«, *Journal of Economic Literature* (1995).

Die Zitate aus Beiträgen zum Erscheinen von *Theory of Games* stammen aus Harold W. Kuhns Einführung in die 60-jährige Jubiläumsausgabe.

Die Einflüsse, die dem Titelcharakter in Dr. Strangelove zugrunde liegen, sind entweder verlockend vage oder weichen voneinander ab, je nachdem, wer erzählt (oder spekuliert). John von Neumann wies einige der physischen Eigenschaften der Figur auf und wird normalerweise als Einfluss erwähnt. Andere Personen, die als Einfluss genannt werden, sind Wernher von Braun, Herman Kahn, Edward Teller und Henry Kissinger. Außer Kissinger, der ein relativ obskurer Harvard-Professor war, als der Film entstand, sind das alles nachvollziehbare Vorbilder.

Der Einfluss John von Neumanns auf die Spieltheorie und der Spieltheorie auf die moderne Ökonomie ist unbestritten. Mindestens elf Wirtschafts-Nobelpreisträger wurden aus ihrer Arbeit über Spieltheorie oder in deren Zusammenhang zitiert. NobelPrize.org hat folgende elf Gewinner des Preises für Wirtschaftswissenschaften zitiert (offizieller Name ist »Alfred-Nobel-Gedächtnispreis für Wirtschaftswissenschaften der Schwedischen Reichsbank«), geordnet nach Jahr, Forschungsbereich und Beitrag: (1) John C. Harsanyi, (2) John F. Nash Jr. und (3) Reinhard Selten (1994, Spieltheorie, »für ihre Pionierleistung in der Analyse der Gleichgewichte in der Theorie non-kooperativer Spiele«); (4) Robert J. Aumann und (5) Thomas C. Schelling (2005, Spieltheorie, »für die Verbesserung des Verständnisses von Konflikt und Kooperation durch die Analyse der Spieltheorie«); (6) Leonid Hurwicz, (7) Eric S. Maskin und (8) Roger B. Myerson (2007, Mikroökonomie, »für das Schaffen der Grundlagen der Theorie des Aufbaus von Mechanismen«); (9) Alvin E. Roth und (10) Lloyd S. Shapley (2012, Angewandte Spieltheorie, »für die Theorie stabiler Allokationen und die Praxis des Marktaufbaus«) und

(11) Jean Tirole (2014, Industrieorganisation, Mikroökonomie, »für seine Analyse von der Kraft des Marktes und der Regulierung«).

29 Poker versus Schach: Mein Bruder Howard kam aus einem Schach-Hintergrund, aber es ist relativ selten, dass Spieler vom Schach zum Poker wechseln. Meiner Meinung nach ist der Mangel an Unsicherheit beim Schach im Vergleich mit der großen Unsicherheit beim Poker eine Barriere für das Wechseln von einem zum anderen. Als ich im Poker aktiv war, gab es aber eine Menge Wechsel zwischen Backgammon und Poker. Viele der großartigsten Pokerspieler sind auch Weltklasse-Backgammonspieler: Chip Reese, Huckleberry Seed, Jason Lester, Gus Hansen, Paul Magriel, Dan Harrington und Erik Seidel. Der häufigere Wechsel ins Backgammon kommt wahrscheinlich davon, dass Unsicherheit ein vorrangigeres Element beim Backgammon als beim Poker ist. Pokerspieler müssen mit dem Glück oder Pech beim Austeilen der Karten zurechtkommen. Backgammonspieler müssen mit dem Glück oder Pech beim Würfeln zurechtkommen.

33 **Ein tödlicher Wettkampf des Geistes:** Die Szene zwischen Westley und Vizzini aus *Die Braut des Prinzen* sollte Generationen von Spielfilm-Fans sofort bekannt sein. Die Zitate aus dem tödlichen Wettkampf des Geistes sind tatsächlich aus dem Roman, auch wenn die Szenen in beiden Formaten fast identisch sind. Der einzige merkliche Unterschied ist ein Moment, in dem der Autor des Romans wie des Drehbuchs William Goldman und Regisseur Rob Reiner meisterhaft Vizzinis Selbstüberschätzung an das Medium anpassten. Während Vizzini dem Mann in Schwarz erklärt, welchen unbeschreiblichen Intellekt er habe, kommt der Film-Vizzini gleich zum Punkt, indem er die Namen der größten Denker der Antike aufzählt und am Ende vergleichend den Schluss zieht: »Idioten!« Im Roman lässt Goldman Vizzini eine pompöse, aufgeblasene Rede halten. Hier die Rede in voller Länge: »Es gibt keine Worte, die all meine Weisheit wiedergeben könnten. Ich bin so listig, ausgefuchst und clever, so voller Täuschungskunst, List und Tücke, ein solcher Schelm, so gerissen wie berechnend, so teuflisch wie verschlagen, so trickreich wie ich vertrauensunwürdig bin … nun, ich habe dir ja gesagt, man hat bis jetzt keine Worte erfunden, die erklären können, wie großartig mein Gehirn ist, aber lass es mich so sagen: Die Welt ist mehrere Millionen Jahre alt, und mehrere Milliarden Menschen haben sie zu verschiedenen Zeiten bewohnt, aber ich, Vizzini, der Sizilianer, bin, das ist die reine Wahrheit, und ich sage es in aller Bescheidenheit, der raffinierteste, geschmeidigste, schlauste und gerissenste Kerl, der jemals hier herumgelaufen ist.«
Als ich über vier Münzwürfe gegenüber 10 000 sprach, war das relativ gemeint. Es gibt tatsächlich viele Forschungsarbeiten darüber, wie oft man

eine Münze werfen muss, um zu bestimmen, dass die Münze in Ordnung ist. Wenn es Sie interessiert, finden Sie eine Erklärung auf Wikipedia, siehe »Checking Whether a Coin Is Fair«, aufgerufen am 1. Juni 2017, https://en.wikipedia.org/wiki/Checking_whether_a_coin_is_fair.

40 **Die neue Definition von falsch:** Für die Zitate darüber, wie die Buchmacher sich bei den Voraussagen der Brexit-Wahl »getäuscht« hatten, siehe Jon Sindreu, »Big London Bets Tilted Bookmakers' ›Brexit‹ Odds«, *Wall Street Journal*, 26. Juni 2016, https://www.wsj.com/articles/big-london-bets-tilted-bookmakers-brexit-odds-1466976156, und Alan Dershowitz, »Why It's Impossible to Predict This Election«, *Boston Globe*, 13. September 2016, https://www.bostonglobe.com/opinion/2016/09/13/why-impossible-predict-this-election/Y7B4N39FqasHzuiO81sWEO/story.html. Wenn Sie sich mehr für die Details über die Verwirrung interessieren, die folgt, wenn man erklärt, jemand habe in einer Voraussage »recht« oder »unrecht« gehabt, habe ich über diesen Punkt gleich nach der Brexit-Abstimmung geschrieben und nochmals vor den Präsidentschaftswahlen. »Bookies vs. Bankers on Brexit: Who's Gambling Now?«, HuffingtonPost.com, 13. Juli 2016, http://www.huffingtonpost.com/entry/bookiesvsbankersonbrexit-whos-gambling-now_us_57866312e4b 0cbf01e9ef902, und »Even Dershowitz? Mistaking Odds for Wrong When the Underdog Wins«, *Huffington Post*, 21. September 2016, http://www.huffingtonpost.com/annie-duke/even-dershowitz-mistaking_b_12120592.html.

Nate Silver und seine Webseite FiveThirtyEight.com waren die Hauptleidtragenden der Kritik an den Meinungsforschern und Prognostikern nach den Präsidentschaftswahlen 2016. Silvers Seite updatete Daten aus Meinungsumfragen und Prognosen über die Wahlen in Echtzeit und setzte die Wahrscheinlichkeit eines Clinton-Sieges (aufgrund der Daten) auf etwa 60 bis 70 Prozent. Wenn Sie »Nate Silver got it wrong election« googeln, erhalten Sie 465 000 Ergebnisse. Die Schlagzeile von Politico am 9. November lautete »How Did Everyone Get It So Wrong?«, http://www.politico.com/story/2016/11/how-did-everyone-get-2016-wrong-presidential-election-231036. Gizmodo.com stürzte sich sogar noch vor den Wahlen auf Silver, in einem Artikel vom 4. November von Matt Novak mit dem Titel »Nate Silver's Very Very Wrong Predictions About Donald Trump Are Terrifying«, http://paleofuture.gizmodo.com/nate-silvers-very-very-wrong-predictions-about-donaldt1788583912, darin auch die Aussage: »Silver has no f**king idea«.

Kapitel 2: Wollen wir wetten?

60 **Glaube nicht alles, was du hörst:** Das Zitat über Kahlköpfigkeit stammt von Susan Scutti, »Going Bald Isn't Your Mother's Fault; Maternal Genetics Are Not to Blame«, *Medical Daily*, 18. Mai 2015, http://www.medicaldaily.com/going-bald-isnt-your-mothers-fault-maternal-genetics-are-not-blame-333668. Es gibt zahlreiche Listen von solchen weitverbreiteten falschen Annahmen, wie Emma Glanfields »Coffee Isn't Made from Beans, You Can't See the Great Wall of China from Space and Everest ISN'T the World's Tallest Mountain: The Top 50 Misconceptions That Have Become Modern Day ›Facts‹«, *Daily Mail*, 22. April 2015, http://www.dailymail.co.uk/news/article-3050941/Coffee-isntbeanstGreat-Wall-China-space-Everest-ISNTworlds-tallest-mountain-Experts-unveil-lifes50misconceptions-modern-day-facts.html; *Wikipedia*, siehe »List of Common Misconceptions«, aufgerufen am 27. Juni 2017, https://en.wikipedia.org/wiki/List_of_common_misconceptions.

67 **»Sie sahen dasselbe Spiel«:** Die Zitate aus den Schülerzeitungen sind genau so, wie sie in den Zeitungen von Hastorf und Cantril erschienen.

79 **Überzeugt sein, neu definiert:** Wenn man seine eigene Unsicherheit gegenüber jemandem zum Ausdruck bringt, der mit dieser Art der Kommunikation vertraut ist, ist das gegenseitige Erkennen wie ein Lichtschalter, der angeht. Als ich mich noch am Anfang der Arbeit an diesem Buch befand, ging ich einmal mit Stuart Firestein Mittagessen. Wir hatten kaum ein paar Höflichkeitsfloskeln ausgetauscht, als der Ober kam, um unsere Bestellung aufzunehmen. Er war kein Englisch-Muttersprachler und ich habe eine Menge Essenseinschränkungen, die schon für jemanden, der meine Muttersprache teilt, kompliziert genug sind. Als der Ober sich entfernte, sagte ich: »Ok, das sind jetzt vielleicht 73 Prozent.« Stuart begann zu lachen, weil er sofort wusste, was ich meinte. »Ich würde es sogar niedriger ansetzen«, sagte er. »Vielleicht irgendwo in den Vierzigern, dass er Ihre Bestellung richtig bringt.« Meine Erklärung von Unsicherheit eröffnete eine Diskussion darüber, ob meine Bestellung fürs Mittagessen korrekt aufgenommen wurde. Das hört sich unwichtig an, aber wenn man Unsicherheit auf diese Weise zum Ausdruck bringt, öffnet man eine Tür für eine Debatte über wichtigere Themen.

Kapitel 3: Wetten, um zu lernen: Zukünftige Ergebnisse zuordnen

97 **Sich zurückzuarbeiten ist schwer: das SnackWell's-Phänomen:** Wenn ich die klassischen Stimulus-Response-Experimente bespreche, beziehe ich mich auf die legendäre Arbeit von B. F. Skinner. In den Literaturhinweisen findet sich die Beschreibung eines seiner Hauptexperimente

sowie ein Artikel des Psychologen Ogden Lindsley, der Teile von Skinners Arbeit beschreibt.

101 **»Wenn der Glücksfaktor nicht wäre, würde ich jedes Mal gewinnen«:** Auf der Homepage des Institute for Advanced Study über John von Neumanns Vermächtnis findet man das Zitat von von Neumann über die Bäume, die mit 60 Meilen pro Stunde an ihm vorbeirasten, und wie ihm einer davon vors Auto lief. William Poundstone, der in *Prisoner's Dilemma* mehrere Von-Neumann-Geschichten erzählte, erwähnte auch von Neumanns Fahrstil.

Es gibt mehrere Versionen von Mitschriften und Videos von der Debatte über die Iowa Republican-presidential-primary-Wahlen am 28. Januar 2016, zum Beispiel Team Fix: »7th Republican Debate Transcript, Annotated: Who Said What and What It Meant«, *Washington Post*, 28. Januar 2016, https://www.washingtonpost.com/news/the-fix/wp/2016/01/28/7th-republican-debate-transcript-annotated-who-said-what-and-whatitmeant.

109 **Leute beobachten:** Yogi Berra hat sich als ergiebige Quelle für Zitate über so viele verschiedene Themen erwiesen, dass man sich fragen muss, ob er all die Dinge, die man ihm zuschreibt, auch wirklich gesagt hat. Weil er aber ein Buch geschrieben hat, das diese scharfsinnige Beobachtung als Titel trägt, fühle ich mich einigermaßen sicher, dass es wirklich ein Zitat ist, oder zumindest eines, das Berra als seines angenommen hat. Hier der Titel von Yogis Buch von 2008 (geschrieben zusammen mit Dave Kaplan): *You Can Observe a Lot by Watching: What I've Learned about Teamwork from the Yankees and Life*.

Es gibt sehr viele Veröffentlichungen über den Bartman-Spielzug sowie seine Nachwirkungen und das Spiel und der Spielzug sind auch auf YouTube zu sehen. Das Verhalten der Fans in Wrigley Field und die Zitate sind aus der ESPN-Film-Dokumentation *Catching Hell* von Alex Gibney aus dem Jahr 2014.

115 **Die Ergebnisse der anderen wirken sich auf uns aus:** Für manche der Stellen, an denen Dawkins über die natürliche Selektion durch Wettbewerb unter Phänotypen der Gene geschrieben hat, siehe *Current Problems in Sociobiology* und *The Greatest Show on Earth*, die in den Literaturhinweisen aufgeführt sind.

Für die Frage, ob die Menschen die 70000 Dollar lieber im Jahr 1900 oder 2010 verdient hätten, siehe (und höre) »Would You Rather Be Rich in 1900, or Middle-Class Now?«, NPR.org, 12. Oktober 2010, http://www.npr.org/sections/money/2010/10/12/130512149/the-tuesday-podcast-would-you-ratherbemiddle-class-noworrichin1900.

119 **Gewohnheiten ändern:** Iwan Pawlows Arbeit ist weitestgehend bekannt und es gibt eine Zusammenfassung davon in jeder Medienart. Ich habe in meinen Literaturhinweisen eine der zahllosen Möglichkeiten aufgeführt, um mehr über Pawlows ubiquitäre Experimente zu erfahren, ein Buch von Daniel Todes mit dem Titel *Pavlov's Physiology Factory: Experiment, Interpretation, Laboratory Enterprise.*

Wenn Sie kein Golf im Fernsehen anschauen, hier eine kurze Erklärung: Der Golf-Analyst und frühere Profi der PGA-Tour John Maginnes beschrieb das »Das-Green-ist-schuld«-Starren in »Maginnes On Tap«, Golf.SwingBySwing.com, 13. Februar 2013, http://golf.swingbyswing.com/article/maginnesontapgolfersinhollywood.

Phil Mickelsons Übungsdrill, 100 gerade Drei-Fuß-Putts zu schlagen, wurde von dem legendären Golflehrer David Pelz beschrieben, der mit Mickelson zusammenarbeitete. »Dave Pelz and the 3 Foot Putting Circle«, GolfLife.com, 13. Juni 2016, http://www.golflife.com/dave-pelz-3foot-putting-circle.

133 **»Vielleicht sind Sie ja selbst das Problem, was meinen Sie?«:** Sie können sich David Lettermans unangenehmes Interview mit Lauren Conrad in der *Late Show with David Letterman* am 27. Oktober 2008 auf YouTube ansehen. Die Reaktionen im Internet auf das Interview kamen aus folgenden Quellen: Ryan Tate, »David Letterman to Lauren Conrad: ›Maybe You're the Problem‹«, Gawker.com, 28. Oktober 2008, http://gawker.com/5069699/david-lettermantolauren-conrad-maybe-youre-the-problem; Ayman, Lauren Conrad on David Letterman«, Trendhunter.com, 30. Oktober 2008, https://www.trendhunter.com/trends/lauren-conrad-interview-david-letterman; und »Video: Letterman Makes Fun of Lauren Conrad & ›The Hills‹ Cast«, Starpulse.com, 29. Oktober 2008, http://www.starpulse.com/video-letterman-makes-funoflauren-conrad-the-hills-cast-1847865350.html. (Warnung: Diese Webseiten könnten nicht mehr funktionieren oder den früheren Inhalt wiedergeben.)

141 **Nicht alle Gruppen finden auf gleiche Weise zusammen:** Ich behandele den Ansatz der Anonymen Alkoholiker, um den offensichtlichen Nutzen zu zeigen, den die Menschen davon haben, wenn sie an problematischen Gewohnheiten arbeiten, indem sie sich einer Gruppe anschließen; das Ganze wird zum Teil am Beispiel der Geschichte der Gründer Bill W. und Dr. Bob demonstriert. Mein Wissen über die Details der AA basiert auf den allgemein zugänglichen öffentlichen Quellen. Das beginnt mit der AA-Webseite (aa.org), auf der man das Big Book findet, die Zwölf Schritte, die Archive und die Geschichte der AA und ihre E-Bibliothek.

Ich lernte Erik Seidel kennen, als ich nach New York aufs College ging. Howard gehörte zu einer Lerngruppe aus außergewöhnlichen Pokerspielern in New York, zu der Erik Seidel, Dan Harrington, Steve Zolotow und Jason Lester gehörten. Diese Spieler hatten alle danach erfolgreiche Pokerkarrieren, darunter sieben World-Series-of-Poker-Armbänder und Turnierpreisgelder in Höhe von insgesamt knapp 18 Millionen Dollar – und da sind Seidels acht Armbänder und seine 32 Millionen Dollar noch *nicht mit eingeschlossen*; es war eine außergewöhnliche Lerngruppe. Ich lernte diese Spieler kennen, als ich Howard im Mayfair Club besuchte, wo sie erst Backgammon und dann Poker spielten, der Ort, an dem sie alle zusammen als Pokerspieler groß wurden.

152 **Die ideale Gruppe konfrontiert uns mit verschiedenen Sichtweisen:** Der Dissent Channel ist im Handbuch der Department of State's Foreign Affairs kodiert, 2 FAM 071-075.1, https://fam.state.gov/fam/02fam/02fam0070.html. Seine Geschichte und Ursprünge wurden in mehreren Nachrichtenbeiträgen über den Nutzen des Dissent Channels in den jeweiligen Regierungen von Obama und Trump beschrieben. Siehe Joseph Cassidy, »The Syria Dissent Channel Message Means the System Is Working«, *Foreign Policy*, 19. Juni 2016; Jeffrey Gettleman, »State Dept. Dissent Cable on Trump's Ban Draws 1000 Signatures«, *New York Times*, 31. Januar 2017; Stephen Goldsmith, »Why Dissenting Viewpoints Are Good for Efficiency«, *Government Technology*, 26. Juli 2016; Neal Katyal, »Washington Needs More Dissent Channels«, *New York Times*, 1. Juli 2016; und Josh Rogin, »State Department Dissent Memo: ›We Are Better Than This Ban‹«, *Washington Post*, 30. Januar 2017. Eine Liste der vier Preise für konstruktive abweichende Meinungen siehe »Constructive Dissent Awards«, AFSA.org, http://www.afsa.org/constructive-dissent-awards.

Die Anerkennung der CIA des Red-Team-Ansatzes beim Überfall auf Osama bin Laden wurde auch in einem Kommentar von Neal Katyal in der *New York Times* erwähnt, siehe oben.

156 **Bundesrichter: Auch sie können abdriften:** Die Details über die zunehmende Homogenität in den Kammern der Richter am Supreme Court stammen aus dem Artikel von Adam Liptak vom 6. September 2010 in der New York Times, »A Sign of the Court's Polarization: Choice of Clerks«. Die Einstellungspraktiken des Richters Thomas werden in demselben Artikel beschrieben. Das Ausmaß seiner ideologischen Distanz zu den anderen Richtern findet man in dem Artikel von Oliver Roeder vom 30. Januar 2017 auf FiveThirtyEight.com, »How Trump's Nominee Will Alter the Supreme Court«. In Roeders Artikel entdeckte ich die Daten aus einem Beitrag, den Lee Epstein und Kollegen im *Journal of Law, Economics,*

and Organization verfasst hatten. Über Richter Thomas' Bemerkung zu seinen Einstellungspraktiken, inklusive seiner Adaption der berühmten Zeile, die oft Mark Twain zugeschrieben wird, einem Schwein das Singen beibringen zu wollen, wurde oft berichtet, auch in David Savages Porträt »Clarence Thomas Is His Own Man«, in der *Los Angeles Times*, 3. Juli 2011.

164 **Wollen wir wetten (auf die Wissenschaft)?:** Mehrere Studien über die Märkte für Unternehmensvorhersagen erwähnen die untersuchten Unternehmen oder jene, von denen man weiß, dass sie Vorhersagemärkte testen. Siehe Cowgill, Wolfers und Zitzewitz, »Using Prediction Markets to Track Information Flows«. Manche Studien beziehen sich auch anonym auf manche der Unternehmen. Ein Beispiel, das beides tut, ist Cowgill and Zitzewitz, »Corporate Prediction Markets, Evidence from Google, Ford, and Firm X«. Die beiden genannten sind in den Literaturhinweisen aufgeführt.

Kapitel 5: Uneinigkeit gewinnt

167 **CUDOS für einen Zauberer:** Ich wünschte, ich hätte den Platz oder die passende Ausrede, um mehr Details über das bemerkenswerte Leben von Robert K. Merton zu erzählen. Die folgenden Geschichten widmen sich seinem faszinierenden Leben: Jason Hollander, »Renowned Columbia Sociologist and National Medal of Science Winner Robert K. Merton Dies at 92«, *Columbia News*, 25. Februar 2003, http://www.columbia.edu/cu/news/03/02/robertKMerton.html; und Michael Kaufman, »Robert K. Merton, Versatile Sociologist and Father of the Focus Group, Dies at 92«, *New York Times*, 24. Februar 2003, http://www.nytimes.com/2003/02/24/nyregion/robertkmerton-versatile-sociologist-and-fatherofthe-focus-group-diesat92.html.

169 **Der Mertonsche Kommunismus: Mehr ist mehr:** Zu dem Bericht über John Maddens Teilnahme an Vince Lombardis achtstündigem Seminar über ein Spiel siehe den Post in Dan Oswalds Blog *HR Hero*, »Learn Important Lessons from Lombardi's Eight-Hour Session«, 10. März 2014. Die Dokumentation *Lombardi* wurde von NFL Films und HBO produziert und wurde am 11. Dezember 2010 zum ersten Mal auf HBO öffentlich gesendet.

186 **Die Kommunikation mit der Welt außerhalb unserer Gruppe:** Die Äußerung »Ja, und …« ist so fundamental für Gruppenimprovisation, dass es vielleicht leichter ist, Impro-Texte aufzuführen, die *nicht* mit dieser Regel beginnen. Wenn Sie keinen Impro-Text zur Hand haben, fin-

den Sie eine ausgezeichnete, praktische Beschreibung von »Ja, und …« in Tina Feys Autobiografie *Bossypants*.

Kapitel 6: Das Abenteuer der mentalen Zeitreise

197 **Der Nacht-Jerry:** Ich habe eine Menge gelernt über die neuralen Pfade, wenn man sich die Zukunft vorstellt und an die Vergangenheit erinnert aus einem Gespräch mit Joe Kable, Psychologieprofessor an der Penn und Hauptuntersucher im Kable Labor an der Universität. Eine von Joes Studien ist in den Literaturhinweisen aufgeführt, auch wenn man sie nur als Einführung in sein Gesamtwerk betrachten kann. Zusätzlich zu seinem Werk empfehle ich für einen guten Überblick für Leser, die mehr über das Thema wissen wollen, die Abhandlung *Neuron* von Schacter und Kollegen, die in den Literaturhinweisen zu finden ist.

Über unser kollektives Renten-Defizit wurde ausführlich berichtet. Für einige ausgezeichnete Überblicke über die Verhaltensprobleme bei der Rentenplanung und das Ausmaß des Defizits siehe Dale Griffin, »Planning for the Future: On the Behavioral Economics of Living Longer«, Slate.com, August 2013, http://www.slate.com/articles/health_and_science/prudential/2013/08/_planning_for_the_future_is_scary_but_why_is_that.html; Mary Josephs, »How to Solve America's Retirement Savings Crisis«, *Forbes*, 6. Februar 2017, https://www.forbes.com/sites/maryjosephs/2017/02/06/howtosolve-americas-retirement-savings-crisis/#163d6e9015ae und Gillian White, »The Danger of Borrowing Money from Your Future Self«, *Atlantic*, 21. April 2015, https://www.theatlantic.com/business/archive/2015/04/the-dangerofborrowing-money-from-your-future-self/391077.

Für eine Beschreibung der Merrill-Edge-App siehe die Veröffentlichung der Bank of America vom 26. Februar 2014, »New Merrill Edge Mobile App Uses 3D Technology to Put Retirement Planning in Your Hands«, http://newsroom.bankofamerica.com/press-releases/consumer-banking/new-merrill-edge-mobile-app-uses-3dtechnology-put-retirement-planni.

206 **Ein platter Reifen, der Börsenticker und die Zoom-Funktion:** Für ein Interview mit Professor Howard und seine Faszination für Platte-Reifen-Geschichten siehe sein Gespräch mit Somik Raha, »A Conversation with Professor Ron Howard: Waking Up«, Conversations.org, 17. Oktober 2013.

Für eine Überprüfung von Warren Buffetts Fähigkeiten am Markt und die Performance der Berkshire-Hathaway-Aktie in den letzten 50 Jahren, siehe Andy Kiersz, »Here's How Badly Warren Buffett Has Beaten the Market«, *Business Insider*, 26. Februar 2016. Die Kurve des Langzeit-Preises der Berkshire-Aktie im Vergleich mit den S&P-500 wurde rekonstruiert aus Aktiendaten aus Yahoo! Finance sowie einer Studie aus dem *Financial Analysts Journal* von Meir Statman und Jonathan Scheid, »Buffett in Foresight and Hindsight«.

213 **Tilt**: Eine Liste von Grundbegriffen des Surfens findet man auf http://www.surfing-waves.com/surf_talk.htm und https://www.swimoutlet.com/guides/different-wave-types-for-surfing. Für einen Überblick über alle möglichen Sorten von Nägeln, gehen Sie einfach in den nächsten Baumarkt oder sehen hier nach: http://www.diynetwork.com/howto/skills-and-know-how/tools/all-about-the-different-typesofnails. Über die Anzahl der Gehirntumor-Typen wurde berichtet auf http://braintumor.org/brain-tumor-information/understanding-brain-tumors/tumor-types.

225 **Erkundung: eine Landkarte der Zukunft entwerfen:** Es gibt unzählige Beschreibungen über die Planung und Ausführung der D-Day-Invasion in der Normandie, Sie können also praktisch überall nachschlagen, um dieses monumentale Beispiel der Szenario-Planung in der Praxis zu sehen. Eine solche Einführung ins Thema ist ein Interview mit dem Historiker für Seefahrt Craig Symonds anlässlich des Erscheinens seines Buches von 2014 über das Thema, das im *Daily Beast* erschien. Siehe Marc Wortman, »DDay Historian Craig Symonds Talks about History's Most Amazing Invasion«, TheDailyBeast.com, 5. Juni 2014, und natürlich Symonds' Buch, *Neptune: Allied Invasion of Europe and the DDay Landings*.
Siehe auch Nate Silver, »14 Versions of Trump's Presidency, from #MAGA to Impeachment«, FiveThirtyEight.com, 3. Februar 2017.

236 **Die Backcasting-Methode: Rückschau aus einer positiven Zukunft:** Für Geschichten, die Olmsteds Genie bei der Gestaltung des Central Park und seine Nutzung der Backcasting-Methode beschreiben, siehe David Allan, »Backcasting to the Future«, CNN.com, 16. Dezember 2015 und Nathaniel Rich, »When Parks Were Radical«, *Atlantic*, September 2016, https://www.theatlantic.com/magazine/archive/2016/09/better-than-nature/492716.

239 **Die Prä-mortem-Methode: Rückschau aus einer negativen Zukunft:** Zusätzlich zu Gabriele Oettingens Büchern und Veröffentlichungen zusammen mit ihrem Mann Peter Gollwitzer (siehe Aufführungen in den Literaturhinweisen) empfehle ich Ihnen einen Blick auf ihre Webseite, die auf einer Anwendung des mentalen Kontrastierens basiert, die unter dem Akronym WOOP (Wish, Outcome, Obstacle, Plan) bekannt ist WoopMyLife.org. WOOP bietet zahlreiche praktische Wege, mentales Kontrastieren zu implementieren.

LITERATURHINWEISE UND EMPFEHLUNGEN

[1] Allan, David. »Backcasting to the Future.« CNN.com, 16. Dezember 2015. http://www.cnn.com/2015/10/22/health/backcastingtothe-future.

[2] Arbesman, Samuel. *The Half-Life of Facts: Why Everything We Know Has an Expiration Date*. New York: Current, 2012.

[3] Ariely, Dan. *Predictably Irrational: The Hidden Forces That Shape Our Decisions*. Rev. exp. ed. New York: Harper Collins, 2009.

[4] Babcock, Linda und George Loewenstein. »Explaining Bargaining Impasse: The Role of Self-serving Biases.« *Journal of Economic Perspectives* 11, no. 1 (Winter 1997): 109–26.

[5] Bailenson, Jeremy und Laura Carstensen. »Connecting to the Future Self: Using Web-Based Virtual Reality to Increase Retirement Saving.« Stanford Freeman Spogli Institute for International Studies, 2009–2011. http://fsi.stanford.edu/research/connecting_to_the_future_self_using_webbased_virtual_reality_to_increase_retirement_saving.

[6] Baumeister, Roy, Jennifer Campbell, Joachim Krueger und Kathleen Vohs. »Does High Self-Esteem Cause Better Performance, Interpersonal Success, Happiness, or Healthier Lifestyles?« *Psychological Science in the Public Interest* 4, no. 1 (Mai 2003): 1–44.

[7] Berra, Yogi und David Kaplan. *You Can Observe a Lot by Watching: What I've Learned about Teamwork from the Yankees and Life*. Hoboken, NJ: Wiley, 2008.

[8] Bi, Chongzeng und Daphna Oyserman. »Left Behind or Moving Forward? Effects of Possible Selves and Strategies to Attain Them among Rural Chinese Children.« *Journal of Adolescence* 44 (2015): 245–58.

[9] Boston Public Library. »The 100 Most Influential Books of the Century.« TheGreatestBooks.org. http://thegreatestbooks.org/lists/42.

[10] Boyer, Pascal. »Evolutionary Economics of Mental Time Travel?« *Trends in Cognitive Sciences* 12, no. 6 (30. Juni 2008): 219–24.

[11] Brockman, John, ed. *Thinking: The New Science of Decision-Making, Problem-Solving, and Prediction*. New York: Harper Perennial, 2013.

[12] Bronowski, Jacob. *The Ascent of Man*. London: British Broadcasting Corporation, 1973.

[13] Cabane, Olivia Fox. *The Charisma Myth: How Anyone Can Master the Art and Science of Personal Magnetism*. New York: Portfolio/Penguin, 2012.

[14] Cabane, Olivia Fox und Judah Pollack. *The Net and the Butterfly: The Art and Practice of Breakthrough Thinking*. New York: Portfolio/Penguin, 2017.

[15] Cain, Susan. *Quiet: The Power of Introverts in a World That Can't Stop Talking*. New York: Crown, 2012.

[16] Camerer, Colin. »Neuroscience, Game Theory, Monkeys.« Gefilmt im Januar 2013, gepostet auf TED.com. https://www.ted.com/talks/colin_camerer_neuroscience_game_theory_monkeys#t1912.

[17] Campbell, W. Keith und Constantine Sedikides. »Self-Threat Magnifies the Self-Serving Bias: A Meta-Analytic Integration.« *Review of General Psychology* 3, no. 1 (1999): 23–43.

[18] Cassidy, Joseph. »The Syria Dissent Channel Message Means the System Is Working.« *Foreign Policy*, 19. Juni 2016. http://foreignpolicy.com/2016/06/19/syria-obama-assad-state-department.

[19] Cavagnaro, Daniel, Gabriel Aranovich, Samuel McClure, Mark Pitt und Jay Myung. »On the Functional Form of Temporal Discounting: An Optimized Adaptive Test.« *Journal of Risk and Uncertainty* 52, no. 3 (Juni 2016): 233–54.

[20] Chen, M. Keith, Venkat Vakshminarayanan und Laurie Santos. »How Basic Are Behavioral Biases: Evidence from Capuchin Monkey Trading Behavior.« *Journal of Political Economy* 114, no. 3 (Juni 2006): 517–37.

[21] Cherones, Tom, dir. *Seinfeld*. Season 5, Episode 3, »The Glasses.« Verfasst von Larry David, Jerry Seinfeld, Tom Gammill und Max Pross.

[22] Cialdini, Robert. *Influence: The Psychology of Persuasion*. Rev. ed. New York: HarperCollins, 2009.

[23] Cowgill, Bo, Justin Wolfers und Eric Zitzewitz. »Using Prediction Markets to Track Information Flows: Evidence from Google,« Januar 2009. http://users.nber.org/~jwolfers/papers/GooglePredictionMarketPaper.pdf.

[24] Cowgill, Bo und Eric Zitzewitz. »Corporate Prediction Markets: Evidence from Google, Ford und Firm X.« *Review of Economic Studies* 82, no. 4 (2. April 2015): 1309–41.

[25] Dalio, Ray. *Die Prinzipien des Erfolgs*. München: Finanzbuch Verlag. 2019.

[26] Dawkins, Richard. *The Greatest Show on Earth: The Evidence for Evolution*. New York: Free Press, 2010.

[27] Dawkins, Richard, »Replicators and Vehicles.« In *Current Problems in Sociobiology, verfasst von King's College Sociobiology Group*, 45–64. Cambridge: Cambridge University Press, 1982.

[28] Dawkins, Richard. *The Selfish Gene. 40th anniv. ed.* Oxford: Oxford Landmark Science, 2016. Zuerst veröffentlicht 1976 von Oxford University Press (Oxford).

[29] Ditto, Peter, Brittany Liu, Cory Clark, Sean Wojcik, Eric Chen, Rebecca Grady und Joanne Zinger. »At Least Bias Is Bipartisan: A Meta-Analytic Comparison of Partisan Bias in Liberals and Conservatives.« 13. April 2017. Verfügbar auf SSRN: https://ssrn.com/abstract= 2952510.

[30] Dreber, Anna, Thomas Pfeiffer, Johan Almenberg, Siri Isaksson, Brad Wilson, Yiling Chen, Brian Nosek und Magnus Johannesson. »Using Prediction Markets to Estimate the Reproducibility of Scientific Research.« *Proceedings of the National Academy of Sciences* 112, no. 50 (Dezember 2015): 15343–47.

[31] Duarte, Jose, Jarret Crawford, Charlotta Stern, Jonathan Haidt, Lee Jussim und Philip Tetlock. »Political Diversity Will Improve Social Psychological Science.« *Behavioral and Brain Sciences* 38 (Januar 2015): 1–58.

[32] Duhigg, Charles. *The Power of Habit: Why We Do What We Do in Life and Business*. Ed. with new afterword. New York: Random House, 2014.

[33] Duhigg, Charles. *Smarter Faster Better: The Secrets of Being Productive in Life and Business*. New York: Random House, 2016.

[34] Dyson, George. *Turing's Cathedral: The Origins of the Digital Universe*. New York: Pantheon, 2012.

[35] Easterbook, Frank, Circuit Judge. Jentz v. ConAgra Foods, Inc., 767 F.3d 688 (7th Cir. 2014).

[36] Ellenberg, Jordan. *How Not to Be Wrong: The Power of Mathematical Thinking*. New York: Penguin, 2014.

[37] Epstein, Lee, Andrew Martin, Jeffrey Segal und Chad Westerland. »The Judicial Common Space.« *Journal of Law, Economics, & Organization* 23, no. 2 (Mai 2007): 303–25.

[38] Ersner-Hershfield, Hal, G. Elliott Wimmer und Brian Knutson. »Saving for the Future Self: Neural Measures of Future Self-Continuity Predict Temporal Discounting.« *Social Cognitive and Affective Neuroscience* 4, no. 1 (2009): 85–92.

[39] Fey, Tina. *Bossypants*. New York: Reagan Arthur Books, 2011.

[40] Feynman, Richard. »Cargo Cult Science.« *Engineering and Science* 37, no. 7 (Juni 1974): 10–13.

[41] Feynman, Richard. *The Pleasure of Finding Things Out: The Best Short Works of Richard P. Feynman*. New York: Perseus Publishing, 1999.

[42] Firestein, Stuart. *Ignorance: How It Drives Science*. New York: Oxford University Press, 2012.

[43] Firestein, Stuart. »The Pursuit of Ignorance.« Gefilmt im Februar 2013, gepostet auf TED.com. https://www.ted.com/talks/stuart_firestein_the_pursuit_of_ignorance/transcript.

[44] Fischhoff, Baruch. »Hindsight ≠ Foresight: The Effect of Outcome Knowledge on Judgment under Uncertainty.« *Journal of Experimental Psychology: Human Perception and Performance 1*, no. 3 (August 1975): 288–99.

[45] Frederick, Shane, George Loewenstein und Ted O'Donoghue. »Time Discounting and Time Preference: A Critical Review.« *Journal of Economic Literature* 40, no. 2 (June 2002): 351–401.

[46] Gibney, Alex, dir. Catching Hell. Verfasst von Alex Gibney, produziert von Alison Ellwood, Libby Geist und Matt McDonald. Ausgestrahlt am 20. Februar 2014 auf ESPN. http://www.espn.com/video/clip? id=13883887.

[47] Gilbert, Daniel. »*How Mental Systems Believe*.« 46, no. 2 (Februar 1991): 107–19.

[48] Gilbert, Daniel. *Stumbling on Happiness*. New York: Alfred A. Knopf, 2006.

[49] Gilbert, Daniel, Romin Tafarodi und Patrick Malone. »You Can't Not Believe Everything You Read.« *Journal of Personality and Social Psychology* 65, no. 2 (August 1993): 221–33.

[50] Gino, Francesca. »What We Miss When We Judge a Decision by the Outcome.« *Harvard Business Review*, 2. September 2016. https://hbr.org/2016/09/what-we miss-the-outcome.

[51] Gladwell, Malcolm. *Outliers: The Story of Success*. New York: Little, Brown, 2008.

[52] Goldman, William. *Adventures in the Screen Trade: A Personal View of Hollywood and Screenwriting*. New York: Warner Books, 1983.

[53] Goldman, William. *The Princess Bride: S. Morgenstern's Classic Tale of True Love and High Adventure – The Good Parts*. Boston: Houghton Mifflin Harcourt, 1973.

[54] Goldsmith, Stephen. »Why Dissenting Viewpoints Are Good for Efficiency.« Government Technology, 26. Juli 2016. http://www.govtech.com/opinion/why-dissenting-viewpoints-are-good-for-efficiency.html.

[55] Golman, Russell, David Hagmann und George Loewenstein. »Information Avoidance.« *Journal of Economic Literature* 55, no. 1 (März 2017): 96–135.

[56] Haidt, Jonathan. *The Happiness Hypothesis: Finding Modern Truth in Ancient Wisdom*. New York: Basic Books, 2006.

[57] Haidt, Jonathan. *The Righteous Mind: Why Good People are Divided by Politics and Religion*. New York: Pantheon Books, 2012.

[58] Harford, Tim. »A Beautiful Theory.« *Forbes*, 10. Dezember 2006. http://www.forbes.com/2006/12/10/business-game-theory-tech-cx_th_games06_1212harford.html.

[59] Hastorf, Albert und Hadley Cantril. »They Saw a Game: A Case Study.« *Journal of Abnormal and Social Psychology* 49, no. 1 (Januar 1954): 129–34.

[60] Haynes, Tara, Raymond Perry, Robert Stupnisky und Lia Daniels. »A Review of Attributional Retraining Treatments: Fostering Engagement and Persistence in Vulnerable College Students.« In *Higher Education: Handbook of Theory and Research* 24, herausgegeben von John Smart, 227–72, Springer Netherlands, 2009.

[61] Heider, Fritz. *The Psychology of Interpersonal Relations*. Hillsdale, NJ: Lawrence Erlbaum Assocs., 1958.

[62] Hershfield, Hal. »You Make Better Decisions If You ›See‹ Your Senior Self.« *Harvard Business Review*, June 2013, 30–31.

[63] Hershfield, Hal, Daniel Goldstein, William Sharpe, Jesse Fox, Leo Yeykelis, Laura Carstensen und Jeremy Bailenson. »Increasing Saving Behavior Through Age-Progressed Renderings of the Future Self.« *Journal of Marketing Research* 48 (November 2011): 23–37.

[64] Holmes, Jamie. *Nonsense: The Power of Not Knowing*. New York: Crown, 2015.

[65] Institute for Advanced Study. »John von Neumann's Legacy.« https://www.ias.edu/people/vonneumann/legacy.

[66] Jiang, Wei, Hualin Wan und Shan Zhao. »Reputation Concerns of Independent Directors: Evidence from Individual Director Voting.« *Review of Financial Studies* 29, no. 3 (Dezember 2015): 655–96.

[67] Johnson, Hollyn und Colleen Seifert. »Sources of the Continued Influence Effect: When Misinformation in Memory Affects Later Inferences.« *Journal of Experimental Psychology: Learning, Memory, and Cognition* 20, no. 6 (November 1994): 1420–36.

[68] Johnson-Laird, Philip. »Mental Models and Probabilistic Thinking.« *Cognition* 50, no. 1 (Juni 1994): 189–209.

[69] Kable, Joseph und Paul Glimcher. »The Neural Correlates of Subjective Value During Intertemporal Choice.« *Nature Neuroscience* 10, no. 12 (Dezember 2007): 1625–33.

[70] Kahan, Dan, David Hoffman, Donald Braman, Daniel Evans und Jeffrey Rachlinsky. »›They Saw a Protest‹: Cognitive Illiberalism and the Speech-Conduct Distinction.« *Stanford Law Review* 64 (2012): 851–906.

[71] Kahan, Dan, Ellen Peters, Erica Dawson und Paul Slovic. »Motivated Numeracy and Enlightened Self-Government.« *Behavioural Public Policy* 1, no. 1 (Mai 2017): 54–86.

[72] Kahneman, Daniel. *Thinking, Fast and Slow*. New York: Farrar, Straus and Giroux, 2011.

[73] Kahneman, Daniel und Amos Tversky. »Prospect Theory: An Analysis of Decision Under Risk.« *Econometrica: Journal of the Econometric Society* 47, no. 2 (März 1979): 263–91.

[74] Katyal, Neil. »Washington Needs More Dissent Channels.« *New York Times*, 1. Juli 2016. https://www.nytimes.com/2016/07/02/opinion/washington

[75] Katz, David und Stephanie Meller. »Can We Say What Diet Is Best for Health?« *Annual Review of Public Health* 35 (March 2014): 83–103.

[76] Kearns, Cristin, Laura Schmidt und Stanton Glantz. »Sugar Industry and Coronary Heart Disease Research: A Historical Analysis of Internal Industry Documents.« *JAMA Internal Medicine* 176, no. 11 (November 1, 2016): 1680–85.

[77] Kestemont, Jenny, Ning Ma, Kris Baetens, Nikki Clément, Frank Van Overwalle und Marie Vandekerckhove. »Neural Correlates of Attributing Causes to the Self, Another Person and the Situation.« *Social Cognitive and Affective Neuroscience* 10, no. 1 (März 2014): 114–21.

[78] Kiersz, Andy. »Here's How Badly Warren Buffett Has Beaten the Market.« *Business Insider*, 26. Februar 2016. http://www.businessinsider.com/warren-buffett-berkshire-hathaway-vs-sp 500-2016-2.

[79] Kirwan, C. Brock, Stefania Ashby und Michelle Nash. »Remembering and Imagining Differentially Engage the Hippocampus: A Multivariate fMRI Investigation.« *Cognitive Neuroscience* 5, no. 3–4 (Oktober 2014): 177–85.

[80] Klein, Gary. »Performing a Project Premortem.« *Harvard Business Review*, September 2007, 18–19.

[81] Konnikova, Maria. *The Confidence Game: Why We Fall for It … Every Time*. New York: Penguin, 2016.

[82] Konnikova, Maria. *Mastermind: How to Think Like Sherlock Holmes*. New York: Penguin, 2013.

[83] Kriss, Peter, George Loewenstein, Xianghong Wang und Roberto Weber. »Behind the Veil of Ignorance: Self-Serving Bias in Climate Change Negotiations.« *Judgment and Decision Making* 6, no. 7 (Oktober 2011): 602–15.

[84] Krusemark, Elizabeth, W. Keith Campbell und Brett Clementz. »Attributions, Deception, and Event Related Potentials: An Investigation of the Self-Serving Bias.« *Psychophysiology* 45, no. 4 (July 2008): 511–15.

[85] Kuhn, Harold, »Introduction to Theory of Games and Economic Behavior. 60th anniv. ed. Princeton«, NJ: *Princeton University Press*, 2004.

[86] Kuhn, Manford. »The Reference Group Reconsidered.« *Sociological Quarterly* 5, no. 1 (Januar 1964): 5–19.

[87] Lederer, Richard. *Anguished English*. Rev. exp. upd. ed. Layton, UT: Wyrick & Co., 2006. Erstveröffentlichung 1987.

[88] Leitch, Alexander. A Princeton Companion. Princeton, NJ: *Princeton University Press*, 1978. http://etcweb.princeton.edu/CampusWWW/Companion/von_neumann_john.html.

[89] Leonard, Robert. »From Parlor Games to Social Science: Von Neumann, Morgenstern, and the Creation of Game Theory 1928–1944.« *Journal of Economic Literature* 33 (Juni 1994): 730–61.

[90] Lerner, Jennifer und Philip Tetlock. »Accounting for the Effects of Accountability.« *Psychological Bulletin* 125, no. 2 (März 1999): 255–75.

[91] Lerner, Jennifer und Philip Tetlock. »Bridging Individual, Interpersonal, and Institutional Approaches to Judgment and Decision Making: The Impact of Accountability on Cognitive Bias.« In *Emerging Perspectives on Judgment and Decision Research*, verfasst von Sandra Schneider und James Shanteau, 431–57. Cambridge: *Cambridge University Press*, 2003.

[92] Letterman, David. The Late Show with David Letterman. Staffel 16, Episode 30. Produziert von Eric Stangel und Justin Stangel. Ausgestrahlt am 27. Oktober 2008 auf CBS.

[93] Levitin, Daniel. *Kritisch denken im Zeitalter der Lügen*. München: Redline Verlag, 2018.

[94] Levitt, Steven und Stephen Dubner. *Freakonomics: A Rogue Economist Explores the Hidden Side of Everything*. Rev. ed. New York: Harper Collins, 2006.

[95] Libby, Robert und Kristina Rennekamp. »Self-Serving Attribution Bias, Overconfidence, and the Issuance of Management Forecasts.« *Journal of Accounting Research* 50, no. 1 (März 2012): 197–231.

[96] Lillard, Lee und Robert Willis. »Cognition and Wealth: The Importance of Probabilistic Thinking.« Unversity of Michigan Retirement Re-

search Center, Working Paper WP 2001-007, 2001. https://deepblue.lib.umich.edu/bitstream/handle/2027.42/50613/wp007.

[97] Lindsley, Ogden. »Precision Teaching's Unique Legacy from B. F. Skinner.« *Journal of Behavioral Education* 1, no. 2 (Juni 1991): 253–66.

[98] Liptak, Adam. »A Sign of the Court's Polarization: Choice of Clerks.« *New York Times*, Ressort Politik, 6. September 2010. http://www.nytimes.com/2010/09/07/us/politics/07clerks.html.

[99] Loewenstein, George, Samuel Issacharoff, Colin Camerer und Linda Babcock. »Self-Serving Assessments of Fairness and Pretrial Bargaining.« *Journal of Legal Studies* 22, no. 1 (Januar 1993): 135–59.

[100] Loewenstein, George, Daniel Read und Roy Baumeister, eds. *Time and Decision: Economic and Psychological Perspectives on Intertemporal Choice*. New York: Russell Sage Foundation, 2003.

[101] Ludwig, David. »Lowering the Bar on the Low-Fat Diet.« *Journal of the American Medical Association* 316, no. 20 (November 22, 2016): 2087–88.

[102] Lyubomirsky, Sonja. *The How of Happiness: A Scientific Approach to Getting the Life You Want*. New York: Penguin, 2007. – *The Myths of Happiness: What Should Make You Happy, but Doesn't, What Shouldn't Make You Happy, but Does*. New York: Penguin, 2013.

[103] »Why are Some People Happier Than Others? The Role of Cognitive and Motivational Processes in Well-Being.« *American Psychologist* 56, no. 3 (März 2001): 239–49.

[104] MacCoun, Robert. »Blaming Others to a Fault?« *Chance* 6, no. 4 (September 1993): 31–34.

[105] MacCoun, Robert und Saul Perlmutter. »Blind Analysis as a Correction for Confirmatory Bias in Physics and in Psychology.« In *Psychological Science Under Scrutiny: Recent Challenges and Proposed Solutions*, verfasst von Scott Lilienfeld and Irwin Waldman, chap. 15. Oxford: Wiley Blackwell, 2017. – »Hide Results to Seek the Truth: More Fields Should, Like Particle Physics, Adopt Blind Analysis to Thwart Bias.« *Nature* 52 (Oktober 8, 2015): 187–90.

[106] Marcus, Gary. *Kluge: The Haphazard Evolution of the Human Mind*. Boston: Houghton Mifflin, 2008.

[107] Marcus, Gary und Ernest Davis. »Eight (No, Nine!) Problems with Big Data.« *New York Times*, 6. April 2014. https://www.nytimes.com/2014/04/07/opinion/eight-no-nine-problems-with-big-data.html.

[108] Mauboussin, Michael. *The Success Equation: Untangling Skill and Luck in Business, Sports, and Investing*. Boston: Harvard Business Review Press, 2012.

[109] McGandy, Robert, D. Mark Hegsted und Fredrick Stare. »Dietary Fats, Carbohydrates and Atherosclerotic Vascular Disease.« *New England Journal of Medicine* 277, no. 4 (1967): 186–92, 245–47.

[110] Merton, Robert K., »The Normative Structure of Science.« 1942. *Reprinted in The Sociology of Science: Theoretical and Empirical Investigations*, verfasst von Norman Storer, 267–78. Chicago: *University of Chicago Press*, 1973.

[111] Mezulis, Amy, Lyn Abramson, Janet Hyde und Benjamin Hankin. »Is There a Universal Positivity Bias in Attributions? A Meta-Analytic Review of Individual, Developmental, and Cultural Differences in the Self-Serving Attributional Bias.« *Psychological Bulletin* 130, no. 5 (September 2004): 711–47.

[112] Mill, John Stuart. *On Liberty*. London: Walter Scott Publishing, 1859. Veröffentlicht in Zusammenhang mit Project Gutenberg, 2011. https://www.gutenberg.org/files/34901/34901-h/34901-h.htm.

[113] Miller, Dale und Michael Ross. »Self-Serving Biases in the Attribution of Causality: Fact or Fiction.« *Psychological Bulletin* 82, no. 2 (März 1975): 213–25.

[114] Mischel, Walter. *The Marshmallow Test: Why Self Control Is the Engine of Success*. New York: Little, Brown, 2014.

[115] Mitchell, Deborah, J. Edward Russo und Nancy Pennington. »Back to the Future: Temporal Perspective in the Explanation of Events.« *Journal of Behavioral Decision Making* 2, no. 1 (Januar 1989): 25–38.

[116] Morewedge, Carey, Lisa Shu, Daniel Gilbert und Timothy Wilson. »Bad Riddance or Good Rubbish? Ownership and Not Loss Aversion Causes the Endowment Effect.« *Journal of Experimental Social Psychology* 45, no. 4 (Juli 2009): 947–51.

[117] Mullally, Sinead und Eleanor Maguire. »Memory, Imagination, and Predicting the Future: A Common Brain Mechanism?« *The Neuroscientist* 20, no. 3 (Juni 2014): 220–34.

[118] Munnell, Alice, Wenliang Hou und Anthony Webb. »NRRI Update Shows Half Still Falling Short.« *Center for Retirement Research at Boston College*, no. 14–20, Dezember 2014. http://crr.bc.edu/briefs/nrri-update-shows-half-still-falling-short.

[119] Murray, Bridget. »What Makes Mental Time Travel Possible?« *APA Monitor on Psychology* 34, no. 9 (Oktober 2003): 62.

[120] Myerson, Roger. *Game Theory: Analysis of Conflict*. Cambridge, MA: Harvard University Press, 1991.

[121] Neiss, Michelle, Constantine Sedikides und Jim Stevenson. »Self-Esteem: A Behavioural Genetic Perspective.« *European Journal of Personality* 16, no. 5 (September 2002): 351–67.

[122] Nisbett, Richard. *Mindware: Tools for Smart Thinking*. New York: Farrar, Straus and Giroux, 2015.

[123] NobelPrize.org. »Economic Sciences Laureates: Fields.« https://www.nobel prize.org/nobel_prizes/economic-sciences/fields.html.

[124] Nyberg, Lars, Alice Kim, Reza Habib, Brian Levine und Endel Tulving. »Consciousness of Subjective Time in the Brain.« *Proceedings of the National Academy of Sciences* 107, no. 51 (Dezember 21, 2010): 22356–59.

[125] Oettingen, Gabriele. *Rethinking Positive Thinking: Inside the New Science of Motivation*. New York: Current, 2014.

[126] Oettingen, Gabriele und Peter Gollwitzer. »Strategies of Setting and Implementing Goals.« In *Social Psychological Foundations of Clinical Psychology*, verfasst von James Maddox und June Price Tangney, 114–35. New York: Guilford Press, 2010.

[127] Open Science Collaboration. »Estimating the Reproducibility of Psychological Science.« *Science* 349, no. 6251 (2): 943 and aac4716 1–8.

[128] Oswald, Dan. »Learn Important Lessons from Lombardi's Eight-Hour Session.« *HR Hero* (blog), 10. März 2014. http://blogs.hrhero.com/oswald letters/2014/03/10/learn-important-lessons-from-lombardis-eight-hour-session.

[129] Oyserman, Daphna, Deborah Bybee, Kathy Terry und Tamara Hart-Johnson. »Possible Selves as Roadmaps.« *Journal of Research in Personality* 38, no. 2 (April 2004): 130–49.

[130] Oyserman, Daphna, Mesmin Destin und Sheida Novin. »The Context-Sensitive Future Self: Possible Selves Motivate in Context, Not Otherwise.« *Self and Identity* 14, no. 2 (März 2015): 173–88.

[131] Pariser, Eli. *The Filter Bubble: What the Internet Is Hiding from You*. New York: Penguin, 2011.

[132] Paulos, John. *Innumeracy: Mathematical Illiteracy and Its Consequences*. New York: Hill & Wang, 1989.

[133] Pollan, Michael. *In Defense of Food: An Eater's Manifesto*. New York: Penguin, 2008.

[134] Pollan, Michael, »History of Nutritionism« in »Michael Pollan and ›In Defense of Food: The Omnivore's Solution,‹« Otis Lecture at Bates College, Lewiston, Maine, 27. Oktober 2008. http://www.bates.edu/food/foods-importance/omnivores-solution/history-of-nutritionism.

[135] Pollan, Michael. *The Omnivore's Dilemma: A Natural History in Four Meals*. New York: Penguin, 2006.

[136] Poundstone, William. *Prisoner's Dilemma*. New York: Anchor, 1993.

[137] Raha, Somik. »A Conversation with Professor Ron Howard: Waking Up.« Conversations.org, 17. Oktober 2013. http://www.conversations.org/story.php? sid= 373.

[138] Rees, Tim, David Ingledew und Lew Hardy. »Attribution in Sport Psychology: Seeking Congruence Between Theory, Research and Practice.« *Psychology of Sport and Exercise* 6 (2005): 189–204.

[139] Reiner, Rob, dir. *The Princess Bride*. Geschrieben von William Goldman, produziert von Andrew Scheinman und Rob Reiner. 1987.

[140] Rhee, Nari. »The Retirement Savings Crisis: Is It Worse Than We Think?« Washington, DC: National Institute on Retirement Security, Juni 2013. http://www.nirsonline.org/storage/nirs/documents/Retirement% 20Sav ings% 20Crisis/retirementsavingscrisis_final.pdf.

[141] Rich, Nathaniel. »When Parks Were Radical.« *Atlantic*, September 2016. https://www.theatlantic.com/magazine/archive/2016/09/better-than-nature/492716.

[142] Roeder, Oliver. »How Trump's Nominee Will Alter the Supreme Court.« FiveThirtyEight.com, 30. Januar 2017. https://fivethirtyeight.com/features/how-trumps-nominee-will-alter-the-supreme-court.

[143] Rosati, Alexandra, Jeffrey Stevens, Brian Hare und Marc Hauser. »The Evolutionary Origins of Human Patience: Temporal Preferences in Chimpanzees, Bonobos, and Human Adults.« *Current Biology* 17, no. 19 (Oktober 2007): 1663–68.

[144] Ross, H. Laurence. »Drinking and Driving: Beyond the Criminal Approach.« *Alcohol Health & Research World* 14, no. 1 (Januar 1990): 58–63.

[145] Ross, Lee und Richard Nisbett. *The Person and the Situation: Perspectives of Social Psychology*. New York: McGraw-Hill, 1991; London: Pinter & Martin, 2011.

[146] Ross, Michael und Fiore Sicoly. »Egocentric Biases in Availability and Attribution.« *Journal of Personality and Social Psychology* 37, no. 3 (März 1979): 322–36.

[147] Santos, Laurie und Alexandra Rosati. »The Evolutionary Roots of Human Decision Making.« *Annual Review of Psychology* 66 (Januar 2015): 321–47.

[148] Savage, David. »Clarence Thomas Is His Own Man.« *Los Angeles Times*, Nation, 3. Juli 2011. http://articles.latimes.com/2011/jul/03/nation/la-na clarence-thomas-20110703/2.

[149] Schacter, Daniel, Donna Addis, Demis Hassabis, Victoria Martin, R. Nathan Spreng und Karl Szpunar. »The Future of Memory: Remembering, Imagining, and the Brain.« *Neuron* 76, no. 4 (21. November 2012): 677–94.

[150] Schessler-Jandreau, Imke. »Fat America: A Historical Consideration of Diet and Weight Loss in the US.« *21st ICC* 2008 (2009): 88–93.

[151] Schoemaker, Paul und Philip Tetlock. »Superforecasting: How to Upgrade Your Company's Judgment.« *Harvard Business Review*, Mai 2016, 72–78.

[152] Sedikides, Constantine, W. Keith Campbell, Glenn Reeder und Andrew Elliot. »The Self-Serving Bias in Relational Context.« *Journal of Personality and Social Psychology* 74, no. 2 (Februar 1998): 378–86.

[153] Sedikides, Constantine, John Skowronski und Lowell Gaertner. »Self-Enhancement and Self-Protection Motivation: From the Laboratory to an Evolutionary Context.« *Journal of Cultural and Evolutionary Psychology* 2, no. 1–2 (August 2004): 61–79.

[154] Shapiro, Ouisie, writer. Lombardi. Produziert von Keith Cossrow und Joe Lavine für HBO Sports und NFL Films. Ausgestrahlt am 11. Dezember 2010 auf HBO. http://www.hbo.com/sports/lombardi.

[155] Shepperd, James, Wendi Malone und Kate Sweeny. »Exploring Causes of the Self-Serving Bias.« *Social and Personality Psychology Compass* 2, no. 2 (März 2008): 895–908.

[156] Shermer, Michael. *The Believing Brain: From Ghosts and Gods to Politics and Conspiracies – How We Construct Beliefs and Reinforce Them as Truths*. New York: Times Books, 2011.

[157] Silver, Nate. »14 Versions of Trump's Presidency, from #MAGA to Impeachment.« FiveThirtyEight.com, 3. Februar 2017. http://fivethirtyeight.com/features/14-versions-of-trumps-presidency-from-maga-to-impeachment.

[158] Silver, Nate. *The Signal and the Noise: Why So Many Predictions Fail – But Some Don't*. New York: Penguin, 2012.

[159] Simmons, Joseph, Leif Nelson, Uri Simonsohn. »False-Positive Psychology: Undisclosed Flexibility in Data Collection and Analysis Allows Presenting Anything as Significant.« *Psychological Science* 22, no. 11 (November 2011): 1359–66.

[160] Sirois, Fuschia und Timothy Pychyl. »Procrastination and the Priority of Short-Term Mood Regulation: Consequences for Future Self.« *Social and Personality Psychology Compass* 7, no. 2 (Februar 2013): 115–27.

[161] Skinner, B. F. »A Case History in Scientific Method.« *American Psychologist* 11, no. 5 (Mai 1956): 221–33.

[162] Stanovich, Keith. *What Intelligence Tests Miss: The Psychology of Rational Thought*. New Haven, CT: Yale University Press, 2009.

[163] Statman, Meir und Jonathan Scheid. »Buffett in Foresight and Hindsight. »*Financial Analysts Journal* 58, no. 4 (Juli 2002): 11–18.

[164] Stephan, Elena, Constantine Sedikides, Daniel Heller und Daniella Shidlovski. »My Fair Future Self: The Role of Temporal Distance and Self-Enhancement in Prediction.« *Social Cognition* 33, no. 2 (April 2015): 149–68.

[165] Stevens, Jeffrey. »Evolutionary Pressures on Primate Intertemporal Choice.« *Proceedings of the Royal Society of London, Series B: Biological Sciences* 281, no. 1786 (Juli 7, 2014): 1–6.

[166] Stroebele, Nanette, John De Castro, Jennifer Stuht, Vicki Catenacci, Holly Wyatt und James Hill. »A Small-Changes Approach Reduces Energy Intake in Free-Living Humans.« *Journal of the American College of Nutrition* 28, no. 1 (Februar 2009): 63–68.

[167] Suddendorf, Thomas und Janie Busby. »Making Decisions with the Future in Mind: Developmental and Comparative Identification of Mental Time Travel.« *Learning and Motivation* 36, no. 2 (Mai 2005): 110–25.

[168] Suddendorf, Thomas und Michael Corballis. »The Evolution of Foresight: What Is Mental Time Travel, and Is It Unique to Humans?« *Behavioral and Brain Sciences* 30, no. 3 (Juni 2007): 299–351.

[169] Sunstein, Cass und Reid Hastie. *Wiser: Getting Beyond Groupthink to Make Groups Smarter*. Boston: Harvard Business Review Press, 2015.

[170] Sunstein, Cass, David Schkade, Lisa Ellman und Andres Sawicki. *Are Judges Political? An Empirical Analysis of the Federal Judiciary*. Washington, DC: Brookings Institution Press, 2006.

[171] Symonds, Craig. Neptune: *Allied Invasion of Europe and the D-Day Landings*. Oxford: Oxford University Press, 2014.

[172] Taleb, Nassim. *Fooled by Randomness: The Hidden Role of Chance in Life and in the Markets*. New York: Random House, 2004.

[173] Tetlock, Philip und Dan Gardner. *Superforecasting: The Art and Science of Prediction*. New York: Crown, 2015.

[174] Thaler, Richard. *Misbehaving: The Making of Behavioral Economics*. New York: W. W. Norton, 2015. – Some Empirical Evidence on Dynamic Inconsistency.« *Economics* Letters 8, no. 3 (Januar 1981): 201–07.

[175] Thaler, Richard und Cass Sunstein. *Nudge: Improving Decisions About Health, Wealth, and Happiness*. Upd. ed. New York: Penguin, 2009.

[176] Todes, Daniel. *Pavlov's Physiology Factory: Experiment, Interpretation, Laboratory Enterprise*. Baltimore: Johns Hopkins University Press, 2002.

[177] Tomlin, Damon, David Rand, Elliot Ludvig und Jonathan Cohen. »The Evolution and Devolution of Cognitive Control: The Costs of Deliberation in a Competitive World.« *Scientific Reports* 5 (16. Juni 2016).

[178] Tversky, Amos und Daniel Kahneman. »Loss Aversion in Riskless Choice: A Reference-Dependent Model.« *Quarterly Journal of Economics* 106, no. 4 (November 1991): 1039–61.

[179] Von Neumann, John und Oskar Morgenstern. *Theory of Games and Economic Behavior*. 60th anniv. ed. Princeton, NJ: Princeton University Press, 1944, 2004.

[180] Wachowski, Lana und Wachowski, Lilly, dirs. *The Matrix*. Produziert von Joel Silver. 1999.

[181] Wagenaar, Alexander und Susan Farrell. »Alcohol Beverage Control Policies: Their Role in Preventing Alcohol-Impaired Driving. In *Surgeon General's Workshop on Drunk Driving: Background Papers*, 1989, 1–14.

[182] Walsh, Jeffrey. »Operant Conditioning: Schedules of Reinforcement.« KhanAcademy.org. https://www.khanacademy.org/test-prep/mcat/behavior/learning-slug/v/operant-conditioning-schedules-of-reinforcement.

[183] Wansink, Brian und Jeffery Sobal. »Mindless Eating: The 200 Daily Food Decisions We Overlook.« *Environment and Behavior* 39, no. 1 (Januar 2006): 106–23.

[184] Warner, John und Saul Pleeter. »The Personal Discount Rate: Evidence from Military Downsizing Programs.« *American Economic Review* 91, no. 1 (März 2001): 33–53.

[185] West, Richard, Russell Meserve und Keith Stanovich. »Cognitive Sophistication Does Not Attenuate the Bias Blind Spot.« *Journal of Personality and Social Psychology* 103, no. 3 (September 2002): 506–19.

[186] Welch, Suzy. *10-10-10: A Life-Transforming Idea.* New York: Scribner, 2009.

[187] Wilson, Anne, Roger Buehler, Heather Lawford, Colin Schmidt und An Gie Yong. »Basking in Projected Glory: The Role of Subjective Temporal Distance in Future Self-Appraisal.« *European Journal of Social Psychology* 42, no. 3 (April 2012): 342–53.

[188] Wilson, Timothy und Patricia Linville. »Improving the Academic Performance of College Freshmen: Attribution Therapy Revisited.« *Journal of Personality and Social Psychology* 42, no. 2 (Februar 1982): 367–76.

[189] Woodward, Bob und Scott Armstrong. *The Brethren: Inside the Supreme Court*. Reissue ed. New York: Simon & Schuster, 2011.

[190] Wortman, Marc. »D-Day Historian Craig Symonds Talks about History's Most Amazing Invasion.« TheDailyBeast.com, June 5, 2014. http://www.thedailybeast.com/dday-historian-craig-symonds-talks-about-historys-most-amazing-invasion.

[191] Zemeckis, Robert, dir. Back to the Future: Part II. Geschrieben von Robert Zemeckis und Bob Gale, produziert von Neil Canton und Bob Gale. 1989.

[192] Zinberg, Michael, dir. WKRP in Cincinnati. Staffel 1, Episode 7, »Turkeys Away.« Geschrieben von Bill Dial. Ausgestrahlt am 30 Oktober 1978 auf CBS.